U0724567

制造业数字化转型升级研究

农晓丹　著

中国原子能出版社

图书在版编目（CIP）数据

制造业数字化转型升级研究 / 农晓丹著. --北京：
中国原子能出版社，2023.8
ISBN 978-7-5221-2857-3

Ⅰ. ①制… Ⅱ. ①农… Ⅲ. ①制造工业–数字化–研
究–中国 Ⅳ. ①F426.4-39

中国国家版本馆 CIP 数据核字（2023）第 142971 号

制造业数字化转型升级研究

出版发行	中国原子能出版社（北京市海淀区阜成路 43 号　100048）	
责任编辑	白皎玮　王齐飞	
责任印制	赵　明	
印　　刷	北京天恒嘉业印刷有限公司	
经　　销	全国新华书店	
开　　本	787 mm×1092 mm　1/16	
印　　张	14.5	
字　　数	237 千字	
版　　次	2023 年 8 月第 1 版　2023 年 8 月第 1 次印刷	
书　　号	ISBN 978-7-5221-2857-3　　　**定　价　78.00 元**	

发行电话：**010-68452845**　　　　　　　版权所有　侵权必究

前　言

　　党中央、国务院高度重视制造业数字化转型。《中华人民共和国国民经济和社会发展第十四个五年规划和 2035 年远景目标纲要》吹响了加快数字化发展、建设数字中国的号角。"十四五"时期是开启全面建设社会主义现代化国家新征程的第一个五年，制造大国向制造强国转型，加快推动制造业数字化、网络化、智能化发展是必由之路。

　　我国的产业发展正处于优化经济结构、转换增长动力的关键转型时期，亟须通过制造产业的数字化转型升级实现更广范围、更深程度、更高水平的融合发展。站在新的历史时期，我们要努力在危机中育新机、于变局中开新局，坚持数字化转型的战略主线，充分激发数据要素的创新驱动潜能，全面加速制造业数字化、网络化、智能化升级，奋力构筑产业发展新优势，支撑经济高质量发展和国家治理能力升级。

　　本书深入浅出地对制造业数字化转型升级理论与实践做了剖析和梳理。系统提炼了制造业数字化转型升级的关键；智能工厂与精益生产的融合、制造业数字化转型升级的新领地；3D 打印、制造业数字化转型升级的新重心、制造业数字化转型升级的主战场。并探究了制造业数字化转型升级的四条路径：制造业服务化转型、人才供给协同制造业数字化转型升级、技术创新驱动制造业数字化转型升级、以两化融合管理体系推进制造业数字化转型。希望本书的出版发行，可以将多年来我国制造业数字化转型升级的探索实践系统地呈现给广大读者，为政府与产业界在新时代协同推进制造业数字化转型升级提供理论引导，共谱制造业高质量发展新华章，为制造强国、网络强国、数字中国建设做出应有的贡献。

由于笔者水平有限，书中难免存在不足之处，恳请广大读者批评指正。

目　录

第一章

中国制造业转型升级概述

第一节 中国制造业转型升级的内涵与动力

一、制造业转型升级内涵的诠释

新一轮技术革命和产业变革以数字化、网络化、智能化的技术发展为基础，以现代制造技术对大规模流水线与柔性制造系统的改造为主体，以基于可重构生产系统的个性化制造与快速市场反应为特点，是一场嵌入在企业管理模式、产业组织方式与宏观制度系统中的技术经济范式的深刻变革。新一轮产业变革源于先进制造技术的突破，而从先进制造技术发展到一国的产业生产组织方式、产业竞争力的根本变化，却是内化于生产设备中的制造技术与人力资本的能力结构、微观企业的管理模式、中观产业组织方式和宏观制度框架相互匹配、协同演进的复杂过程。这场变革不仅改变了制造业的要素投入结构，还将改变制造业的产业组织形态与国际产业竞争的范式，最终将改变国家间的比较优势条件，从而重塑全球制造业分工格局，终将影响中国制造业的赶超路径。一系列的新变化使基于传统技术基础和制造模式的制造业转型升级内涵有了不同以往的新变化，需要结合制造技术和产业变革的新趋势、新模式做出新的诠释。

（一）制造业转型升级不是简单地"去制造"的过程

关于制造业转型升级，长期以来一直有两个层面的理解。一是产业结构角度，制造业的转型升级过程衍生于三大产业结构的持续调整过程，由于工业化中后期工业的边际产出不断下降，并最终低于服务业的边际产出，工业在国民财富中的比重将出现下降，而服务业的比重则逐步提升。与此相对应的是制造业生产制造环节创造的价值越来越低，与制造业联系紧密的生产性服务业成为价值创造的核心，制造业出现了服务化趋势。二是从价值链角度，制造业转型升级主要表现为从价值链低端向价值链高端延伸的过程，最经典的当属"微笑曲线"理论，即价值链高端是处于曲线两端的研发设计与管理营销环节，而价值链低端环节则是处于曲线底部的生产组装环节。无论是哪种角度的制造业转型升级，都认为制造业或制造环节的价值创造能力有限，粗放发展的制造业往往导致资源浪费和环境污染，属于典型的被升级的对象。因此，对于先发国家而言，其产业升级过程就是遵循"雁行模式"，不断把低附加值的制造环节转移到发展中国家，自身只保留研发设计与管理营销等高附加值环节；而对于后发国家来说，就是接受发达国家的产业梯度转移，并逐渐由"微笑曲线"底部的低附加值生产制造环节向两端的高附加值研发与营销环节跃升。

如此一来，产业转型升级的过程也往往演变为"去制造"的过程。

有的学者认为，通过"去制造"实现产业升级，依赖三个重要的前提假设：一是产业规模而非产业的经济属性对于经济发展很重要；二是制造业的价值创造能力必然低于其他价值链环节和其他产业；三是制造与研发、营销等价值链环节是相互独立的，各价值链环节在空间上分离或在企业内部的一体化都不会影响其他价值链环节的创值能力。[①]但随着现代制造技术的发展，生产制造的复杂程度越来越高，上述前提已越来越不具有解释力。首先，制造业对于国民经济的贡献越来越体现为其所蕴含的生产性知识的复杂性，而非制造业直接创造的价值或制造业在国民经济中的比重。其次，虽然发达国家的制造业占经济总量的比重不断下降，但是其承载高端要素和蕴含知识积累的能力却丝毫未减。最后，现代虚拟制造技术改变了传统的"设计、开发和制造"的线性创新

---

① 黄群慧，贺俊."第三次工业革命"、制造的重新定义与中国制造业发展［J］.工程研究——跨学科视野中的工程，2013，5（02）：184-193.

过程，使其变为"并行"的创新过程，制造现场像实验室一样成为创新的场所，制造资源成为企业创新系统的一部分。越来越多的证据表明，新技术革命的背景下，具有复杂知识生产能力的先进制造业越来越有价值，制造业的转型升级绝不是简单的"一刀切"地"去制造"的过程，而是要依据制造技术、制造产品生命周期的不同阶段、依据各制造行业的不同特点、依据各国或地区不同的核心制造优势等来选择相匹配的转型升级模式。

（二）制造业转型升级不是一味地"追高端"的过程

未来的制造业转型升级不仅是推动传统产业与低附加值环节向高技术产业与高附加值环节转变的问题，还包括如何利用现代先进制造技术给传统产业和制造环节赋能，并形成新的竞争优势的问题。首先，在后发国家的转型升级中，虽然从大规模标准化生产范式下的"组装搭配"环节跃迁到产品创新环节非常重要，但在产品技术和工艺技术融合发展的技术趋势下，实验室环节的产品创新与制造环节的工艺创新越来越密不可分。因为现代先进制造在产品设计研发阶段就要实现产品稳定性、可靠性、可制造性等工艺性能，这就要求产品设计环节与生产工艺环节要频繁互动，不光要设计理念超前新颖，还要求有稳定可制造的工艺技术，以保证设计理念变成真正可用的产品，尤其当生产过程复杂特殊且不易理解时，产品设计所需的各种决策参数就更难确定，不具备足够的工艺制造能力不仅无法完成后续的工程化和产业化，连产品设计本身都无法顺利完成。其次，随着信息技术与互联网技术向传统制造领域的渗透，传统"微笑曲线"分工模式向"全程协同"模式转变。"微笑曲线"分工模式下，企业通过生产标准化、规模化、流程化及低成本的产品来获取竞争优势，并通过向曲线两端攀升实现转型升级。但在"全程协同"模式下，产品设计研发、生产制造、物流配送、品牌渠道、消费反馈各个环节可以参与价值创造、价值传递、价值实现等环节，消费者获得个性化产品与定制化服务，企业获取超额利润。转型升级不再是单一地追求高端化的过程，而是需要整个平台型商业生态系统的能力升级。

（三）转型升级逐步向系统化、生态化方向转变

新一轮技术革命与产业变革将推动制造业竞争范式由某一特定环节的竞

争转向整个制造业生态系统的竞争。首先，制造业的产业组织形态向多元化演进。一体化的大企业与小规模分散化的小企业共存共赢，均有成长空间，这是因为，设计研发与生产制造的一体化趋势将彻底改变近几十年来由跨国公司主导的全球外包模式，全球价值链逆向分离趋势将减缓，分割的价值链将被重新弥合，研发与制造环节尽量接近彼此以充分发挥协同效应，这无疑会强化大企业的竞争优势。另外，现代制造技术也促使小型化经验模式的兴起，例如，3D打印及互联网虚拟空间等先进技术就催生了创客这类微制造与个人创业的分散组织形态的出现，而大数据、云计算、数据挖掘等技术的快速发展则提高了小微企业的存活率，众多专门提供信息服务的第三方企业的出现，为地理上远离信息中心的小微企业以低成本获取数据存储和计算能力提供了可能。其次，产业组织多元化导致系统生态化，众多企业共同支撑与共享平台的质量决定了产业的升级潜力。支撑产业组织多元化是产业系统的生态化，柔性制造与服务型制造趋势改变了传统企业间一一映射的供求关系，同一类产品与服务可以对应多种行业的需求，不同产业链相互交织，形成多维复杂的网络结构，多个企业支撑一个平台或一个产品涉及多个平台。例如，数字制造企业同时涉及超算平台和超级宽带平台，因此很难确定提升产业核心竞争力的关键资源到底是哪些环节，换言之，某个技术环节或某个产业链环节无法决定整个产业的竞争力，产业转型升级依赖整个系统质量的提升。

二、中国制造业转型升级的动力

（一）创新驱动

长期以来，中国制造业走的是资源要素驱动、技术引进消化再吸收的升级之路，制造业创新能力不强、关键核心技术受制于人、产业共性制造业从全球价值链的低端走向高端，从资源依赖型、环境破坏型、劳动力与资本密集型的传统制造业发展模式转变为资源节约型、环境友好型、创新驱动型的可持续发展模式的核心。创新驱动制造业转型升级指的是通过原始创新、引进消化吸收再创新、集成创新、协同创新四种自主创新模式，突破一批关键共性技术，并不断把基础性、战略性、颠覆性技术应用到生产制造系统，形成新产品、新服务、新业态、新模式的过程，而整个驱动过程体现了两个层面的机制：技术突破层面和技术应用层面。

1. **技术突破促进转型升级的机制**

技术突破指通过原始创新、引进消化吸收再创新、集成创新、协同创新，突破一批关键共性技术，这些主要集中于产业链上游的研发设计环节。原始创新、集成创新、引进消化吸收再创新是新技术、新方法的主要来源，协同创新是创新的重要组织方式。具体而言，原始创新是指基础科学与前沿科学领域的创新；集成创新是指把现存的单项技术进行系统集成，创造出全新产品和工艺的过程；引进消化吸收再创新是指从外部引进技术，在消化吸收的基础上根据本土需求再次改进创新；协同创新是指创新主体和创新要素充分协作，充分发挥创新主体和创新要素各自的作用以实现创新。技术突破的核心是通过这四种创新方式进行自主创新，创新可能由企业、高校、科研机构独立完成，也可能由政府、企业、高校等研究机构以及社会中介组织协作完成，自主创新旨在重点领域突破一批共性关键技术，例如，电子行业的 CPU、IT 行业的代码开发能力、汽车行业的发动机、销售行业的物流调配能力及市场开拓能力都是中国制造业亟待突破的共性关键技术。世界著名的跨国公司，如 IT 行业的微软、谷歌，电子行业的苹果、三星，汽车行业的大众、通用、丰田等，零售行业的沃尔玛、家乐福都是因为掌握了关键共性技术才得以保持长久的竞争优势；而世界制造强国之所以能持续不断引领升级方向，在特定的产业独占鳌头，也是因为通过自主创新与研发，掌握了本行业共性关键核心技术，具有不断开发新技术、新产品、新工艺的能力，反观中国制造业，由于不掌握核心技术，只能被动融入国际产业链，通过低价优势谋取竞争力。

2. **技术应用促进转型升级的机制**

技术应用指通过应用基础性、战略性、前沿性及颠覆性技术研发成果，形成新产品、新服务、新业态、新模式的过程，主要体现在产业链中下游环节的生产制造与品牌营销环节，关键共性核心技术突破后，形成基础性、前沿性、战略性和颠覆性技术成果，需要将这些技术成果进一步产业化，即用于产品的设计、制造、销售等后续环节，将无形的技术成果通过生产制造过程，形成有形的新产品、新服务、新业态、新模式等。至此，自主创新真正实现了驱动产业转型升级的作用，在此过程中，企业发挥了创新应用的主体作用，正是在企业的参与下，技术创新和产业转化能够实现对接，在企业的主体作用未得到充分发挥的情况下，技术创新成果的转化就存在诸如研发与应用"两张皮"的现象，不利于整个转型升级流程的实现。

（二）"互联网＋"

近年来，以移动互联网、云计算、物联网、大数据等为代表的新一轮信息技术变革，正不断改变着工业化发展信息通信技术与各产业领域的技术融合创新，正在以前所未有的广度和深度推动生产方式和发展模式的变化。党的十八大提出"两化深度融合是我国走新型工业化道路的重要途径和必然选择"，"中国制造2025"又进一步提出，"新一代信息技术与制造业深度融合，正在引发影响深远的产业变革，形成新的生产方式、产业形态、商业模式和经济增长点"。可以认为，"两化深度融合"是推动产业链由低端向高端转型、产业结构从制造产品向提供服务转型、生产方式由粗放向集约转型、管理模式从传统向现代转型的主线。而"互联网＋"是"两化深度融合"的重要抓手，中国既是制造大国也是互联网大国，具有制造业与互联网融合发展的先天优势，通过互联网推动制造业转型升级的空间广阔、潜力巨大。"互联网＋"是一种新的经济形态，即通过充分发挥互联网在生产要素配置中的优化和集成作用，将互联网的创新成果与经济社会各领域深度融合，推动技术进步、效率提升和组织变革，提升实体经济的创新力和生产力，形成更广泛的以互联网为基础设施和创新要素的经济社会发展新形态。可见，"互联网＋"对制造业升级的推动作用也是综合性的，多是以基础设施和创新要素的形式渗透到不止一个行业，而是所有传统制造行业；也不只是某个环节，而是采购、研发、设计、制造、销售、客服等产业链各个环节，从而衍生多种新技术、新产品、新模式、新业态。

1. 新技术

互联网技术被认为是一种通用技术，如同第一次工业革命时期蒸汽动力与第二次工业革命时期的电力，其对经济的影响是广泛而深远的，引发经济系统各个领域的范式转变，包括整个制造业系统的范式变革，不仅驱动制造业领域新技术、新产品、新业态和新模式等快速涌现，而且对传统产业的改造升级也有巨大的推动作用。"互联网＋"自身形态的演进中经历了从PC互联网到移动互联网再发展至当前的物联网（或工业互联网）三个阶段，演进过程也是新技术被不断催生的过程。随着联网设备从十亿级别发展到千亿级别，"互联网＋"

具有"连接一切"的特点，通过电子邮件、即时通信、社交网络等技术手段实现人与人的连接，通过互联网、传感器和系统软件实现人、设备、生产线、自然资源等经济与社会的万物连接，它们在交互中产生大量的数据信息，这些数据信息在流动分享中产生了价值，价值随着流动范围扩大和分享的人群增多而增大，从而催生了云计算、大数据等新技术的兴起，新技术在信息处理技术和处理能力方面的提升，使信息能够低成本地进行深度挖掘，从而释放出巨大的价值。如今的"互联网＋"正逐渐向无所不在的计算、数据、存储及网络等领域演进，更广泛、更深入地融入各行各业，与制造业领域融合后，就催生了诸如德国"工业4.0"与美国工业互联网等新的制造与服务范式。

2. 新产品

"互联网＋"与制造融合后，为新产品研发开启新的"设计空间"，引领制造业产品的智能化和网络化潮流，提升了制造业的价值创造能力。

近年来"硬件＋软件＋网络互连"的模式正成为制造业产品的标配，数字化、网络化、智能化趋势非常明显。如消费领域的智能手机、智能家电、智能家居、可穿戴设备等，工业领域的智能机器人、智能专用设备、新型传感器、视觉识别装置等组件，智能化与网络互连功能不断增强。此外，智能产品能够通过网络与厂商、第三方服务提供商或上层智能控制平台实时通信，拓展产品功能和延伸服务需求，产品智能化推动了服务智能化。智能制造促进虚拟世界和现实世界的融合，促进生产者和消费者的协同，如果说数字化产生了数据、网络化催生了大数据，那么智能化则将"大数据资源"转化成"大数据资产"，工业互联网通过收集、挖掘大数据的价值，使工厂升级成为自动感知、自适应、自调整的智能生产场所，未来会有更多诸如电脑、手机之后的新一代智能终端诞生。

3. 新模式

"互联网＋"在制造业领域催生了新模式，主要表现为对制造业生产模式产生了颠覆式的影响。首先，"互联网＋"催生了众包、众创等社会化生产模式，互联网与新一代信息技术的发展使生产者与消费者的界限日趋模糊，消费者可以积极参与企业的生产活动，由消费者变为产消者，其不仅可以通过填写用户调查问卷来影响企业生产，还可直接通过网络众包、众创等更社会化的方式参与产品开发的全过程。诸如移动互联网、3D打印等现代信息技术与设计软件，使普通消费者获得了强大的在线研发设计和生产制造工具，比如消费者可以通过网络参与在线设计，融入个性化需求，以实现与企业的网络协同研发，也可选择利用 3D 打印等功能强大的数字桌面制造工具，自行设计新产品并制作模型样样，将设计传给商业制造服务商，并可以自由决定生产制造所设计的产品的规模；分散的消费者甚至可以通过自组织方式，在网络空间合作生产复杂产品和系统产品，在虚拟的创客空间分享设计成果，这无形中催生了众多潜在创业者和发明家，由此引发了"创客运动"。中国的小米手机、维基百科和 Linux 操作系统等都是社会化生产模式的成果。

其次，"互联网＋"推动了生产过程智能化。制造企业内部制造流程整合到一个数字化、网络化和智能化的平台，生产过程中的各种机器设备和数据信息互联互通，为决策优化提供支持，极大提升了生产效率，进一步提高了制造系统的柔性，使得大规模定制成为可能，消费者的个性化需求可以得到充分满足，大大缩短了产品的研发与出厂周期。无论是德国的"工业 4.0"还是美国的工业互联网，都是在制造系统嵌入物理信息系统，以实现人、机器设备、产品之间的互联互通，从零部件入厂、生产制造到销售再到出厂物流和服务，整个过程都实现数字化和端到端的集成，基于智能生产建立的智能工厂，既可以根据市场需求灵活安排，实现高度的柔性化，又可以及时响应客户需求，实现大规模定制甚至个性化定制。

4. 新业态

在互联网技术推动下，制造业新业态不断出现，尤以产业的跨界融合和制造业服务化最为突出。互联网为产业跨界融合提供了无限可能，例如，互联网与工业融合产生工业互联网，互联网与汽车产业融合产生车联网和无人驾驶汽车，互联网与家具产业结合产生智能家居，互联网与城市发展融合产生智慧城市等。"互联网＋"为制造业与服务业的高度融合或制造业服务化提供了便利支撑。随着制造产品技术更新加快，产品结构更加复杂，零部件更多，安装更加精密，对产品的设计、生产、销售、安装、培训、维护、回收各个环节的服务提出了更高的要求，伴随着消费升级，市场对专业化服务的需求比对单独产品的需求更加强烈，推动生产型制造向服务型制造转变，制造业服务化趋势非常明显，而互联网与信息技术使企业提供更低成本且多元便捷的服务成为可能。如美国通用电气是飞机发动机的主要供应商，其早期提供服务的方式多是被动式维修，或者依据飞机零部件损耗的经验对机器进行定期维护，但移动互联网和大数据分析技术改变了通用的服务模式，公司利用软件实时监测发动机运行数据，通过挖掘分析评估其运行结果，以此为客户提供针对性的服务。这说明，生产制造过程高度数字化，产品数据全生命周期集成使得大数据应用到服务价值链环节成为可能，而企业通过互联网及时获取消费者需求数据，从而推动制造企业向"私人定制""按需定制"和"网络定制"等服务化模式转型。

（三）质量支撑

质量问题是中国制造大而不强的关键原因之一，2015 年 5 月国务院颁布的《中国制造 2025》突出了"质量为先"，并将其作为建设制造强国的五大基本方针之一。如果说自主创新是中国制造业转型升级的原动力、互联网信息技术是引领中国制造业转型升级方向的牵引力的话，那么质量提升则是中国制造业转型升级的基础支撑力，也就是说，推进中国制造业转型升级既需要搞好底层基础研究，突破共性关键技术，也需要研判新工业革命的大趋势，把握转型升级的主攻方向，还需要运用标准、计量、检验检测、认证认可等技术手段保证基础研发转化为有形产品过程中的产品、工艺与设备的质量，这是技术成果最终能顺利实现工程化和产业化的关键。

具体来说，质量对制造业转型升级的基础支撑力主要体现在质量管理模式和质量技术基础两方面。首先，构建适应数字化、网络化、智能化的转型升级方向的质量管理模式。比如通过标准创新来助推网络信息技术与制造业的融合升级，模块化标准就是在适应个性化定制、柔性化生产，以推动制造向更高质量、更高效益的方向升级的情况下出现的。以海尔为例，原来组装一个电冰箱要 300 多个零部件，模块化生产后只要 30 多个，既满足了个性化需求，又提高了效益。其次，适应数字化、网络化、智能化趋势的质量管理创新，推动了新技术条件下精益生产方式的实现。可见，在新一轮科技革命和产业变革中，通过"互联网＋质量"推动质量技术、管理、服务的整体升级，最终实现了质量对制造业转型升级的支撑力。最后，通过质量技术基础（NQI）的创新，推动制造业基础原材料、基础零配件和元器件、基础工艺的质量升级，从而提高关键基础材料的稳定性、基础零部件和元器件的性能一致性及重大设备的可靠性，真正推进中国制造业由速度向质量、由产品向品牌的转型升级。

（四）绿色制造

绿色制造是指在保证产品的质量、功能、成本不受影响的前提下，通过技术创新和系统优化，使产品在设计、制造、物流、使用、回收、拆解与再利用的全生命周期中，对环境影响最小、资源能源利用率最高、人体健康与社会危害最小、兼顾经济效益与社会效益的现代制造模式。

在《中国制造 2025》中，绿色制造不但被列为九个战略任务和重点之一，同时也被列为具体实施的五大重点工程之一，绿色化也是中国制造业转型升级的重要方向之一。绿色制造促进制造业转型升级的动力来源于三方面：一是通过绿色科技创新，使传统制造领域摆脱粗放发展模式，加快向绿色制造转型，以绿色科技改造降低能耗和污染排放，推动制造业走绿色化发展道路，如通过加快新一代可循环流程工艺技术的研发，大力推广具备能源利用高效化、污染排放减量化、废弃物利用资源化和废物处理无害化等功能的工艺技术，用高效绿色生产工艺技术装备改造传统制造流程，实现对钢铁、有色、化工、建材等传统制造业绿色化改造；二是通过全生命周期技术创新打造绿色产业链，增强产品的绿色设计、绿色生产、绿色管理、绿色运行、绿色回收、绿色再生的水平，鼓励应用绿色能源、使用绿色包装、实施绿色营销、开展绿色贸易；三是通过政产学研用一体化打造全产业链协同创新模式，补齐绿色制造关键共性技术研发的"短板"，以具有带动性、示范性的典型行业为重点，以推动全产业链绿色解决方案为主线，重点突破绿色设计、绿色工艺、绿色回收与再造等领域的关键共性技术。

（五）人才为本

人才是具有一定的专业知识或专门技能，进行创造性劳动并对社会做出贡献的人，是人力资源中能力与素质较高的劳动者。《中国制造 2025》明确提出，"要加快培育制造业发展急需的经营管理人才、专业技术人才、技能人才，建设一支素质优良、结构合理的制造业人才队伍，走人才引领的发展道路"。人才是推动中国制造业转型升级的最具能动性的力量，是其他动力因素发挥作用的核心所在，没有人才的支撑，制造业转型升级将成为空谈，从技术研发到形成产品并最终投入市场的全产业链各个环节都需要相应的人才保障，比如产品创新需要发挥科学家与研发人员等少数技术精英人才的作用，以推动制造技术的研发与突破，而先进制造技术和设备的综合工艺水平的提高则需要更广大的技术、技能人才在工厂实践中持续改进，这就意味着，一国的生产制造能力不仅取决于先进的机器设备，更取决于生产装备操作者的技能知识和工厂的生产管理水平。20 世纪 80 年代，日本汽车、电子等诸多制造领域成功赶超了美国，其原因不是日本的技术设备更先进，而是因为日本企业最大限度地发挥了人的核心作用，通过持续不断地"干中学"，形成了全面质量管理理念和能够发挥机器与工人最大潜能的生产管理操作流程。

人才对中国制造业转型升级的支撑作用主要体现在以下方面：通过培养具有创新思维、创新能力的拔尖人才和领军人才，提升制造业的创新能力；通过培养掌握共性技术和关键工艺的专业人才，强化工业基础能力；通过全面增强从业人员的信息技术应用能力，促进信息化与工业化深度融合；通过培养更多复合型人才进入新业态、新领域，助力发展服务型制造；通过普及绿色技能和绿色文化，发展绿色制造；通过提升全员质量意识和素养，打造"中国品牌"和"中国质量"。可以认为，推动中国制造转型升级的创新驱动、"互联网＋"、质量支撑、绿色制造这四大动力集中体现了中国的制造能力，而人才不仅是这些动力真正发挥作用的积极推动者，也是不断创造新的动力推动制造能力升级的核心。

第二节　中国制造业转型升级的基本逻辑和模式

一、制造业发展的基本逻辑

当前制造业仍然是我国国民经济的支柱产业，制造业仍然是人们就业的主要行业，制造业也是国际实力较量的主战场。制造业的重要性不言而喻，近年来，发达国家实施制造业回流战略可见一斑。

以技术作为参照，可以将制造业分为传统制造业和先进制造业。根据生产内容的不同，可以分为装备制造业和最终消费品制造业。

发达国家的经济起飞起源于工业革命之后，世界制造业的发展由劳动密集型、资源密集型到资源资本要素投入型，再发展到技术资本密集型和知识技术创新型；由传统制造业到高新技术产业、先进制造业，然后是先进制造业与现代服务业的共融发展；由传统生产方式到先进制造模式，并最终实现循环经济发展模式。从产业转型升级的实践来看，制造业转型升级总的规律是从低附加值转向高附加值、从高能耗高污染转向低能耗低污染、从粗放型转向集约型的转型升级。具体来看，如图1-1所示，不外乎从三个维度进行，首先是制造业内部的产业结构调整，产生维度1和维度2的制造业转型升级，其次是制造业与服务业的融合，产生维度3，实现制造业的转型升级。

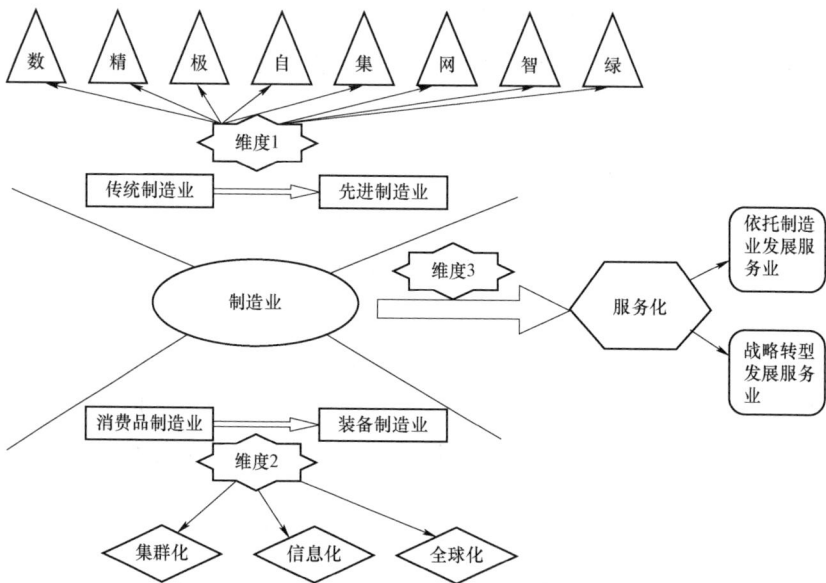

图1-1　制造业转型升级逻辑图

维度1：从传统制造业到先进制造业；

维度2：从消费品制造业到装备制造业；

维度3：制造业服务化。

（一）从传统制造业到先进制造业

科学技术是第一生产力，科技每时每刻都在影响着人类的生产和生活。近年来由于人力成本的急剧上涨，全球制造业都同样面临着程度不同的压力，转型升级已经成为传统制造业走向现代化的重要标志。传统制造业转型升级为先进制造业可以以"数""精""极""自""集""网""智""绿"八个方面作为着力点。"数"是转型升级的核心，即数字化。"精"是转型升级的关键，即精密化。"极"是转型升级的焦点，即极端条件。"自"是转型升级的条件，即自动化。"集"是转型升级的方法，即集成化。"网"是转型升级的道路，即网络化。"智"是转型升级的前景，即智能化。"绿"是转型升级的必然，即"绿色环保"。

（二）从消费品制造业到装备制造业

科技是第一生产力，科技进步必须物化，首先要物化在劳动资料即资本品上。划分经济时代的标志，不在于生产什么，而在于用什么生产。装备制造业是其他产业发展的工具设备，它的技术水平直接影响其他产业的竞争力。当今世界工业强国无一不是装备制造业强国，在实现工业化的进程中，都主要依赖装备制造业的发展和带动。唯有拥有发达的装备制造业，工业、农业、国防等才有可能实现真正的现代化。即使是进入后工业化的知识经济时代，其载体也仍然是制造业，特别是装备制造业。美、日、德的装备制造业是世界上最发达和最先进的，包括这三大国在内的许多发达国家均以装备制造业作为立国强国之本。高度发达的制造业，特别是装备制造业和先进的制造技术，已成为衡量一个国家国际竞争力的重要标志，也是在竞争激烈的国际市场中取胜的关键因素。对于一个国家来说是这样，对于一个省也是如此，对于一个城市来说更是如此。

发达国家装备制造业的发展模式主要有两种，一种是以美国为代表的发展模式，一种是以日本为代表的发展模式，前者主要走的是"研发与生产—出口—进口"的路径，而后者则采用"进口—国内生产—出口"的模式。不同的国家的国情不同，在产业发展过程中该采用什么模式，也没有定论，要按国情实际情况来定夺。借鉴国外经验，制造业从消费品制造业转向装备制造业，进一步提升装备制造业可从三个方面考虑。

装备制造业走向集群化：同产业或相关技术产业的制造业企业群在某区域有机地集聚在一起，通过企业群的不断发展创新而赢得市场竞争优势。装备制造业走向数字化和信息化：信息技术为装备制造技术带来革命性的变化，通过与装备制造业企业相融合，使装备制造业朝产品智能化、生产过程智能化和产品服务智能化方向发展，数字化和信息化同时贯穿于产品的全部环节和全部周期。

装备制造业分工走向全球化：由于网络技术、计算机技术的发展和成熟，装备制造业企业的生产、销售、服务、资本运作和研发等各个环节出现明显的分工趋势，并能很好地实现异地设计、制造和销售等任务环节。当然，网络技术和计算机技术进一步缩短全球的距离，使得现代制造业能把设计、生产、销售乃至服务都一体化。

（三）制造业服务化

制造业服务化指由单纯的产品提供者转变为产品与服务相结合的提供商。制造业领域的"微笑曲线"是两端附加值高，中间凹槽的附加值低，而设计和销售环节是属于制造业的服务环节，因此，制造业服务化就是让制造业从"微笑曲线"的凹槽延伸到两端的位置中去。当制造业从纯粹的生产环节攀升到服务环节的时候，制造业就开始走向高级化了。制造业的高级化，就意味着制造业企业不仅要关注产品的生产，还要关注产品的整个生命周期及环节，也就是从产品的设计、生产、销售、售后服务等都被重视的过程。制造业服务化是非常广泛的，除了产业链前端产品设计、市场调研、咨询服务外，产业链后端的服务化项目也有很多，比如集成服务提供商、整体解决方案、设备成套、工程总包、零部件定制服务、再制造、第三方物流、供应链管理优化等。

总的来说，制造业服务化转型有两种基本模式：第一种模式是传统意义上的制造业服务化模式，也就是通过核心技术的服务化来实现，比如耐克、米其林等公司就是这种模式，他们通过产业链重组，把企业的重心从制造过程转变为产品研发、市场营销、客户售后管理等生产性服务环节上，也就是转型为生产和服务相结合的提供商。第二种模式是通过业务多元化战略，增添服务业类项目，逐步缩减纯生产性环节。

二、制造业转型升级的模式

（一）制造业产业内转型升级

制造业产业内的转型升级一般有三个特点。第一个是政府和企业共同发力。企业作为市场主体，出于成本的考虑会导致其创新激励不足，因此在转型升级过程中需要发挥政府的作用，政府要搭建好服务企业发展的平台，要从土地、能源、劳动力和资本供给上提供便利和帮助，尤其是在土地资源的盘活上，政府要矫正土地等生产要素扭曲配置的情况，要做到腾出笼子，吸引优质企业进驻，才能让原有的企业变好变高端。第二个是从传统的加工纸质转型为先进制造。近年来发达国家纷纷实施"再工业化"战略，导致我国传统制造业转型升级困难重重。佛山作为制造业大市，也同样面临这样的困境，不仅面临国内生产要素成本上升的压力，还要面临国际竞争对手强劲的挑战，如果单纯依赖企业单打独斗进行竞争，恐怕只有死路一条，而要转型成功，除了依靠市场力量，还得需要政府的助力，比如需要政府构建相关的科技平台、服务平台、抱团平台、产业平台、共享平台等，才有可能实现制造业产业内的转型升级。第三个是依靠互联网和大数据信息推动制造业产业内的转型升级。传统制造业受到发达国家和发展中国家的双重挤压，转型升级步履维艰，而互联网和大数据信息却为传统制造业带来了生机，主要通过电子商务和数据信息来实现传统产业的数字化，也促进传统产业内的协同创新。

（二）制造业产业间转型升级

随着社会经济技术的发展，传统制造业产业所依赖的低成本"比较优势"逐渐消失，低技术水平的劳动力和高环境污染的制造业已经不可持续发展了，制造业的产业转型升级成为当前迫切需要解决的重大问题。产业间转型升级，无非是从低附加值产业转向高附加值产业，从高能耗高污染产业转向低能耗低污染产业，从粗放型发展转向集约型创新驱动型发展。从第一产业转向第二或第三产业发展，从劳动密集型转向资本密集型和技术密集型，从传统制造产业向以高新技术为导向的技术产业发展。对于我国而言，制造业产业间的转型升级主要有三条路径，第一条是从重视数量到重视创新质量，第二条是从强调市场的作用到重视需求，第三条是模仿型创新到完全创新过渡。

（三）制造业产业集群转型升级

产业集群是制造业产业发展的显著特点之一。产业集群以介于企业和市场之间的方式，汇集了同一或相关产业内相互关联企业，形成内部垂直组织分工与横向协作网络，具有较为特殊的转型升级机制，并大致表现为三种转型升级道路：领导跟随型、自增强型和抱团整体升级型。

创新型产业集群是集群发展的高级阶段，由企业、大学、科研机构、政府和中介组织等多主体、多元素组成，由这些创新主体积极参与到网络创新的经济活动。与传统的产业集群相比，创新型产业集群是新型的产业集群，不同主要体现在：一是创新内容不同，二是创新主体不同，三是创新软实力不同。

第三节　加快推进我国制造业转型升级的对策

一、完善一个体系：制造业创新体系

中国现行的制造业创新体系已难以适应技术创新系统化、生态化的新要求，亟须在已有的创新载体的基础上，整合政产学研，用各方创新资源，围绕产业链孕育创新链、配套政策链、完善资金链、培育人才链，分区域、分行业、分批次组织开展制造业创新中心建设试点，打造以制造业创新中心为核心节点的制造业创新体系，推动中国制造业向价值链中高端攀升，为制造业转型升级提供有力支撑。

一是建立政产学研协同创新机制：整合各类创新资源，依托现有或新组建的产业技术创新联盟，发挥行业骨干企业主导作用、中小企业协同配套作用、高校科研院所技术支撑作用、行业中介组织的保障服务作用，形成联合开发、优势互补、成果共享、风险共担的政产学研协同创新机制；坚持市场导向，充分发挥市场在资源配置中的决定性作用，由具有行业领先地位的企业、高校、科研院所等自愿组合、自主决策，实现可持续发展；根据各地产业发展状况、创新环境与资源的特点，依托"中国制造 2025 试点示范城市"、国家新型工业化产业示范基地、国家高新技术产业开发区等创新资源集聚区域开展试点工作，有序推进制造业创新中心建设，探索有效建设模式，实现差异化发展，切忌重复建设。

二是夯实制造业创新的基础能力，瞄准重大工程、重点装备急需的共性关键技术，支持优势企业开展产学研用联合攻关，突破重点领域发展的基础"瓶颈"问题，建立奖励和风险补偿机制，完善首台（套）首批次政策，支持核心基础零部件或元器件、先进的基础工艺、关键基础材料的首批次应用，强化平台的支撑作用，组建一批"四基"研发中心，完善重点产业技术基础体系。

三是加强关键核心技术攻关：发挥集中力量办大事的优势，继续实施"核高基""两机"等国家科技重大专项，实施重点新材料研发应用重大工程建设，加快论证智能制造和工业机器人等重大工程，加快车联网推广应用。

四是优化制造业创新发展环境：加强知识产权保护的运用，强化标准引领的保障作用，通过加强关键核心技术和基础共性技术知识产权储备，组建重点领域标准推进联盟，研制对提升产业竞争力具有重要影响的关键技术标准。

五是增强创新中心的服务功能：建立众创空间、新型孵化器等各种形式的平台载体，集聚培养高水平领军人才与创新团队，积极服务大众创业、万众创新，着力打造多层次人才队伍、鼓励开展国际合作，促进创新中心对制造业服务能力的增强和国际影响力的提升。

二、培育两种精神：企业家精神、工匠精神

在引领中国制造业转型升级的各类人才中，企业家和工匠这两类人才起着至关重要的作用，改革开放初期的企业家只要突破计划经济时代遗留的制度壁垒，就能获得较多的经营收益，这一时期成长起来的企业家被称为"制度型企业家"①或者"套利型企业家"②，而随着市场经济的不断完善，这种制度套利的空间越来越小，企业家更多需要创新要素资源配置和创新市场来获取收益，因此需要制度型企业家向创新型企业家转变。同理，改革开放以来中国制造业升级走的是承接国外的制造能力、市场开拓、改进型创新、自主创新的道路，这一路径培育的工匠多能"组装和搭配"标准化的模块化架构产品，却很难造出需要技术诀窍的一体化架构产品，随着产品与工艺升级要求的知识、技能含量越来越高，需要大规模标准化生产体系下成长起来的"加工组装型工匠"向个性化定制柔性生产系统下的知识技能型的"能工巧匠"转变，"创新型企业家"和"能工巧匠"的培养需要发扬新时期的企业家精神和工匠精神。

---

① 程虹，宋菲菲.新常态下企业经营绩效的下降：基于企业家精神的解释——来自2015年广东制造业企业-员工匹配调查的经验证据［J］.武汉大学学报（哲学社会科学版），2016，69（01）：60-72.

② 张维迎."企业家4.0"要从套利型转向创新型［J］.全面腐蚀控制，2015，29（10）：6-7.

（一）培育企业家精神

首先，加快打造新型政商关系，使企业家回归初心，只有将企业家群体的时间和精力配置到技术创新、资源配置和人力资本激励等生产性的创新和创业活动上，而不是经营与政府的关系上，企业家才能真正以消费者需求为导向进行创新和提供产品与服务，才能更好地创造有效供给、开拓消费市场。这就需要重新校正政府与企业的关系。2016年的"两会"上，习近平总书记提出用"亲"与"清"打造新型政商关系，关键在于坚定不移地推进市场化改革，简政放权打破行政垄断，努力营造公平竞争的市场环境，构建优胜劣汰的市场竞争机制和企业的正常退出机制，特别是运用技术、安全、环保、能耗等标准，加大政府引导和财税金融政策支持，加快淘汰落后产能和"僵尸企业"，促进生产要素向具有企业家精神、具有较高技术创新能力和生产效率的企业配置，让企业靠过硬的产品质量和商业模式而不是"关系"参与竞争，唯有如此，企业家才会有以市场为导向进行创新的内生动力。

其次，强化知识产权保护，严厉打击假冒伪劣，防止出现"劣币驱逐良币"的逆淘汰现象，形成强有力的知识产权保护是实现创新者赚钱效应，是培育创新型企业家最有力的制度工具。知识产权是通过界定对创新的产权、形成创新收益预期来激励创新者开展研发投入、工程化、商业化等一系列的创新努力，也是有效选择创新者、构建分工合作的创新生态系统的最重要的制度条件。考虑到中国仍有相当数量的制造企业严重依赖技术模仿来维持生存的情况，因此需要稳步推进知识产权保护，尽可能减少新的竞争范式带来的经济冲击。

最后，着力培育具有国际视野的企业家，采取理论培训和实践锻炼相结合的方式，加大力度培育一批全球知名企业家，选送重点领域企业优秀管理人才到国外知名企业、大学研修，支持开展现代企业经营管理知识产权保护及国际贸易等方面的出国培训。鼓励综合素质好、决策能力强、经营业绩突出、发展潜力大的优秀后备人才到市场开拓前沿、经营困难企业、重大工程实施、重大改革推进的关键岗位上担当重任。

（二）发扬工匠精神

首先，要进行一系列顶层设计，建设工匠精神养成的制度体系。

一是尽快完善中国的职业教育制度，提高职业教育在整个教育系统中的地位。培育工匠精神关键在人才，中国应该学习德国的双元制职业教育，职业学校的教育费用由国家承担，企业实践费用由企业承担，以改革的思路办好职业教育，发挥政府引导、规范与督导作用，吸引更多社会资源向职业教育集中，加快发展和技术进步与社会需求相适应的、产教深度融合的现代职业教育。2014 年以来，教育部开始在全国推行现代学徒制试点，人力资源和社会保障部、财政部也相继部署开展企业新型学徒制试点工作，传统学徒培训与现代学校教育相结合，企业与学校协调合作，以培养更多的技能型人才，无疑是适应现代企业发展和制造业转型升级要求的创新举措。

二是构建有利于工匠精神形成的质量标准体系，严格监管市场运行秩序。产品和服务标准是对消费者的"硬承诺"，既需要企业持续完善质量管理体系，坚持严字当头，也需要全社会努力构建质量共治机制，完善国家标准体系，加快相关法律法规建设。激励制造企业推行质量培训，全面提高管理人员与一线职工的质量意识与质量管理水平；引导和鼓励大中型企业实施首席质量官制度，在中小学开展质量意识普及教育，在高等学校、职业学校加强质量相关学科专业建设，在相关专业教学中增加国家质量技术基础和质量管理知识教育内容，组织制定企业全员质量素质教育和评价标准，开展全国"质量月"等活动，加强消费者质量知识宣传和教育，改变消费者与企业质量信息不对称的现象。

三是形成有效的激励机制，使工匠群体真正感受到"才有所值，能有所得"。中国对工匠人才的激励更多体现在精神奖励和荣誉授予上，但在实践中，有些企业把技术工人的劳动等同于简单劳动或低级劳动，即便是高级技工，在工资、福利、住房等物质待遇上，也远远不及管理人员，这在某种程度上造成工匠人才的流失，因此，要真正稳定技能人才队伍，不仅要形成工匠职级晋升、荣誉授予及国际交流的长效机制，还要在收入分配、福利待遇上向工匠倾斜，以此调动工匠"在车间完成创新"的积极性。

其次，要在社会上牢固树立工匠精神孕育的文化价值体系。

一是建立合理的人才评价机制，提高工匠群体的社会地位。"工匠精神"的孕育和传承来自文化传统和价值观念，如果整个社会的价值取向仍是"学而优则仕"，用人单位对人才的嘉奖仍是官职晋升，那么工匠职业绝不是人们的首选；如果浮躁、速度第一、急功近利是社会评价的普遍心理，则耐心、质量第一、精耕细作就得不到应有的弘扬。工匠精神的价值观念映射的是更深层次的文化传统，改变将是个漫长的过程，需要在长期的激励机制中逐渐实现。只有改变了政府、社会、企业对人才的评价机制，形成尊重工匠的社会氛围和制度环境，提高了工匠的社会地位、经济地位，中国的家庭才会像德国的家庭一样，把劳动光荣的理念传递给子女，支持子女就读职业学校、选择工匠职业。

二是建设孕育工匠精神的管理文化，在企业管理中培育严谨认真的工匠习性。张瑞敏曾对中国人的做事习性做过准确概括："中国人做事不认真，不到位，每天工作欠缺一点，天长日久就成为落后的顽症。"[1]海尔以"砸冰箱"文化仪式为序幕、以 OEC 制度为落实手段，经过几十年的努力，终于培育出了严谨认真的工匠精神，建立了认真文化，并创造出中国走向世界的名牌。精益求精、消费者至上的工匠精神是企业永续发展的一个最为核心的要诀，只有精益求精才能把商品和服务做到极致，才能最大限度地体现企业的价值。

三是引导消费者追求"精""美""品""上"的消费文化，倒逼企业形成工匠精神。没有消费者在消费中对普遍精致的追求和向往，就很难有各行各业的工匠对精益求精的坚守。我国消费者的需求正经历从无到有、从有到好、从好到精的转型升级，消费者对商品或服务的"挑剔"行为，恰恰可以倒逼企业改进产品与服务品质，自发形成消费者至上、精益求精的工匠精神。

三、发展三大模式：智能制造、服务型制造、绿色制造

（一）智能制造

首先，要推动智能制造发展战略：深入落实智能制造发展规划，加快制定智能制造技术标准，建立完善智能制造和两化融合管理标准体系；建立智能制造产业联盟，协同推动智能装备和产品研发、系统集成创新与产业化；促进工业互联网、云计算、大数据在企业研发设计、生产制造、经营管理、销售服务等全流程和全产业链的集成应用；加强智能制造工业控制系统网络安全保障能力建设，健全综合保障体系。

---

① 张瑞敏. 靠持续创新保持共产党员的先进性［J］. 求是，2005（20）：48-49.

其次，要加快发展智能制造装备和产品：组织研发具有深度感知、智慧决策、自动执行功能的高档数控机床、工业机器人、增材制造装备等智能制造装备及智能化生产线，突破新型传感器、智能测量仪表、工业控制系统、伺服电机及驱动器和减速器等智能核心装置，推进工程化和产业化；加快机械、航空、船舶、汽车、轻工、纺织、食品、电子等行业生产设备的智能化改造，提高精准制造、敏捷制造能力；统筹布局和推动智能交通工具、智能工程机械、服务机器人、智能家电、智能照明电器、可穿戴设备等产品研发和产业化。

最后，要推进制造过程智能化：在重点领域试点建设智能工厂或数字化车间，加快人机智能交互、工业机器人、智能物流管理、增材制造等技术和装备在生产过程中的应用，促进制造工艺的仿真优化、数字化控制、状态信息实时监测和自适应控制；加快产品全生命周期管理、客户关系管理、供应链管理系统的推广应用，促进集团管控、设计与制造、产供销一体、业务和财务衔接等关键环节集成，实现智能管控；加快民用爆炸物品、危险化学品、食品、印染、稀土、农药等重点行业智能检测监管体系建设，提高智能化水平。

（二）服务型制造

首先，要制定促进服务型制造发展的指导意见，实施服务型制造行动计划：开展试点示范，引导和支持制造业企业延伸服务链条，从主要提供产品制造向提供产品和服务转变；鼓励制造业企业增加服务环节投入，发展个性化定制服务、全生命周期管理、网络精准营销和在线支持服务；支持有条件的企业由提供设备向提供系统集成总承包服务转变，由提供产品向提供整体解决方案转变；鼓励优势制造业企业"裂变"专业优势，通过业务流程再造，面向行业提供社会化、专业化服务；支持符合条件的制造业企业建立企业财务公司、金融租赁公司等金融机构，推广大型制造设备、生产线等融资租赁服务。

其次，要加快生产性服务业发展：大力发展面向制造业的信息技术服务，提高重点行业信息应用系统的方案设计、开发、综合集成能力；鼓励互联网等企业发展移动电子商务、在线定制、线上到线下等创新模式，积极发展对产品、市场的动态监控和预测预警等业务，实现与制造业企业的无缝对接，创新业务协作流程和价值创造模式；加快发展研发设计、技术转移、创业孵化、知识产权、科技咨询等科技服务业，发展壮大第三方物流、节能环保、检验检测认证、电子商务、服务外包、融资租赁、人力资源服务、售后服务、品牌建设等生产性服务业，提高对制造业转型升级的支撑能力。

最后，强化服务功能区和公共服务平台建设：建设和提升生产性服务业功能区，重点发展研发设计、信息、物流、商务、金融等现代服务业，增强辐射能力；依托制造业集聚区，建设一批生产性服务业公共服务平台；鼓励东部地区企业加快制造业服务化转型，建立生产服务基地；支持中西部地区发展具有特色和竞争力的生产性服务业，加快产业转移承接地服务配套设施和能力建设，实现制造业和服务业协同发展。

（三）绿色制造

加快制造业绿色改造升级：全面推进钢铁、有色、化工、建材、轻工、印染等传统制造业绿色改造，大力研发推广余热余压回收、水循环利用、重金属污染减量化、有毒有害原料替代、废渣资源化、脱硫脱硝除尘等绿色工艺技术装备，加快应用清洁高效铸造、锻压、焊接、表面处理、切削等加工工艺，实现绿色生产；加强绿色产品研发应用，推广轻量化、低功耗、易回收等技术工艺，持续提升电机、锅炉、内燃机及电器等终端用能产品能效水平，加快淘汰落后机电产品和技术；积极引领新兴产业高起点绿色发展，大幅降低电子信息产品生产、使用能耗及限用物质含量，建设绿色数据中心和绿色基站，大力促进新材料、新能源、高端装备、生物产业绿色低碳发展。

推进资源高效循环利用：支持企业强化技术创新和管理，增强绿色精益制造能力，大幅降低能耗、物耗和水耗水平；持续提高绿色低碳能源使用比率，开展工业园区和企业分布式绿色智能微电网建设，控制和削减化石能源消费量；全面推行循环生产方式，促进企业、园区、行业间链接共生、原料互供、资源共享；推进资源再生利用产业规范化、规模化发展，强化技术装备支撑，提高大宗工业固体废弃物、废旧金属、废弃电器电子产品等综合利用水平；大力发展再制造产业，实施高端再制造、智能再制造、在役再制造，推进产品认定，促进再制造产业持续健康发展。

积极构建绿色制造体系：支持企业开发绿色产品，推行生态设计，显著提升产品节能环保低碳水平，引导绿色生产和绿色消费；建设绿色工厂，实现厂房集约化、原料无害化、生产洁净化、废物资源化、能源低碳化；发展绿色园区，推进工业园区产业耦合，实现近零排放；打造绿色供应链，加快建立以资源节约、环境友好为导向的采购、生产、营销、回收及物流体系，落实生产者责任延伸制度；壮大绿色企业，支持企业实施绿色战略、绿色标准、绿色管理和绿色生产；强化绿色监管，健全节能环保法规、标准体系，加强节能环保监察，推行企业社会责任报告制度，开展绿色评价。

四、夯实四个基础（四基）

统筹推进"四基"发展：统筹军民两方面资源，开展军民两用技术联合攻关，支持军民技术相互有效利用，促进基础领域融合发展；强化基础领域标准、计量体系建设，加快实施对标达标，提升基础产品的质量、可靠性和寿命；加强"四基"创新能力建设，强化前瞻性基础研究，着力解决影响核心基础零部件（元器件）产品性能和稳定性的关键共性技术，建立基础工艺创新体系，利用现有资源建立关键共性基础工艺研究机构，开展先进成型、加工等关键制造工艺联合攻关；支持企业开展工艺创新，培养工艺专业人才；加大基础专用材料研发力度，提高专用材料自给保障能力和制备技术水平；建立国家工业基础数据库，加强企业试验检测数据和计量数据的采集、管理、应用和积累；加大对"四基"领域技术研发的支持力度，引导产业投资基金和创业投资基金投向"四基"领域重点项目。

推动整机企业和"四基"企业协同发展：注重需求侧激励，产用结合，协同攻关。依托国家科技计划和相关工程，在数控机床、轨道交通装备、航空航天、发电设备等重点领域，引导整机企业和"四基"企业、高校、科研院所产需对接，建立产业联盟，形成协同创新、产用结合、以市场促基础产业发展的新模式，提升重大装备自主可控水平。开展工业强基示范应用，完善首台（套）、首批次政策，支持核心基础零部件、先进基础工艺、关键基础材料推广应用。

五、推进五大工程

（一）制造业创新中心建设

工程围绕重点行业转型升级和新一代信息技术、智能制造、增材制造、新材料、生物医药等领域创新发展的重大共性需求，形成一批制造业创新中心，重点开展行业基础和共性关键技术研发、成果产业化、人才培训等工作；借鉴美国制造业创新中心的经验做法，制定完善制造业创新中心遴选、考核、管理的标准和程序。

（二）智能制造工程

紧密围绕重点制造领域关键环节，开展新一代信息技术与制造装备融合的集成创新和工程应用。支持政产学研用联合攻关，开发智能产品和自主可控的智能装置并实现产业化；依托优势企业，瞄准关键工序智能化、关键岗位机器人替代、生产过程智能优化控制、供应链优化，建设重点领域智能工厂或数字化车间；在基础条件好、需求迫切的重点地区、行业和企业中，分类实施流程制造、离散制造、智能装备和产品、新业态新模式、智能化管理、智能化服务等试点示范及应用推广；建立智能制造标准体系和信息安全保障系统，搭建智能制造网络系统平台。

（三）工业强基工程

开展示范应用，建立奖励和风险补偿机制，支持核心基础零部件、先进基础工艺、关键基础材料的首批次或跨领域应用；组织重点突破，针对重大工程和重点装备的关键技术和产品急需，支持优势企业开展政产学研用联合攻关，突破关键基础材料、核心基础零部件的工程化、产业化"瓶颈"；强化平台支撑，布局和组建一批"四基"研究中心，创建一批公共服务平台，完善重点产业技术基础体系。到 2025 年，70%的核心基础零部件、关键基础材料实现自主保障，80 种标志性先进工艺得到推广应用，部分达到国际领先水平，建成较为完善的产业技术基础服务体系，逐步形成整机牵引和基础支撑协调互动的产业创新发展格局。

（四）绿色制造工程

组织实施传统制造业能效提升、清洁生产、节水治污、循环利用等专项技术改造；开展重大节能环保、资源综合利用、再制造、低碳技术产业化示范；实施重点区域、流域、行业清洁生产水平提升计划，扎实推进大气、水、土壤污染源头防治专项；制定绿色产品、绿色工厂、绿色园区、绿色企业标准体系，开展绿色评价；到 2025 年，制造业绿色发展和主要产品单耗达到世界先进水平，绿色制造体系基本建立。

（五）高端装备创新工程

组织实施大型飞机、航空发动机及燃气轮机、民用航天、智能绿色列车、节能与新能源汽车、海洋工程装备及高技术船舶、智能电网成套装备、高档数控机床、核电装备、高端诊疗设备等一批创新和产业化专项、重大工程；开发一批标志性、带动性强的重点产品和重大装备，提升自主设计水平和系统集成能力，突破共性关键技术与工程化、产业化"瓶颈"，组织开展应用试点和示范，提高创新发展能力和国际竞争力，抢占竞争制高点。

第二章

我国制造业数字化转型升级的现实基础

第一节 政策基础：中国制造 2025

一、"中国制造 2025"概念提出的背景

制造业是国家经济的命脉，也是国民经济的主体，是立国之本、兴国之器、强国之基。18 世纪中叶开启工业文明以来，世界强国的兴衰史和中华民族的奋斗史一再证明，没有强大的制造业，就没有国家和民族的强盛。打造具有国际竞争力的制造业，是我国提升综合国力、保障国家安全、建设世界强国的必由之路。没有强大的制造业，国家的经济无法实现快速、健康、稳定的发展，就业率会下降、市场需求降低、产业升级换代慢。随着科学技术的不断发展和人民生活水平的不断提高，人们对现代化生活的追求促使制造业不断改造升级，使现代制造业进一步实现信息化和智能化。

新中国成立后，尤其是改革开放以来，我国制造业持续快速发展，建成了门类齐全、独立完整的产业体系，有力推动工业化和现代化进程，显著增强综合国力，支撑我国世界大国地位。然而，与世界先进水平相比，我国制造业仍然大而不强，在自主创新能力、资源利用效率、产业结构水平、信息化程度、质量效益等方面差距明显，转型升级和跨越发展的任务紧迫而艰巨。目前，中国制造业正处在由低级向高级发展的中间阶段，根据发达国家的经验，要完全

实现工业化至少还需要十几年的努力。制造业分为加工制造业和装备制造业。宏观上看，我国制造业发展很快，以至于有了"中国已经成为世界工厂"的说法。

这种说法有两个依据：一是制造业对我国出口的贡献；二是制造业的发展速度。我国已完成以劳动密集型产业飞速发展为特点的工业化初级阶段，并将加工制造业在这一阶段发展到极致，"世界制造工厂"并非浪得虚名，但也仅局限于消费品领域。随着产业升级，我们已不可避免地发展到以装备制造业为主要特征的"重化工业阶段"，也有人称之为"后工业化时代"。装备制造泛指生产资料的生产，以资金密集、技术密集为特征，包括能源、机械制造、电子、化学、冶金及建筑材料等工业。在重化工业阶段，我国必然要遇到各种棘手的社会经济问题。

当前，新一轮科技革命和产业变革与我国加快转变经济发展方式形成历史性交汇，国际产业分工格局正在重塑。必须紧紧抓住这一重大历史机遇，按照"四个全面"战略布局要求，实施制造强国战略，加强统筹规划和前瞻部署，力争通过三个十年的努力，到中华人民共和国成立一百年时，把我国建设成为引领世界制造业发展的制造强国，为实现中华民族伟大复兴的中国梦打下坚实基础。《中国制造2025》是我国实施制造强国战略第一个十年的行动纲领。

二、中国制造业战略方针和目标

（一）指导思想

坚持走中国特色新型工业化道路，以促进制造业创新发展为主题，以提质增效为中心，以加快新一代信息技术与制造业深度融合为主线，以推进智能制造为主攻方向，以满足经济社会发展和国防建设对重大技术装备的需求为目标，强化工业基础能力，提高综合集成水平，完善多层次多类型人才培养体系，促进产业转型升级，培育有中国特色的制造文化，实现制造业由大变强的历史跨越。基本方针如下。

创新驱动。坚持把创新摆在制造业发展全局的核心位置，完善有利于创新的制度环境，推动跨领域、跨行业协同创新，突破一批重点领域关键共性技术，促进制造业数字化、网络化和智能化，走创新驱动的发展道路。创新是一个企业能够持久发展的不竭动力，也是一个企业能够掌握核心技术的关键，同时企业的不断创新也会为我国建设成为一个创新型国家提供有力的支撑和保障。

质量为先。坚持把质量作为建设制造强国的生命线，强化企业质量主体责任，加强质量技术攻关、自主品牌培育。建设法规标准体系、质量监管体系、先进质量文化，营造诚信经营的市场环境，走以质量取胜的发展道路。

绿色发展。坚持把可持续发展作为建设制造强国的重要着力点，加强节能环保技术、工艺、装备的推广应用，全面推行清洁生产、绿色生产与生态环境密切相关，人与自然必需和谐共处，降低生产污染消耗，将绿色制造业不断发展壮大，才能改善我们赖以生存的生活环境。坚持发展循环经济，提高资源回收利用效率，构建绿色制造体系，走生态文明的发展道路。

结构优化。坚持把结构调整作为建设制造强国的关键环节，大力发展先进制造业，改造提升传统产业，推动生产型制造向服务型制造转变。优化产业空间布局，提高企业的生产制造水平，淘汰落后产能、优化企业的产品布局，培育一批具有核心竞争力的产业集群和企业群体，走提质增效的发展道路。

人才为本。高等教育为我国的发展提供了源源不断的人才资源，不断加强校企合作，将企业发展理念渗入到高校中，不断提高产、学、研的水平。深化教育体制改革，使高校培养出来的专业人才更加符合社会和企业的需要。坚持把人才作为建设制造强国的根本，建立健全科学合理的选人、用人、育人机制，加快培养制造业发展急需的专业技术人才、经营管理人才、技能人才。营造大众创业、万众创新的氛围，建设一支素质优良、结构合理的制造业人才队伍，走人才引领的发展道路。

（二）基本原则

市场主导，政府引导。全面深化改革，充分发挥市场在资源配置中的决定性作用，强化企业主体地位，激发企业活力和创造力。积极转变政府职能，加强战略研究和规划引导，完善相关支持政策，为企业发展创造良好环境。让政府由主导逐步变成引导，充分发挥企业和政府部门各自的优势之处，不断提高企业的制造、生产和管理水平。

立足当前，着眼长远。针对制约制造业发展的瓶颈和薄弱环节，加快转型升级和提质增效，切实提高制造业的核心竞争力和可持续发展能力。准确把握新一轮科技革命和产业变革趋势，加强战略谋划和前瞻部署，扎扎实实打基础，在未来竞争中占据制高点。虽然我国的制造业长期占据世界第一的位置，但是生产的产品附加值很低，生产制造要求不高，对于提高企业自主的研发能力作用不大。必须立足于当下，借助科技进步的条件发展一批高、精、尖领域的企业，提高企业自身的竞争力。整体推进，重点突破。坚持制造业发展全国一盘棋和分类指导相结合，统筹规划，合理布局，明确创新发展方向，促进军民融合及深度发展，加快推动制造业整体水平的提升。围绕经济社会发展和国家安全重大需求，整合资源，突出重点，实施若干重大工程，实现率先突破。

自主发展，开放合作。在关系国计民生和产业安全的基础性、战略性、全局性领域，着力掌握关键核心技术，完善产业链条，形成自主发展能力。继续扩大开放，积极利用全球资源和市场，加强产业的全球布局和国际交流合作，形成新的比较优势，提升制造业发展水平。

（三）战略目标

立足国情，立足现实，力争通过"三步走"实现制造强国的战略目标。

第一步：力争用十年时间，迈入制造强国行列。

到 2025 年，制造业整体素质大幅提升，创新能力显著增强，全员劳动生产率明显提高，两化（工业化和信息化）融合迈上新台阶。重点行业单位工业增加值能耗、物耗及污染物排放达到世界先进水平。形成一批具有较强国际竞争力的跨国公司和产业集群，在全球产业分工和价值链中的地位明显提升。

第二步：到 2035 年，我国制造业整体达到世界制造强国阵营中等水平。创新能力大幅提升，重点领域发展取得重大突破，整体竞争力明显增强，优势行业形成全球创新引领能力，全面实现工业化。

第三步：中华人民共和国成立一百年时，制造业大国地位更加巩固，综合实力进入世界制造强国前列。制造业主要领域具有创新引领能力和明显竞争优势，构建全球领先的技术体系和产业体系。

第二节　技术基础：智能制造技术与工业互联网

一、智能制造技术

智能制造技术利用计算机模拟制造业领域的专家的分析、判断、推理、构思和决策等智能活动，并将这些智能活动和智能机器融合起来，贯穿应用与整个制造企业的子系统（经营决策、采购、产品设计、生产计划、制造装配、质量保证和市场销售等），以实现整个制造企业经营运作的高度柔性化和高度集成化，从而取代或延伸制造环境领域的专家的部分脑力劳动，并对制造业领域专家的智能信息进行收集、存储、完善、共享、继承和发展，是一种极大提高生产效率的先进制造技术。

智能制造技术大概包括以下几个方面。

（1）新型传感技术——高传感灵敏度、精度、可靠性和环境适应性的传感技术，采用新原理、新材料、新工艺的传感技术（如量子测量、纳米聚合物传感、光纤传感等），微弱传感信号提取与处理技术。

（2）模块化、嵌入式控制系统设计技术——不同结构的模块化硬件设计技术，微内核操作系统和开放式系统软件技术、组态语言和人机界面技术，以及实现统一数据格式、统一编程环境的工程软件平台技术。

（3）先进控制与优化技术——工业过程多层次性能评估技术、基于大量数据的建模技术、大规模高性能多目标优化技术，大型复杂装备系统仿真技术，高阶导数连续运动规划、电子传动等精密运动控制技术。

二、工业互联网

随着互联网、大数据等新一代信息技术与制造业深度融合，工业互联网应运而生，为先进制造业的发展奠定了重要基础，吸引了越来越多国家的广泛关注。在工业互联网中，数据是核心，网络是基础，人、机、物实现泛在互联，各类数据实现互通，形成生产控制优化、运营决策优化、产业链/价值链优化三大智能闭环，最终实现全局智能优化，成为制造业数字化、网络化、智能化发展的重要基础。

工业互联网可以从三个层面进行理解，如图 2-1 所示。

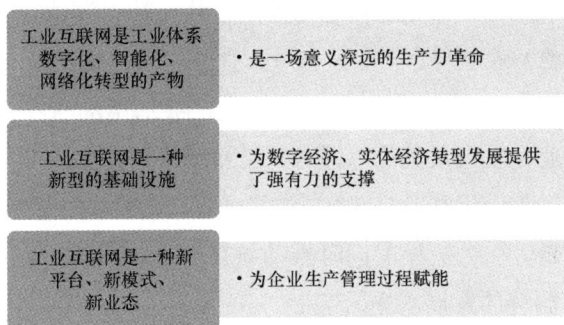

图 2-1　工业互联网的三大层面

随着工业互联网在制造领域的广泛应用，它将推动制造业的生产方式、组织方式、商业模式发生重大变革，推动全球产业链重构。

工业互联网为全产业链、全价值链泛在深度互联奠定了重要基础，为全面互联制造体系的构建提供了重要支持。

在工业互联网的作用下，原有的制造体系将打破时空限制，实现跨层级、跨企业、跨行业、跨区域、跨国界的协同发展，使得研究、设计、生产、营销、运维等环节有了跨区域协同的可能，可以促使各类创新资源与制造资源广泛聚集、高效匹配，使产业主体协作模式不断优化，使产业协作链条得以重构，进而全面提高资源使用效率和产业链的生产效率，不断提高产业链的附加值。

工业互联网是制造业数字化、网络化、智能化的重要载体，为全面信息数据链打造提供重要支持。

以工业互联网平台为依托，制造业可以形成数据服务体系，支持海量数据采集与分析，为形成新的生产方式提供支持，包括虚拟仿真、智能化生产、预测性维护、质量管控等，不断壮大原有产业的发展规模，完善产业链条，提高产业链的质量和效率。同时可以实现以数据为驱动力的创新发展，积累、沉淀制造经验，实现跨界融合创新，为规模化定制、服务化延伸等新模式的出现提供强有力的支持，加速新型工业网络、云化工业软件等新业态兴起，带动平台经济、共享经济不断发展，从产业链的低端向中高端迈进，促使产业链不断延伸，产业链的价值规模不断扩大。

工业互联网带动产业支撑体系发展，助力打造安全可控制造链。

随着工业互联网不断发展，制造业重点领域与基础领域的发展速度也将越来越快，进而带动工业软件、工业装备、工业自动化等领域快速发展，将芯片、操作系统、算法/模型、数据资源等打造成全产业通用的支撑要素，不断完善产业链，提高产业自主发展能力。同时，工业互联网在制造业深入应用将催生一系列新兴产业，带动新型工业网络、边缘计算、数字孪生等领域实现产业化，形成完整的产业链，在补短板的同时推动新兴产业链不断发展，增强产业链的掌控力，提高产业链的发展水平。

第三章

制造业数字化转型升级的关键：智能工厂与精益生产的融合

第一节　智能制造与精益生产的融合

在传统生产过程中，精益生产理论和工具基本上都是独立的一套系统。精益生产的本质是基于信息拉动（看板）的连续柔性生产。智能制造系统本质是一个完全数字化的制造系统。二者的核心思想是统一的。智能工厂的生产运作策略主要基于精益生产的主要原则，并通过这些策略体现智能工厂的主要特征。在智能工厂中，精益生产将作为生产运作的核心基础，不断融入智能制造的各个系统运作环节中。

一、精益生产对信息化与智能化的需求

（一）精益生产与信息流动

在智能制造不断深入的过程中，目前存在一种现象：部分企业通过自动化生产设备的导入，解决了人力短缺、产能不足和品质波动等问题，取得了不错的自动化投资收益。但由于企业对系统工程与精益管理的认识并不到位，生产的智能化过程缺乏整体规划，对自动化设备、工艺流程、管理流程和信息流程的集成缺乏足够重视，生产运作管理仍沿用传统的大批量生产为主。当订单多

样性和波动性增加后，产品切换的加快和生产管理复杂性的提高，已有的半自动或自动生产系统和管理就会暴露出很多深层次问题。例如单机自动化水平提高后，产线规划、生产计划、质量管理、物料供应等管理策略和业务流程未做相应调整。在实际生产过程中，设备间的产能不匹配、设备利用率不足、设备频繁调整、过量生产等问题日益显现。

从制造技术的层面看，精益生产是一种先进生产方式。从管理技术的层面看，它又是企业的一种组织管理方法，即企业生产资源要素的配置方法。精益生产方式的核心思想在于价值流动和持续改进。价值流动是指在生产过程中，实现产品流、物料流和信息流的快速、及时流动，进而实现价值流的连续流动和增值。持续改进则强调在生产过程中及时发现问题，消除浪费，加强对生产过程的管控和分析，追求尽善尽美。因此，精益生产要求信息流动具有较高的及时性。

1. 生产流程的及时性

生产过程依靠订单需求的驱动或拉动。随着产品多样性和工艺复杂度的增加，生产工艺流程及业务流程之间的衔接变得十分复杂。在自动化生产过程中，工序间的产品及时流转尤为重要，工序间的衔接不畅会带来很多生产问题。例如生产工序的下一个关键控制点岗位不知道上一关键控制点岗位控制指标是否正确，无法确定是否应该接续生产。又如当仓库的原物料库存数据不准确或不及时时，MRP 计划的有效性就会下降，导致实际生产出现缺料或待料。

为了保证多种少量生产的有序衔接，需要借助网络化的信息系统，通过对生产各个环节主要功能点进行信息采集，实现生产信息的及时传递，保证正常的计划排产和生产调度。

2. 生产流程的一体化

为了对多种少量生产模式下的销售、计划、生产、采购进行有效管理，精益生产一般在生产过程中实行看板管理，供应商的供应管理采用看板供货和JIT 供应相结合的方式。通过看板管理，对多品种混流生产进行有效控制，实现物料与物流的适时定量管理。基于看板原理，构造生产过程数据采集系统，搭建生产部门与其他业务部门的业务功能系统，利用系统集成技术、生产流程的一体化，搭建柔性生产系统，实现销售订单、生产订单、生产过程各环节的全过程跟踪。

（二）企业信息化现状与共性问题

企业信息化建设具有逐步完善和持续迭代的特点。目前，企业信息化系统存在的主要共性问题集中在企业信息化孤岛现象较为严重，生产信息系统、业务数据和过程数据无法有效互联互通，数据传递的及时性、准确性和共享程度较低。生产信息系统无法协同支持更复杂、更深入的生产运作管理活动，导致系统利用程度下降，反过来进一步加剧信息系统的孤岛现象。

1. 孤岛式生产运作管理系统

信息化系统的导入涉及资金投入、进度安排、业务需求、软硬件基础、实施经验、用户配合等诸多因素。信息化系统的实施通常基于关键的业务需求和核心业务问题。从实施方法论来讲，这种方式是合理的。但是，企业生产发展和业务管理需求是动态的，企业各部门的需求呈现碎片化的特点。企业在分步、分阶段实施时，针对未来长期发展的关键业务需求、不同系统导入约束逻辑与系统间的集成问题，缺乏前瞻性的系统性思考和整体性架构，数据接口各异，数据不能共享与互访，系统的可扩展不足，在各部门业务系统间形成无法有效集成的孤岛式系统。因此，在智能工厂的建设过程中，企业需要具有一定的生产与供应链整体规划和系统整合能力。

2. 缺乏车间级的管理系统

传统的企业生产制造模式多采用由上而下的按计划生产。企业管理信息化系统重点关注主生产计划（MPS）、MPR、财务等方面，对底层生产过程的管理功能相对较为薄弱。

生产企业可能会由多个分厂、车间、生产线、设备装置等组成，车间、生产线、设备装置具备独立的生产控制系统和管理信息子系统。这些系统可以解决单套设备、单个车间、单条生产线的生产和管理问题，但这些信息化孤岛互相之间数据不能共享，管理层调度决策不能及时到位，经营层的管理决策依据（即生产数据）不够透明与真实，在管理效能上无法发挥至极大化。

3. 精细化管理与价值发现能力薄弱

在智能制造导入过程中，系统服务商、最终用户、项目管理者对彼此的领域均存在一定的知识和经验短板，彼此间对工艺流程、系统开发与应用管理存在技术盲点和认知差异，导致系统上线后，无法满足生产管理更深层次的精细化要求。以 ERP 系统为例，大多数 ERP 系统的核心是企业管理层更关注的财务或成本模块，对生产环节的信息流、生产物流运作关注度较少，无法对生产过程节能降耗、降本增效进行更系统、更深入的分析与决策。

（三）精益智能化的信息系统

精益生产对提高生产管理信息系统的充分利用具有重要意义，企业的信息化系统需要从精益生产的角度来提升整体的智能化水平。

1. 保障系统广泛适用

通过加强对产品生产过程的管理与监控，形成生产、物资、物流、配送、库存、销售、市场、财务一体化的信息管理体系。针对不同市场和订单需求，系统可以满足产品设计、生产制造、物料采购、仓储配送等各个环节的不同需求，从而保证系统的普适性。

2. 打破信息阻碍

精益生产首先是流动与流程化。流程化是实现信息有序高效流动的基础。以传统的流程行业生产为例，在工序批量流转前，生产控制人员需要通知质量检验进行放行检验，检验合格后，由质检人员通知生产控制人员进行工序流转操作。这是一个从设备到人、不同部门之间、人到设备的信息传递和交互过程，业务流程的效率低，也容易产生差错。

在智能生产过程中、工序批次流转前，SCADA 系统会自动将批次检验所需的相关信息推送至 MES 系统，MES 系统自动发送检验任务。检验后的数据回传系统，系统根据检验标准对检验结果进行自动判定。在这种操作方式下，操作人员不需要依靠人脑记忆检测指标，也不会发生漏检。每一条检测记录，参考值都可以一并记录到数据库当中。这些数据对于工厂的整体管理和最终产品来说，都是极为重要的信息。这种"机器—机器"直接对话的模式，不仅提高效率，也避免低级错误的发生。

3. 降低人员非必要投入和干预，提高企业精细化管理水平

在上面所述的案例中，MES 等管理信息系统可以把生产人员从简单重复的工作中解放出来，让生产人员更多参与生产管理的分析与决策，提升人员的工作效率和工作价值。以物料仓库为例，在信息化系统未导入前，领/发料需

要库管人员耗费大量时间进行查询、制单、核单和发单，制约了库管对仓库的精细化管理。通过导入信息化系统，上述过程得以取消或简化，库管简单重复的工作得以减少，可以将更多精力关注到库存优化、库龄管理和缺件管理等上，从而提高仓库的管理水平。

又如原本分离的采购和生产流程经过 ERP 系统连接整合，可以提高两者的关联性，采购的计划性和准确性得到显著提高，企业精细化管理程度得以快速提升，系统可以部分或全部替代某些人工方式进行的活动和业务职能，可以提高流程的运作效率，并降低成本。

4. 规范企业运作

实现生产企业的业务流程规范化，减少由于重复工作、等待、查找等带来的浪费，提高工作效率。信息化系统需要能够及时把握实时、一致、准确、完整的信息，强化对过程的控制与监控，而不仅仅是对目标的管理。通过管理信息系统的导入，可以实现从静态管理向动态管理的转变；从事后管理向事前、事中管理的转变；从基于经验的管理向基于数据的管理转变；从全面事务处理审批向例外事件管理的转变。例如成本管理模式将由成本总量控制向过程成本控制进行转变，掌握生产制造过程的投入与产出、绩效指标等实时数据，及时从成本角度进行生产过程的问题发现、分析、管控与优化。

5. 快速响应需求

生产企业需要加快对外部市场和内部生产需求的响应速度，而其关键在于从生产经营决策过程到生产现场问题处理决策过程，能否准确把握问题与需求，快速做出响应。因此，生产管理各层级的分析管理决策水平将对企业市场竞争力和生产力产生决定性的影响。但对于不少企业，特别是中小型企业而言，目前还缺乏适用的信息化手段，无法及时跟踪市场需求的变化，缺乏快速研发与生产的配套机制和流程。

信息化系统在实现供应链各个环节信息集成的基础上，为企业生产各层级提供辅助决策，方便生产管理人员准确了解企业各个业务的过去、现在和目标数据。通过比较，发现差异，分析产生差异的深层次原因，制定改进对策，提高生产管理能力。

例如供应链管理需要了解有关供应商提供服务的具体记录，并根据服务的质量、完成时间、价格等记录，对供应商进行分析评价；销售部门需要根据销售数据，按照时间、地区、产品等维度进行统计分析，为销售业务提供辅助决策；质量部门需要对生产过程质量数据进行汇总分析，发现潜在问题，并将这些数据传递给相应责任部门，以保证产品质量。通过信息化管理手段和先进的决策支持工具，建立数据治理、数据建模、数据分析、仿真预测、指标可视化、分析决策功能于一体的综合化、智能化、信息共享的决策支持体系，为不同层级管理者提供灵活的决策支持分析，实现对市场和生产的快速、准确响应。

二、智能生产的精益化要求

以实施智能制造为契机，进一步促进企业精益生产的落实，促进企业管理水平的提高。在智能工厂的导入过程中，需要采取信息化手段来开展精益生产和精细化管理，以达成企业生产的有效运作管理。

（一）保证数据的真实性

实现生产过程数据的大范围实时采集。从订货调度导入生产订单开始，车间动态排产与调度，工单同步下达至各生产线与工位，仓库准时制发料，工序的自动开工与流转，按业务流程层层衔接。工厂采用 SCADA、实时报表、App 等系统化工具对生产全过程进行监控，并据此进行生产过程指标的分析、提升和考核。

（二）生产过程的透明化

根据不同部门的业务管理需求，生产过程数据实现与订单、班组、设备产线和运营等相关业务部门的共享与交互。例如帮助生产班组掌握上道工序生产情况，实现工序间的透明化生产，帮助班组合理安排本班组生产。

（三）生产流程优化

通过对各生产工序的工艺流程数据、工时开展数据采集、流程建模和数据智能分析，以精益生产为理念，在不影响产品质量状态的前提下不断优化生产工艺流程，节约设备时间，提高生产效率。

（四）闭环管理

通过端到端的纵向数据集成，实现生产运作各部门的沟通协作，将系统价值发挥到最大。为了使智能生产管理系统实现闭环管理，需要将设计、采购、工艺、制造、检验、仓储、物流等整体纳入智能生产系统的用户节点当中。这样，产品从设计、来料加工到生产再到检验，最后到成品，整个过程可以实现智能生产管理系统下的准确监控，把生产环节全部纳入系统化的实时管理，促进工厂生产管理水平的持续提升。

三、精益智能制造的导入方法

（一）精益一个流生产方式

随着多种少量生产方式的应用，产品种类越多，个性化及性能要求越高，产品市场生命周期和交货期越短，价格和成本压力越大，使得传统大批量生产方式无法应对这种无法预测的买方市场的出现。一个流生产方式可以有效减少生产中的在制品库存，占用生产面积小；通过及时暴露生产中的问题，便于快速消除生产流程中的浪费，减少生产过程中的无效搬运和等待。一个流能在最短的时间把成品生产出来，缩短了产品的交货周期，从而能快速响应市场，所以进行生产方式的转变已经刻不容缓。

一个流生产是指产品从毛坯投入到成品产出的整个制造加工过程中，产品始终处于不停滞、不堆积、不超越的流动状态。一个流生产方式是把生产现场存在不连续、分散布局的状态，在制品停滞的紊流状态转变为每台设备按照产品流程布局，采用集中连续的方式进行生产，实现流程化生产的清流状态。

工厂通过追求和实现一个流生产模式，可以把工厂中存在的各种问题和供销矛盾等显性化、目视化，让工厂管理者主动去解决生产过程所存在的各种问题和浪费现象。一个流生产是将浪费显现化的思想与技术，将批量生产时发现不了的浪费显示出来，以此作为改善及建立流线化生产的起点。一个流单元生产方式和批量生产方式的生产管理侧重对比分析如表 3-1 所示。

表 3-1　一个流单元生产方式和批量生产方式对比

项目	不同生产方式下的生产管理侧重	
	一个流单元生产方式	批量生产方式
现场管理	重视现场、现物管理	轻视现场管理

续表

项目	不同生产方式下的生产管理侧重	
	一个流单元生产方式	批量生产方式
生产运营	消除大的生产变动和故障，现场自主控制生产	生产管理按照计划指示进行，频繁变更计划
问题发现	都知道是否正确，小问题和症状也能知道	什么问题都不知道，当发生大的问题时才刚知道
问题对策	异常发生时现场分析原因，响应快	专人收集数据，解决问题耗时长
改善活动	在每天的生产活动中进行改善	干部/员工根据计划进行改善
知识管理	通过改善活动和技术人员的支援开发储备制造技术	没有制造技术的概念
教育训练	不仅是多能工的训练，要制定长期计划，提高改善的技能	没有想过多能工，没有教育训练空间
精细化管理	管理业务现场具体化	现场成本在增加的同时，间接业务成本也在增加，导致总成本上升
竞争力	企业具有较强的竞争力	生产部门经营力不足

一个流单元生产方式和批量生产方式在对人的重视程度存在一定差异，对比分析如表 3-2 所示。

表 3-2　一个流单元生产方式和批量生产方式对人的重视程度对比

项目	不同生产方式下对人的重视程度	
	一个流单元生产方式	批量生产方式
异常应对	作业者担当现场异常、正常的判断	异常发现能力低下
多能工	按照计划提高多能工的比例	感到有必要但不能有效进行培训
设备使用方法	人操控设备、提高设备稼动率	产品由设备生产，人是辅助者，设备的维护是专职人员的事情
改善活动	日常工作中推进专项改善活动	根据上级指示按计划被动实施
工作方法革新	干部协助挑战困难、实现目标	不是现场人员的工作

综上所述，通过一个流单元生产方式和批量生产方式的对比，可以看到一个流单元生产方式可以满足现有灵活多变的市场需求。同时，一个流单元生产方式在全体员工参与方面有着巨大优势，主张发挥全体员工的经验和能力进行生产过程改善。

（二）一个流单元生产与智能制造的相互关系

随着技术进步，在一个流单元生产过程中，加工制造、物料供应、检验检测和工序流转等大多需要通过自动化生产设备或智能生产设备进行。自动化和智能化是对一个流单元生产方式的必要补充，智能生产追求人与设备的最佳组合，实现效率的最大化，一个流单元生产的智能制造实施阶段划分如表 3-3 所示。

表 3-3　一个流单元生产的智能制造实施四阶段

阶段	要点	推进方法
第一阶段	设备改善是在作业改善到了极限的时候推进	最大限度提高、发挥人员的作业能力
第二阶段	分析阶段实现机械化、自动化	在现场收集改善方案，快速实施没有资金投入，简单的方案
第三阶段	结合作业要素的机械化，实现部分自动化	在产品制造技术中加入设备自动化
第四阶段	自动化范围扩展，设备内部制造	低成本自动化技术储备，追求人与设备的最佳组合

一个流单元生产方式是提高生产效率的一种行之有效的方法。自动化与智能制造作为一个流单元生产的重要组成部分，追求人与设备的最佳组合。一个流单元生产的最终目的是减少工序间在制品和半成品的堆积和浪费，实现效率最大化。一个流单元生产体系的方法结构如表 3-4 所示。

表 3-4　一个流单元生产体系的方法结构

一个流生产工具箱	
人	标准作业、多能工化
物料	看板拉动、线边仓、同步物流
设备、布局	简易自动化、U 形布局、人机分离
制造方法	一个流、按节拍生产、JIT 生产
品质保证	防呆防错、全数检查、目视管理

一个流单元生产要求在尽量减少在制库存的前提下，实现在必要的时间提供必要的零件。因此，应使各种零部件的生产和供应完全同步，整个生产过程按照一定节拍、协同有序地连续生产，按照后工序的需要来动态组织投入和产

出。生产同步要求避免以下情况：超过装配数量的零件到达某工序，零件出现等候和积压；某工序所需要的零件不同时到达，出现滞后或超前；前后工序生产不均衡；因某一工序的问题导致物流出现停顿。在此基础上根据工艺成组、设备布置等实现一个流单元生产。

（三）精益智能生产的导入方法

精益智能生产是精益生产与智能制造的必然产物。精益智能生产需要全面、系统、有计划地展开。当整个精益智能生产系统根植于企业内部后，才能顺其自然地完成整个生产体系的变革，使智能制造成为现实，并给企业带来可持续的核心竞争优势。精益智能生产的搭建流程如图 3-1 所示。

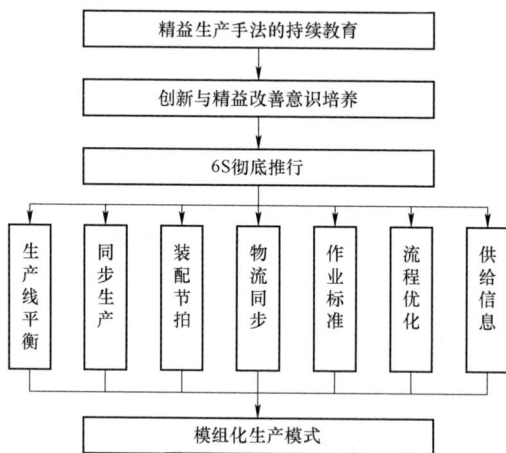

图 3-1　精益智能生产的搭建流程

1. 人员的培养及要求

全员参与是精益智能生产体系的基础和成功导入的关键。从教育训练开始，提高一线生产与管理人员的精益意识，养成严格遵守规章制度的习惯和作风。了解和掌握精益智能生产的基本思想与工具方法，主动配合流程改造和生产现场变革。用精益观点规划智能生产系统，消除不合理和无价值的生产流程。此外，以人为本，建立面向柔性生产的生产组织架构，开展工作分析与多功能体系搭建。

2. 现状调查与价值工程

开展现状调查。现状调查的内容主要围绕计划、质量、物料、工艺和成本五大方面。通过现场写实、工作分析、报表统计分析等方法，重点对产品组成、制造、效率、品质等生产数据、工艺文件、SOP 等生产资料进行搜集与整理。

在现状调查的基础上，开展价值流和产品工艺分析，确定典型产品和关键业务流程。从价值流分析入手，发现生产业务流程是否存在浪费和无价值环节，之后再通过产品数量分析确定典型产品，同时确定典型产品的工艺特征是否适合一个流单元生产。最终选择对企业流程具有影响力的主要产品进行重点分析与实施。

3. 精益智能生产方案的制定与导入

以精益智能生产为目标，对生产线的相关设备进行技术改造与工程优化。例如进行单元生产线的设备改善与工程设计，为一个流单元生产线的实施做工程准备。根据一个流单元生产方案，确定作业标准和标准作业组合票。此外，可以将一个流单元生产方案进一步优化为单元生产。单元生产就是原来输送带中的物料、设备、工具全部调整为 U 形布局（撤销流水线的输送带）。在单元生产线生产稳定后，还可以开展以简易自动化为主题的改善精益活动，进一步提高生产效率和品质。为了提高单元生产线的运作管理水平，导入同步化和均衡化生产。最终彻底消除浪费，提高整个生产线的生产效率。

第二节 智能工厂的数字化规划——
价值分析与数字孪生

智能工厂的数字化规划主要分为两个阶段。第一阶段是以价值流分析为核心，融合精益策略，运用价值流分析工具，对业务与工艺流程进行模型描述，并对生产流和信息流进行流程再造、体系重构和精益化设计；第二阶段是在前一阶段成果的基础上，开展智能工厂总体规划设计，运用数字孪生技术进行方案验证、改进和迭代优化。通过运用数字化技术，将精益生产和智能制造进行有机融合，实现智能工厂的数字化规划。

一、智能工厂的设计原则

智能工厂通过实物流和信息流的端到端打通，提高工厂的整体运作效率，降低运营成本和机会成本。智能工厂规划需要将工厂运营管理的价值导向、目标、逻辑、流程、规则等纳入其中，从整体考虑规划方案的前瞻性、合理性和有效性。因此工厂规划需要遵循一定的原则。这些原则是工厂规划过程中必须统筹考虑的关键因素，也是评估规划方案的基本依据。

（一）价值流和畅流化原则

无论是从缩短订单交期、提高交付水平、提高库存周转率还是从降低运营成本的角度考虑，智能工厂规划和生产运作都应遵循快速流动的本质，因此，智能工厂的规划应以产品工艺流程为导向，结合精益化生产的管理理念，尽可能减少产品生产流程中的各类等待，加快产品在价值链上的周转速度，以实现内部价值流的最优。

（二）生产与物流一体化原则

在传统工厂管理及其迭代升级过程中，生产和物流在规划布局、设施配置、管理运作、组织绩效等方面相对独立。但对于智能工厂，其规划需要充分考虑物流系统与生产系统的一体化融合。这既包括设施设备的一体化和自动化，也包括运营管理、信息系统的一体化，以提供智能工厂满足个性化需求的大规模定制生产能力。

（三）互联互通原则

数字化、可视化、透明化是智能工厂的重要特征。传统工厂往往重点聚焦生产设施之间的互通，而智能工厂强调在整个生产过程中的全要素资源的互联互通，以及端到端的业务和信息流动。智能工厂需要通过工业互联网、数据中台、业务中台等信息化系统，促进各项资源和业务主体的高效流动和即时通信，为智能工厂的自感知、自决策、自调适、自学习奠定基础。

（四）并联迭代原则

在制造工厂的转型升级过程中，工厂规划一般应遵循精益化、数字化、智能化三种生产范式的迭代升级过程。基于智能制造的必要性、灵活性、经济性，以及企业的自身发展战略，智能工厂往往体现为上述三种生产范式的并存推进和融合发展。对于智能工厂而言，需要注重自上而下的顶层设计。同时，兼顾需求、成本与效益，基于工厂各种资源要素的合理配置，开展关键环节、局部区域或整体智能化。

（五）技术适用性和经济性原则

以企业需求驱动为原则，将企业的发展战略与技术的前瞻性、先进性有机结合，注重规划方案、系统选型和应用实施的科学性和方法论。坚持效益优先、分步实施的原则，充分考虑投资回报率，选择投入与产出较好的项目作为规划和实施重点，确保一定的短期收益。同时，技术方案要求具有一定的先进性，符合未来技术发展的迭代需求。

（六）柔性和可扩展性原则

智能工厂的规划方案可调整能力强，应满足企业目前及今后一段时间的发展方向和发展水平的需要；设备选型尽量柔性，方便后续调整；设备功能的配置合理，并留有一定冗余和扩展空间；信息系统的模块化程度好，具有较好的扩展性和集成性。

二、智能工厂精益设计方法论

（一）价值流

价值流一般可以划分为广义价值流和狭义价值流。广义价值流是指从用户需求开始，经过设计研发、物料采购、计划排产、生产制造一直到产品交付的全部增值和不增值环节。狭义价值流是指将原材料转变为产品的所有增值和非增值环节。

价值流的主要目的是分析浪费之源，并通过开展一个短期内可实现的未来状态价值流来予以消除。价值流的目标是实现整个生产过程的连续流动，建立拉动式的生产供应链，尽可能实现 JTT 生产。价值流重点关注流程而非具体产品，重视整体流动而不是局部。

价值流程图（VSM）是采用简单的图形或符号，对企业生产各个环节的信息流程、物料流动和生产顺序的运作状况进行的一种符号化描述。VSM 作为一种图形化的企业生产运营分析工具，可以用于理解产品生产过程中的实物流和信息流，从中发现增值和不增值的一系列活动。VSM 的分析步骤如图 3-2 所示。

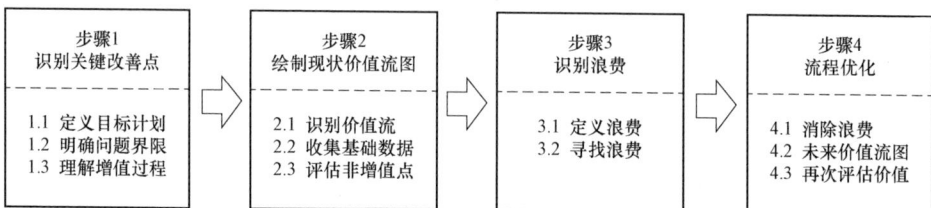

步骤1 识别关键改善点	步骤2 绘制现状价值流图	步骤3 识别浪费	步骤4 流程优化
1.1 定义目标计划 1.2 明确问题界限 1.3 理解增值过程	2.1 识别价值流 2.2 收集基础数据 2.3 评估非增值点	3.1 定义浪费 3.2 寻找浪费	4.1 消除浪费 4.2 未来价值流图 4.3 再次评估价值

图 3-2　VSM 的分析步骤

工厂的价值流分析主要集中在企业内部价值流，把上下游工序关系看作一种供需关系，着重分析企业内部价值流的各个部分如何结合起来创造生产价值。在此基础上，分析整个生产过程有待改进的环节。根据价值流程图，采用精益生产的思想和方法，确定改进的具体目标和措施。VSM 和精益生产的目标相辅相成，互为目标和手段。

例如在对企业生产过程进行数据资料搜集和整理后，通过描绘生产过程的价值流图，建立信息流和实物流的联系，将生产业务流程中信息的流动和物的流动实现图形化和可视化。以 VSM 为基础，对信息和物的整体流动过程进行分析，为生产各部门提供统一的管理分析视图。重点对 VSM 反映出的信息传递滞后、物（如在制品、中间库存等）的数量过多、生产等待、生产节拍不平衡等价值损失问题进行识别与分析。价值流的应用步骤应遵循 PDCA 闭环逻辑，一般是首先绘制现状价值流图，识别问题和确定改进方向，接着绘制未来价值流图，制定改善行动计划，持续循环和改进。

VSM 的重要目标是确定未来一段时间内改进机会。价值流分析作为一个强大的生产管理分析工具，分析对象的范围可以针对具体生产过程、生产线或整个工厂。VSM 不仅可以凸显生产过程低效、车间和信息失配等问题，还可以基于价值工程和精益思想提出改进建议。

VSM 同样也可以用于分析工厂设计规划的增值点和非增值点。VSM 在工厂规划分析阶段，能够分析发现业务流程中的增值和非增值环节，对产供销模式、设施与布局规划、设备选型、工艺规划、流程设计等工厂规划工作具有重要指导意义。由于 VSM 工具能够在很短的时间内收集、分析和呈现信息，该方法在工厂规划项目中已得到初步应用，并且在工厂规划过程中不断完善改进。对于工厂设计，VSM 较多用于对静态短期做出评估，并且结论不够细化，不能直接用于工厂的实施。

VSM 工厂规划分析流程是由订单下达拉动生产，生产计划系统将任务分配到产线，通过看板调节、均衡前端和后端产线，并拉动前端产线的生产。通过 VSM 的快速评估，可以发现生产工序间的非增值点和改善点。根据非增值点和改善点，提出相应的工厂规划优化建议。

（二）工业工程

1. **工业工程方法的分类**

工业工程是研究由人、物料、设备、能源和信息所组成的综合集成系统的设计、改善和实施的一门综合技术，其技术方法组成如图 3-3 所示。工业工程需要综合运用数学、物理、信息、计算机和社会科学的专门知识和技术，结合工程分析和设计的原理与方法，对目标系统进行设计、管理、分析、优化、预测和评价。

工业工程根据应用场景一般可划分为传统工业工程和现代工业工程。两者的区别与联系如下。

1）传统工业工程（经典工业工程）

以数学和统计学知识为基础，包含工业工程的基本原理和方法，知识体系具体包括基础工业工程、人因工程、统计质量控制、库存模型、人的激励、组织理论、工厂布置等。

传统工业工程重点面向微观管理，解决生产现场各环节管理问题。例如制定作业标准和劳动定额、生产线平衡分析、生产现场管理优化及业务部门间的协同和管理改善。

2）现代工业工程（系统工业工程）

随着生产制造水平和管理需求的提高，系统工程、信息系统、决策理论、控制理论、数据分析等逐渐成为工业工程新的技术手段。例如运筹学已成为复杂生产系统运作的理论基础；计算机和信息技术为工业工程提供有效的数据处理和可视化手段；数学规划、优化理论、博弈论等理论和方法已推广应用于描述、分析和设计各种系统；智能信息处理可以为大规模、复杂生产系统运作与决策优化问题提供数学建模和深度学习工具。

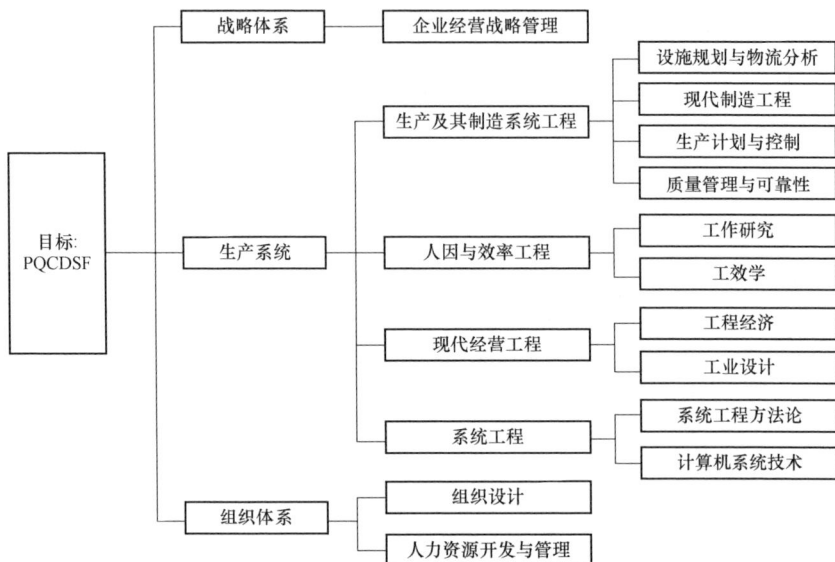

图 3-3　工业工程方法体系

系统工业工程所研究的优化是指系统整体的优化，不单是生产系统某个生产要素或局部环节的优化，系统工业工程追求的目标是系统整体效益最佳。所以系统工业工程需要从提高系统总体生产率的目标出发，对各种生产资源和业务环节开展系统性研究、统筹分析、合理配置；对各种方案开展量化分析比较，寻求最佳的设计和改善方案。通过对复杂生产系统各要素和各系统功能的合理配置，实现生产系统的有序高效运行。

2. 工作研究

生产系统为了达成系统预定的功能目标，需要将相互关联的系统组成要素和影响因素形成一个有机整体。现代工业工程是以大规模工业生产为研究背景，工作研究是其中最重要的基础技术。工作研究的主要内容是对工作方法、作业流程和作业时间进行科学分析和测定，据此制定科学、合理的作业标准和时间定额，使生产各项作业标准化，不断提高生产系统的效能。在工作研究中，常用的分析方法包括 5W1H 和 ECRS 原则。5W1H 的分析逻辑如图 3-4 所示。

工作研究主要包括方法研究和时间研究。

1）方法研究

方法研究主要包括程序分析、操作分析和动作分析。

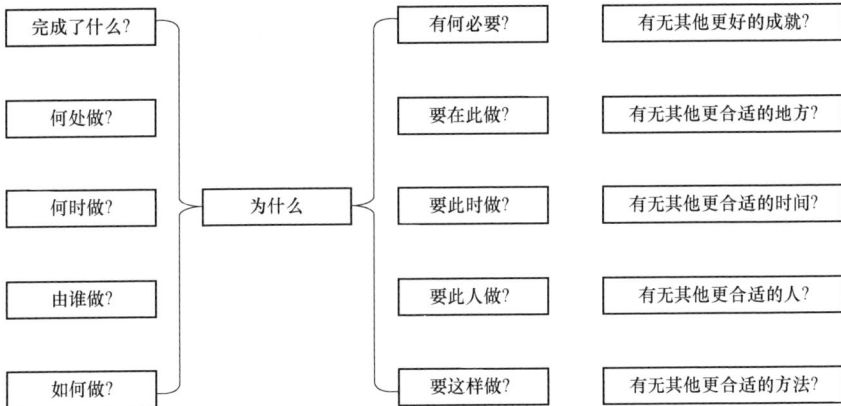

图 3-4　5W1H 的分析逻辑

方法研究首先着眼于整个工作系统、生产系统的整体优化（程序分析），然后再深入解决局部问题（操作分析），进而解决微观问题（动作分析）。通过对现有工作方法（如加工、装配、制造、操作等）进行系统记录和分析优化，从而达到系统整体优化的目的。方法研究是一种分析和应用相对容易和有效的工作方法。

（1）程序分析。程序分析的主要目的如下。

① 改进工艺和程序，消除不必要的程序。

② 改进整个工厂和设备的设计，提高生产效率。

③ 改变部分操作程序，避免重复，降低劳动强度，人力更经济。

④ 改进工厂、车间和工作场所的平面布置，以节省搬运。

⑤ 重排和简化剩余的程序，重新组织一个效率更高的程序。

（2）操作分析。研究分析以人为主体的工序，使操作者、操作对象、操作工具三者的组织、布局和安排相对合理，减轻操作者的劳动强度，减少作业时间消耗，并最终保证工作质量。

（3）动作分析。研究和分析人在进行各种操作时的身体动作，以排除多余动作、减轻疲劳，使操作简便有效，从而制定最佳的动作程序。动作经济基本原则包括减少动作数、双手同时进行动作、缩短动作距离和轻快动作等。

在解决实际问题中，方法研究涉及对整个生产过程的优化。如何有效使用方法研究的相关工具，从宏观到微观使用的方法不尽相同。各种方法的适用范围如表 3-5 所示。

表 3-5　方法研究的一般业务适用范围

业务类型	内容	分析手法
整个制造过程	原物料→产品发运	工艺程序图 流程程序图 物流动线图
工厂平面布置与物料移动	物料在工序间的移动	工艺程序图 流程程序图 物流动线图
作业区域的配置	作业者的位置及周边物品的放置方法	动作经济原则 作业简化原则 动作分析
组合作业或 自动化作业	协同作业或以自动化方式的人机配合	联合操作分析 视频分析 作业简化
在工作时的人员动作	短循环重复工作	动作分析 视频分析 人机程序图

2）时间研究

时间研究又称作业测定，是指运用时间测量的各种方法和技术，在标准状态下按照规定的作业要求完成某一作业所需要的时间，以此作为制定工作定额、核算成本、计划生产及检验生产效率等的基础。这里，标准状态是指针对某一种特定的工作，合格工人以正常速度操作所需的时间。

（三）智能工厂的数字化设计方法

数字孪生是实现物理实体与虚拟数字化实体交互融合的一种技术手段。数字孪生技术主要采用数字技术，通过提取和分析物理世界的大量数据，对物理实体对象的特征、行为、形成过程和性能等进行虚拟数字化实体的建模；围绕物理实体的运作过程，在物理实体和虚拟数字化实体模型之间建立一种数字化的信息交互与验证机制，为物理系统提供评价与优化依据。数字孪生具有多物理、多尺度、多学科集成属性，以及实时同步、对象映射、高保真度等特点。数字孪生技术的核心是模型和数据。

在工业领域，工业大数据和信息交互技术对数字孪生技术应用发展起到至关重要的作用。同时，应用数字孪生技术，通过虚拟模型和物理模型发现生产系统运作的问题或瓶颈。在实际工厂运作中，物理模型常常存在很大的动态性和随机性，在设计数字孪生模型时，需要从关键指标出发来评估数字孪生的保真性。在工厂规划阶段，利用数字孪生的技术优势，通过对生产计划实施情况进行追踪，并根据扰动对原方案进行及时调整。随着自动化设备和信息技术的发展，数字孪生技术在智能工厂规划中的作用愈发重要，作为工厂设计规划的一种重要工具，数字孪生技术逐步应用于布局规划、流程设计、系统配置、计划排产等业务场景。

工厂设计规划活动是在一定的周期内完成规划设计方案，并在该过程中对规划设计方案不断完善，同时不断对方案进行可行评估和完善改进。如果仅采用数字孪生技术进行工厂设计，工厂建模的工作量过于庞大，在时间上可能无法满足项目需求。而价值流方法论是一种以精益思想为核心、能够快速上手的工厂设计评估方法。因此，可以将两者进行整合，构建价值流仿真模型。以价值流作为工厂数字化建模的基本原则和评价原则。当工厂的设计规划方案发生变化时，通过对数字化工厂价值流模型中的参数进行对应调整，运行模型后就可以快速获得相应的系统运行指标和分析评价指标，实现对方案的快速评估。

1. 基于数字孪生的工厂规划设计

基于数字孪生的工厂规划过程可以分为概念设计、整体设计、细部设计和实施验证等环节。在每个过程中，工厂规划方案和工厂数字孪生模型的关注重点如图 3-5 所示。

1）概念设计

根据企业愿景，明确需求，制订目标计划，初步拟定需求数据。这一阶段对物理世界的保真度较低。通过需求调研，确定目标计划和数据的需求，逐步完善数字孪生的结构。该阶段的数字孪生特征为工厂设计目标主导的概念蓝图。

2）整体设计

整体设计根据产能目标，首先确定生产方式、制程工艺和设备选型，进而确定设备技术需求和各种资源需求（如人员和设备数量等），完成车间设施规划及对应的生产布局确定。这个过程需要利用已有的生产数据，反复迭代验证，并通过价值流方法进行快速评估，确定整体设计方案可行性。在此基础上，重点针对生产制程的平衡性、物流布局的合理性等内容进行数字化仿真分析，发现潜在的设计问题，并进行方案优化与再次评估修正，最终确定整体设计方案。

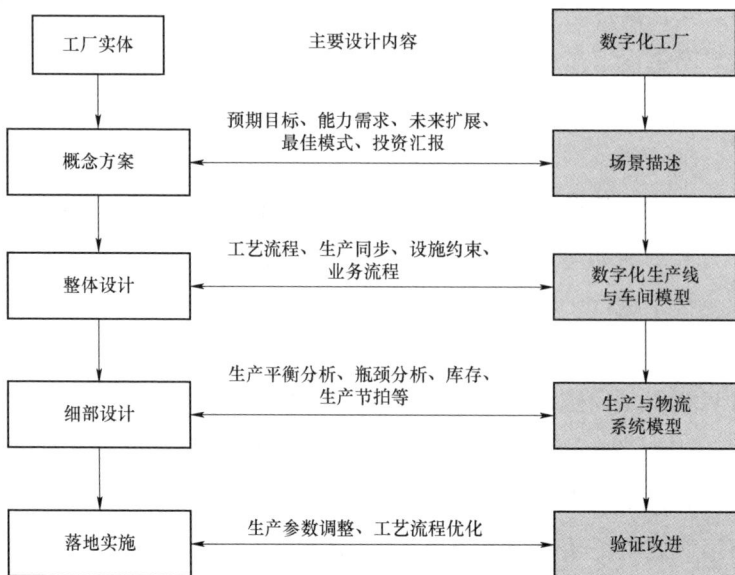

图 3-5　基于数字孪生的工厂规划框架

　　与概念设计方案相比，整体设计方案更加明确。该过程的数字孪生粒度一般以工厂、车间、工段为对象，重点是对流程和布局进行数字化仿真与模拟。

　　3）细部设计

　　细部设计的实体对象主要是具体的生产线、设备、工序、工位、岗位及生产系统局部的关键业务流程。根据整体设计的实体逻辑关系，对设备操作流程、细部功能布局、物流器具、管理体系规范等进行设计。该过程的数字孪生主要是围绕质量和效率进行数字化建模与仿真，物理实体需要具有较高的真实度，以满足细部方案的数据分析要求。

　　细部设计的输出一般包括生产线、设备、工序、工位、岗位等对象逻辑关系方案，以及车间内物流和信息流的流程方案。通过逐步细化单元设计，构建工步级仿真模型和数字孪生模型，通过信息流和物流的虚拟融合分析确定生产瓶颈，发现设计方案中隐藏的缺陷。进一步综合设计知识，通过数字孪生技术促进生产业务模型的细化，如设备故障发生后的紧急维修流程、物料供应的时刻表等，以此促进设计方案的迭代优化，满足设备利用率、物流顺畅、产能等要求。

4）实施验证

在实施过程中，针对大量的生产过程数据开展模拟与分析，不断验证物理实体和虚拟数字化实体的相互关系，并对工厂数字化模型进行修正，将分析结果同时与物理实体进行对比验证，对不同的控制策略进行数字孪生模型的验证，对实际的工厂运作方式进行分析优化。该过程的数字孪生特征为数据实时交互的动态模拟方案。这一阶段对物理实体的数字化模型真实度要求高。

2. 基于价值流的工厂数字化孪生设计

在工厂车间整体规划时，以精益生产作为分析优化的基础，采用 VSM 方法对业务流程进行分析评价，确定工厂规划的关键需求和关注重点。在详细的设计规划阶段，需要完成车间、生产线、设备等不同粒度的布局规划和能力分析，以及生产工艺的验证和物流能力的测算。

多种少量的定制生产导致产品的多样性和不确定性，进一步加剧生产工艺的复杂性和对生产系统的柔性需求。目前，基于传统的人工经验规划已不适用于智能工厂的规划需求。智能工厂的规划需要综合产品多样性和企业复杂度等不同业务场景，进行费用成本、工艺质量、产能效率等不同维度的可行性论证与评估。因此智能工厂的数字化规划是以未来生产场景的大量数据为基础，通过建立仿真模型对设计方案的可行性进行过程模拟验证，并给出详细的评估结果，对实际工厂的实施规划做出指导。在后续的工厂运作中，通过工厂数字化模型与实际生产过程的协同仿真与实时分析，对工厂生产运作过程进行实时管控与优化。

价值流方法论能够快速评估规划方案，但只能在静态短时间内起到作用。而数字化模拟仿真能够在动态场景下得到工厂运行模拟结果，但模型构建的任务量庞大，耗时较长，且无明确的方向指导。因此，可以合理利用 VSM 和数字孪生两种工具的各自优势，将两种工具进行有机结合，对规划方案进行评估调整。两种工具在规划的不同阶段，各自主导的方法不同，主要输出物的形式也不同。

数字孪生需要经历从概念设计，到设计方案的迭代和逐步细化，最终工厂实体的落地实施等若干阶段。不同阶段的 VSM 和数字孪生结合方式和输出物如图 3-6 所示。

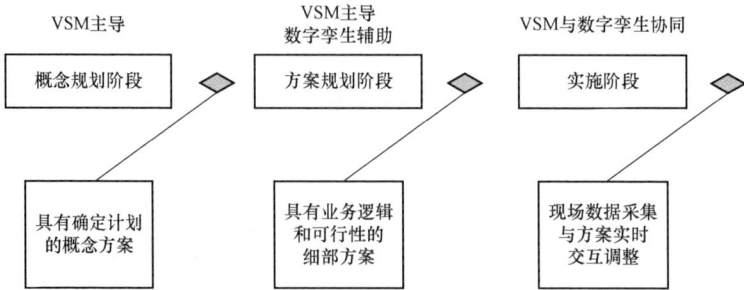

图 3-6 不同阶段的 VSM 和数字孪生结合方式和输出物

1）概念设计阶段

概念设计阶段以 VSM 方法为主，首先对生产基础数据进行调研，包括规模环境、生产工艺、设备选型、物流供应、预期目标产能等，通过对上述数据开展价值流图分析，对生产运作方式进行概念设计和制定初步概念方案。根据初步方案，对工厂未来需求和规划方向进行评估，确定智能工厂建设的主要项目内容，包括生产工艺方式、自动化程度、整体的物流与供应链模式等。这一阶段的输出物是围绕关键需求的概念设计方案，主要包括工厂布局和工厂整体运作模式等。

2）方案规划阶段

工厂方案规划初期可以采用价值流进行方案评估和问题发现。针对价值流分析发现的工厂规划重要问题或瓶颈问题，采用数字化仿真工具进行工厂建模，这样可以有效减少初期系统仿真的盲目性，仿真目标和仿真结果更具针对性，同时工厂系统仿真的工作量也得到有效降低。

本阶段的输出物为车间层单元布局和运作方案。该阶段 VSM 与数字孪生协同对设计提供支持。前期通过 VSM 方法分析车间工作流程的增值环节和非增值环节，对生产流程和设施布局进行规划设计。后期采用系统仿真和数字孪生方法对车间设施布局和生产流程进行数字化建模与分析，通过工序级仿真为设计方案提供验证和支撑，最终满足产能、空间利用率、精益生产等多方面要求。

以生产布局规划为例，前期需要通过 VSM 梳理流程，分析整理基础数据，并梳理解决的方向点，再根据每个方向对数字孪生建模提出需求。将 VSM 的数据输出作为数字孪生建模的输入数据，根据每一个 VSM 确定的问题方向，数字孪生进行具体的问题分析，根据成本、面积、设备利用率、WIP 数量等评价指标，分析验证多个可行性备选方案，最终的数字孪生输出结果作为该问题的决策依据。后期数字孪生建模作为工作主导，该阶段的输出物为具有车间基础数据的二维方案。细部规划阶段采用 VSM 和数字孪生方法并进，主要对布局块逻辑，包括零部件物流、成品物流和信息流进行分析。在布局方面，VSM 可以持续评估寻找可改进的方向，如在生产物流路径规划中，发现容易出现的拥堵路径并对路径进行优化，利用数字孪生模型进行方案验证，最终确定具体的生产物流路径。这一阶段的输出物为包含物流和信息流的三维方案。

3）实施阶段

数字孪生模型主导实施阶段，不断验证现场的数据情况，并对下一步工作进行指导。例如在自动化立体库项目实施中，针对装卸道口的需求问题进行分析，数字孪生工具可以输出装卸道口的具体设计位置和数量等信息，用于指导项目的落地实施。

本阶段的输出物为实时交互的现场实施数据，数字孪生技术通过详细评估设计方案，并将其模拟为虚拟工厂。在工厂建成并投产后，将虚拟工厂与真实工厂实现数据关联，通过对真实工厂运作的不断拟合，实现虚拟工厂对真实工厂的实时、精准模拟。基于虚拟工厂模型采集大量生产过程数据，结合数据模型和仿真模型对真实工厂未来状态进行预测，并指导真实工厂的运作。

第三节 智能工厂的同步化生产

制造企业的生产与供应链管控能力相对薄弱，生产与供应链普遍缺乏有效的同步响应机制。针对动态的不确定性需求，在需求、采购、计划、制造、库存等各个业务环节难以做到高效、合理的决策与调整。整个供应链的上下游企业通常采用高库存策略，生产控制的唯一缓冲环节就是依靠采购或物料部门加大零部件和成品库存来保障供应。过高的库存导致库存成本增加，生产系统的灵活性下降，反而更加无法实现面向订单的多种少量生产。从供应链管理角度而言，生产企业需要与上下游供应商建立生产与供应的协同与同步机制，需要制定基于整个供应链的整体供应策略，实现需求、采购、生产、库存、物流和信息等业务板块的协同。

一、同步化生产的组成

（一）供应链系统

生产运作管理的目标是外部原物料和零部件的及时采购与供应，内部生产系统有序衔接以及订单准时交付。因此，生产运作管理的范围不仅局限于生产企业内部，而且与外部的供应商和客户紧密相关。以汽车行业为例，丰田、大众、福特汽车公司等企业已基本实现在全球范围内开展资源配置，在经营上普遍采用汽车联盟和本土化战略，零部件采购实行全球化、模块化、平准化物流拉动与准时制。

供应链协同是企业达成低成本、短交期、敏捷制造战略的具体方式和方法。供应链协同一般包括上游客户协同和下游供应商协同。

1. 上游客户协同

这种协同需要实现生产企业与上游客户或服务在需求预测、销售计划、客户订单、配件、发货等业务环节的协同。例如对于成品发货的协同，可以根据前期订单与客户协同，自动生成发货数据和对应条码信息，并实现与后续物流追踪、结算付款、问题处理等业务协同。

2. 下游供应商协同

这种协同的主要目标是与下游供应商开展有效的业务协同，实现供应商与生产企业的生产资源要素的效益集约化。业务协同的主要内容包括需求、预测、计划、订单自动发布，发货，跟踪，付款与绩效考核等。通过以供应链为核心的协同应用，将各业务部门、供应商、物流服务商的核心业务流程实现"网络＋协同"。这种协同包括人、设备、车间、部门、系统间的协同。

以汽车行业为例，根据相关数据统计，在美国的汽车销量排名前八位的为丰田、本田等日本汽车企业。通用比丰田的同级别车型成本高出 2 000 美元，但两者的零部件成本与人工成本差异不大。丰田低成本的一个秘密就在于通过辅导各级供应商开展同步化生产和同步化物流，追求零库存的目标，提高供应链的库存周转次数（每年接近 50 次的库存周转）。通过这种低库存、小批量同步拉动模式，不断降低汽车产业链的库存成本。此外，丰田通过采用混流生产与均衡化生产，进一步降低生产库存。

（二）同步化生产与供应

同步化生产是指在产品生产的各个环节不设置物料缓冲或仓库，其具体形式主要包括缩小生产批量、连续流生产、并行生产、JIT 采购、供应商管理库存（VMI）等。例如对于铸造、锻造、冲压等工艺，必须批量化生产，可以在缩小生产批量的基础上，采用连续流组织生产。连续流以流水线生产为特征，产品在前一工序的生产结束后，立即转到下一工序，实现单件或小批量的工序快速流转。同时，基于并行思想，根据生产各工序的先后工艺顺序、生产优先级和提前期等，实现各工序流水生产线的并行生产。此外，在供应链的整体协同基础上，根据生产的实时进度和提前期，开展 JIT 采购和物流同步供应。

生产同步化的信息指示基于拉动原则，可以通过后工序领取的方式来实现。后一工序只在需要的时间到前一工序领取所需的物料，前一工序按照被领取的数量和品种进行生产。以装配生产为例，将装配生产的最后一道工序即完成品工序作为生产的拉动点，把生产计划下达给成品装配线或成品工序，以此为起点，在需要的时间向前一工序领取必要的物料，而前一工序提供该物料后，为了补充被领走的物料数量，再向其前一道工序领取物料进行工序生产，这样实现工序间的同步生产。

同步化生产可以大幅缩短生产周期，降低生产库存，因此逐渐被很多企业所采用。但需要注意的是，生产系统资源配置在前期规划时如未考虑同步化生产因素，在后期同步化生产实施前，需要对生产系统的负荷能力进行匹配分析与相应的调整，否则在同步生产的应用实践过程中，可能会出现局部或部分设备生产效率下降的现象。

（三）同步化生产管理信息系统

生产运作管理是一个庞大而复杂的工程，要求各业务部门、各系统能够协调一致开展工作。物的及时、有序流动是生产系统有序运作的重要组成部分，需要保证生产线各工位所需物料的及时供应。因此，产品的生产和物料供应过程需要 ERP、MES 等生产信息系统提供数据采集和业务功能支持。

在 MES 系统的功能模块中，物料管理模块的一个重要业务功能就是实现生产与物流同步，协助生产现场作业有序进行，物料供应及时、准确。

MES 系统在确定总装车辆进线顺序时，根据该车型是否缺料和空车身混线比例配置原则，在空车身存储区确定空车身。在进入前仪装线 T/I 前的空车身排序上线区后，每 20 台产生一个进线序列报表。根据进线序列信息，MES 系统向周边配套供应商发布同步交货指示，也向厂内发动机等其他车间发布同步的生产指示和交货指示。供应商根据与整车厂约定好的物流方式和物流前置时间准时交货。

MES 系统根据整车装配工程深度的不同，对不同工程深度的分装线、SPS 配料区同步进行指示。每满一个批次单位（4 台、5 台、10 台、20 台）生成一个排序送料指示报表，并发布给总装车间的对应生产线，实现同步生产，同步送料。MES 总装物流同步模式如图 3-7 所示。

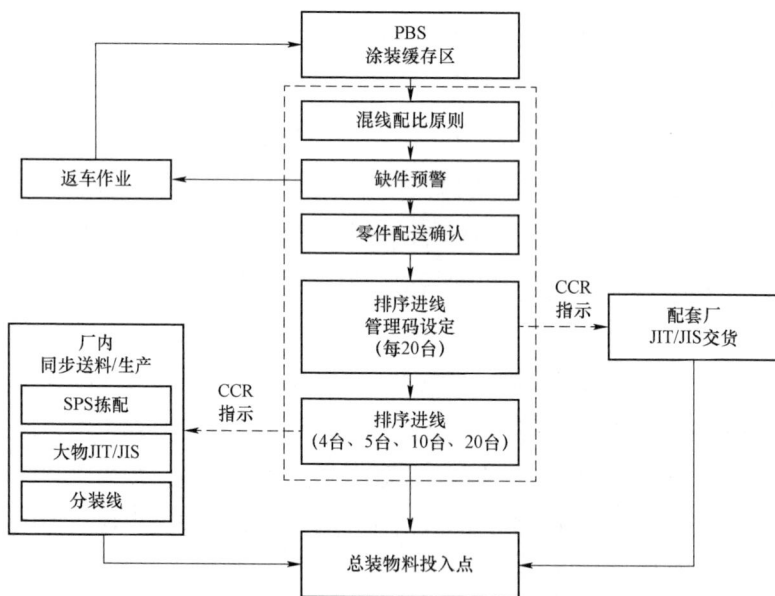

图 3-7　MES 总装物流同步模式

SPS 是根据总装生产线车辆序列进行物料供应的一种精益物流方式。SPS 在车辆排序点采集车辆配置信息，通过 MES 系统获取随行配料信息，发布拣配单至 SPS 配料区，拣料人员根据打印的 SPS 拣配单分拣物料至随行料架，SPS 台车根据生产序列按序配送上线。在车辆完成装配后，再将空的 SPS 台车返回 SPS 配料区。

二、同步化工具——看板管理

在精益生产体系中，看板是传递生产信息的重要工具之一，可以提供生产任务指令、物料供应、质量信息和生产进度等多种信息功能。看板包括电子显示屏、卡片等多种形式。根据应用场景的不同，看板一般分为生产指示看板、领取看板、特殊用途看板。

看板管理作为一种协调企业内部及外部的生产运作管理方式，其实质就是通过看板将作业指令发送给各工序、各车间及供应链上相关供应商，看板的各个接收部门严格按照看板上的信息进行生产和供应，实现 JIT 生产。

看板的工作原理是基于拉动式生产，从订单需求出发，根据订单需求信息确定产品的生产数量和时间，然后通过后工序生产拉动前工序的生产数量和时间。实际生产时，MPS 计划通常下达至瓶颈工序或最后一道工序。其余各生产单位根据看板信息向上游车间或工序发出需求信息，上游车间或工序根据该需求信息组织生产。看板拉动生产流程如图 3-8 所示。

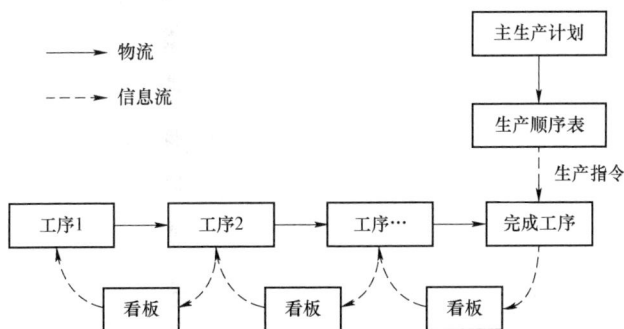

图 3-8　看板拉动生产流程

看板管理主要包括单看板和双看板两种方式。单看板方式适用于工序内看板。双看板方式适用于工序间领取看板（领取看板）和工序内看板，双看板是大多数企业普遍采用的方式。双看板工作原理如图 3-9 所示。

59

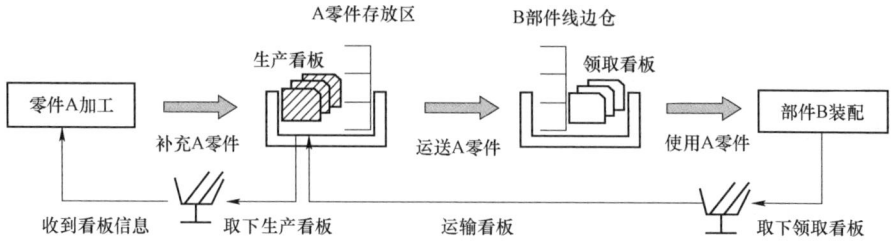

图 3-9　同步化生产的双看板工作原理

双看板的具体使用步骤如下。

（1）部件 B 装配工序摘下领取看板，当看板积累到一定数量后，物料人员将领取看板和空容器放置于搬运车上，运至零件 A 存放区。

（2）核对零件 A 存放区的生产看板，核对无误后，有顺序地取下生产看板，把它放入生产看板箱，并把空容器放至指定位置，最后将零件 A 搬运至装配工序。

（3）根据从看板箱内收集的生产看板，按照看板顺序依次生产，周而复始。

（4）在零件 A 加工完成后，附上生产看板，放置于零件 A 存放区，便于物料人员随时领取。

在 JIT 生产中，看板的数量与零件的箱数是一致的，即一张看板代表一箱零件。因此，看板数量过多，意味着在制品的增加。通过看板数量可以控制在制品库存水平。

第四节　智能工厂运作体系进阶——数字化精益推进

精益生产是运用精益管理的思想和方法持续优化生产运作流程，增加价值。信息化将企业的信息流通过计算机、网络等工具和技术进行管理和使用。数字化是在信息化的基础上，建立强有力的联合响应机制与解决方案。智能工厂的数字化精益着眼于用数字化手段保证质量、提高效率和降低成本，因而也是企业生产运营优化和企业数字化转型的重要基础。

一、产品质量保证的全流程管控

在企业数字化转型中，质量的概念将进化为企业的文化需求，其作用变得更加侧重预防性，主动避免问题，保证整体产品质量。数字化为智能工厂提供统一协同平台，实现跨组织的质量追溯、质量管理和质量数据分析等业务应用，形成闭环的质量保证体系。

（一）质量保证体系

1. 质量保证

生产型企业质量保证的业务范围主要包括内容如下。

（1）原料采购、进料检验、原料入库等原料控制。

（2）生产工序、设备、贮存、包装等生产关键环节控制。

（3）原料检验、半成品检验、成品检验等检验控制。

（4）产品运输交付控制。

质量保证是利用先进的管理理念和技术，对产品生产过程相关的质量影响因素进行系统性关联，并提供后期质量改进的方法与途径。在工厂的实际生产管理过程中，由于生产内外部环节运作的复杂性，不可避免地会出现异常事件的制度漏洞、质量问题的信息不对称、部门利益和认知差异等问题，而这些问题会延误质量改正时机，导致相同问题的反复出现。

因此，质量保证需要企业根据自身生产的实际场景和管理现状，提高源头处理问题的能力。基于质量追溯的思想，从复杂的质量过程信息中提取、发现潜在或未被发现的质量问题，对质量保证进行快速且持续的体系完善。

2. 质量保证系统

随着两化融合的不断深入，企业逐步意识到信息技术对企业质量管理的促进作用。很多企业借助 ERP、MES、PCS、LIMS 等管理信息系统，利用这些系统的质量相关功能模块开展质量管理的业务活动。由于这些系统应用实施的局部性或阶段性，上述系统的集成架构多采用分层架构。在分层架构下，各个系统之间仅对个别关键的工艺质量数据进行数据集成和业务集成，大量与质量相关的各类生产过程数据仍然分散在各自的系统中。

这种分层架构能够满足大批量生产的质量信息传递与控制。但对于多种少量生产而言，这种分层架构在 BOM 管理、质量追溯、问题诊断定位和工艺质量优化时，存在诸多问题。

（1）不同粒度的工艺质量数据分散在不同系统平台，数据存储关系和逻辑存在差异，不便于全流程工艺质量追溯。

（2）质量保证以采用事后抽检方式为主，未对产品生产的过程质量进行监控和预警，无法有效防止批次质量事故发生，保证同批内产品质量稳定性及减小不同批次间产品质量的差异。

（3）出现质量问题和质量异议时，缺乏有效的工艺质量追溯和系统分析手段，无法有效进行问题诊断、定位、优化分析和产品质量的可持续改进。

因此，现有的质量管理系统还无法满足高品质的全流程工艺质量追溯、分析及持续管控的需求。解决的主要途径就是在目前信息化系统功能层次基础上，搭建全流程产品质量管控平台，实现制造过程多粒度工艺与质量信息全流程纵向与横向集成，并可根据业务需求设计和扩展质量分析功能，开展具体工艺质量问题的智能分析应用。

（二）全流程质量保证系统的基础

1. 批次管理

产品生产批次管理是质量保证系统的基础。批次管理一般是以生产物料为对象，贯穿于原物料的出入库、在库、生产过程、销售、物流、售后等各个阶段的产品生产全过程。批次管理的主要内容包括批次凭证管理、外部提供产品的批次管理、生产过程的批次管理、交验的批次管理及包装、运输、贮存的批次管理。需要注意的是对质量保证而言，批次管理中的批次规模大小需要由质量、物流、制造工程、IT、供应商、成本和工程等部门共同确定。

开展批次管理能够确保在产品从原物料进厂到产品出厂交付的每个环节中，实现按批次为单位的生产监控和管理，确保物料在生产工序流转过程中工序不漏、数量不差、零件不混，一旦发生质量问题能够快速准确地定位和追溯原因。批次管理需要做到"五清六分批"。"五清"是指批次清、数量清、质量清、责任清、生产动态清；"六分批"是指分批投料、分批加工、分批转工、分批入库、分批保管、分批装配。

在产品生产的各个阶段，原物料批次、半成品批次和成品批次均采用统一的编码标准进行编号或标识，并由系统自动或半自动化生成。例如对于产品批次编码管理，批次信息中需要记录产品名称和代码、型号规格、生产流转信息、生产日期，以及主要原物料批次编码等信息。通过产品批次编码可以保证原物料到产成品的全程追踪追溯。

产品生产批次一般是根据物料来源、订单、制程、产线、排产、价格、质量要求等因素进行综合划分，产品的批次管理相对比较复杂。例如从生产流转角度，一个批次的原料可能对应一个批次的产品（一对一），也可能对应多个不同批次的产品（一对多）；多个不同批次的原料可能对应一个批次的产品（多对一）；此外还可能存在产品批次和原物料批次的多对多情况。因此，生产各个阶段的物料批次流转的关联关系十分复杂。在多种少量生产方式下，批量规模进一步缩小，批次管理的复杂度远远高于传统的大批量生产。

2. 生产过程质量管理的分析工具

对多种少量生产企业而言，产品种类多、产品迭代快、交货期短、质量波动性大成为一种常态。在快速切换生产过程中，如何保证生产过程质量的稳定尤为重要。产品生产过程质量管理的工具主要包括 APQP、FMEA、MSA、SPC、PPAP 等。

1）产品质量先期策划

APQP 主要用于质量问题的早期识别，以便采取预防措施。APQP 是一种用来确定和制定确保某产品使顾客满意所需步骤的结构化方法。通过 APQP 的开展，确保产品质量策划过程具有可重复性、防止不合格重复出现、提高质量相关工作的效率和降低质量成本。

2）潜在的失效模式和后果分析

FMEA 是一种重要的可靠性设计方法，由故障模式分析和故障影响分析组成。FMEA 以预防为主，其主要目的是查找产品/过程中潜在的失效模式，评估其后果和风险大小，并制定相应的预防/探测措施。通过如图 3-10 所示的 FMEA 开展流程，对产品或过程进行修改，避免或减少潜在失效模式的发生，同时避免或减轻事后修改带来的危机和成本。

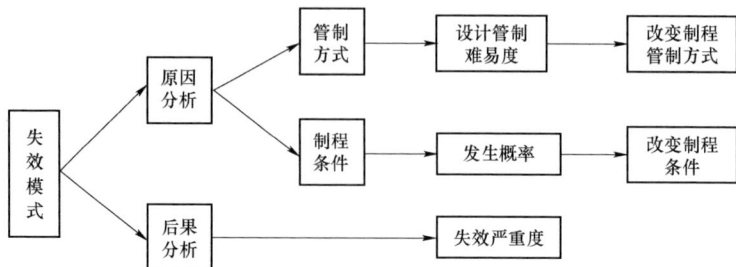

图 3-10 FMEA 的开展流程

3）统计过程控制

SPC 是一种产品生产过程中的质量控制方法，可以减少对常规事后检验的依赖性。

SPC 一般应用流程如图 3-11 所示。首先根据用户需求，确定产品生产过程中的关键质量特性或质量关键控制点。以控制图作为基本工具，对产品关键质量特性确定过程统计的控制界限。对质量关键特性和控制点开展过程数据采集。根据数据统计的特征和趋势，对产品的生产过程质量进行动态评估，分析

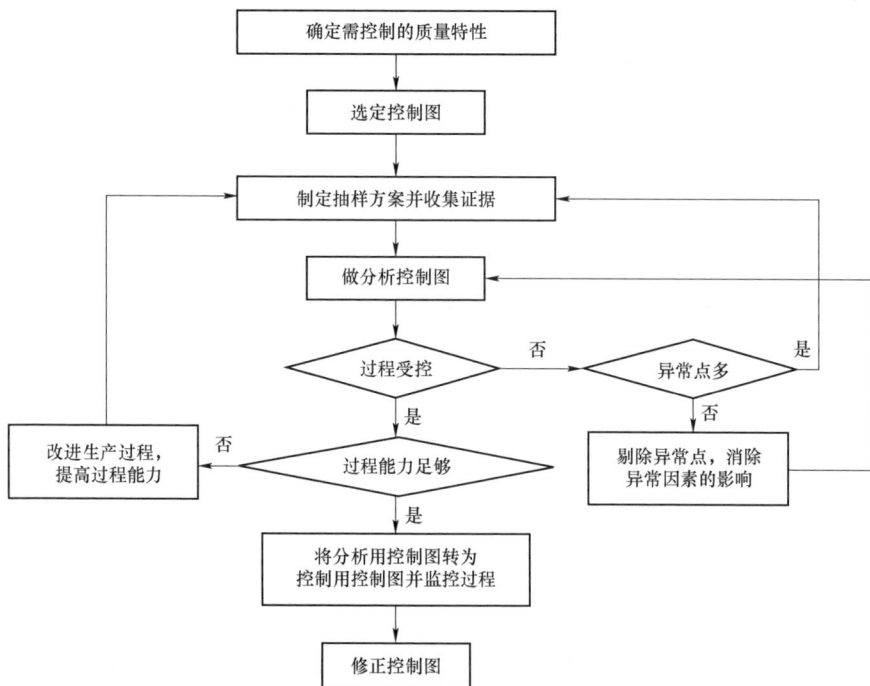

图 3-11 SPC 一般应用流程

判断过程是否失控和过程是否有能力及早发现生产过程存在的主要异常。通过对生产过程的及时监控和早期报警，防止不良品的出现。针对生产过程异常制定相应的改善措施，SPC 与 PDCA、QCC 等活动相结合，对质量问题进行量化分析，并对质量改善活动进行过程跟踪。

4）测量系统分析

MSA 采用数理统计和图表的方法对测量系统的分辨率和误差进行分析，以评估测量系统的分辨率和误差对于被测量的参数是否合适，并确定测量系统误差的主要成分，用于评价测量系统的测量准确性和测量质量，判定测量系统产生的数据可接受性。

在选择和评估供应商时，很多企业都非常重视供应商的质量保证体系，并把 SPC 和 MSA 的应用状况作为衡量供应商质量保证能力的重要参考指标。

5）生产件批准程序

PPAP 规定了包括生产件和散装材料在内的生产件批准的一般要求。PPAP 主要用于确定供应商是否已经正确理解了顾客工程设计记录和规范的所有要求，以及生产过程是否具有潜在能力，能够在实际生产过程中按规定的生产节拍生产顾客要求的产品。

（三）全流程质量保证系统

1. 生产过程质量数据治理

随着企业两化融合的深入，生产质量相关数据广泛分布在 ERP、MES、高级排产、质量管理、能源管理等系统中，数据类型种类和结构多样，具体包括温度、长度、速度、加速度、流量、压力、文字、图像、视频等。生产过程质量数据具有数据类型多、数据分散、数据量大和数据异构的特征。为了实现全流程的质量保证，首先需要开展数据治理。

数据治理需要明确数据治理边界和采集方案。将纳入质量流程管理范围的数据进行系统的分类与整理。组织制造、质量、采购、仓储、IT 等相关部门和原物料供应商，对采集范围进行研究讨论，确定过程质量数据采集清单。对每一类数据，需要结合业务需求、采集频次、数据规模、技术难度、重要度、系统成本等因素，制定针对性的数据采集方案。例如对机加工过程质量数据，主要清点物料、机床、夹具等各工序质量数据，统计每条数据的测量对象名称、类别、检测类型、监测装置型号及安装位置等信息，并按数据分布情况与采集周期需求确定数据采集装置的实施方案。

2. 全流程质量保证系统架构

随着产品功能的集成化和生产设备的集成化，产品生产工艺将越来越复杂。在这种情况下，质量保证需要一定的工具进行辅助，而建立质量保证系统的根本就是明确产品过程质量数据的管理方式。确定信息系统的架构是建立产品质量保证系统的关键。

全流程质量保证系统以 MES 系统架构为基础进行功能扩展，由数据采集预处理用治理、数据平台、实时质量监控平台和质量数据分析平台组成。全流程质量保证系统可以实现全流程不同粒度工艺质量数据的全面采集、统一存储、实时监控和预警，根据不同业务需求，提供相应的数据分析与决策功能。从应用角度来说，可将全流程质量保证系统应用于生产过程质量管理和质量综合分析决策。采集及预处理平台和数据平台是这两类应用的基础平台。

1）生产过程质量管理

生产过程质量管理主要面向生产一线的生产、品质等部门，提供工序质量的监控、预警、分析和诊断功能，强调系统处理的实时性。生产过程质量管理在产品制造过程中或产品加工完成的同时，即可完成相应的预警和在线评级等预警功能。在保证产品质量稳定性和一致性的同时，可以有效防止批量性质量问题的发生。生产人员可以根据分析结果及时调整生产过程参数和优化生产过程，提高后续产品质量。

2）质量综合分析决策

质量综合分析决策是质量管理范畴的高阶应用之一，主要面向工厂质量管理体系或供应链质量管理。质量综合分析决策主要是根据产品生产工艺过程，强调对生产和供应链流程的质量数据进行整合和大数据分析，从更广泛的供应链层级对产品生产全流程中的工艺参数、质量目标参数、质量检验和判定结果等进行追溯和分析，实现企业和供应链跨组织的产品生产工艺、技术规范和质量判定等分析和决策，同时，对产品质量问题的供应链责任进行界定和划分。

全流程质量管理贯穿产品生产全过程，即包括产品先期质量策划设计、生产过程质量控制、生产质量分析与过程优化。系统的主要功能包括数据收集和管理、质量监控和报警管理、质量评估和判定、返修管理、质量分级管理、产品质量缺陷管理、过程数据追溯、过程工艺监控和报警、质量实绩历史记录、产品质量跟踪及分析、KPI 关键绩效指标计算、统计过程控制与评估等。

全流程质量保证系统能够保证以最难质量成本，对生产流程开展持续优化。通过采用先进的质量管理理念，对生产全过程数据进行模型化分析，运用质量分析工具，对生产过程中的关键控制点进行监控和报警，实现全生产链质量数据流的追溯。在此基础上，基于大数据和智能分析技术，开展各类质量分析决策和预测，为智能工厂的质量管理体系建设和日常运作管理提供数据依据。

3. 全流程质量保证系统的应用场景

全流程质量保证系统的主要应用场景如图 3-12 所示。

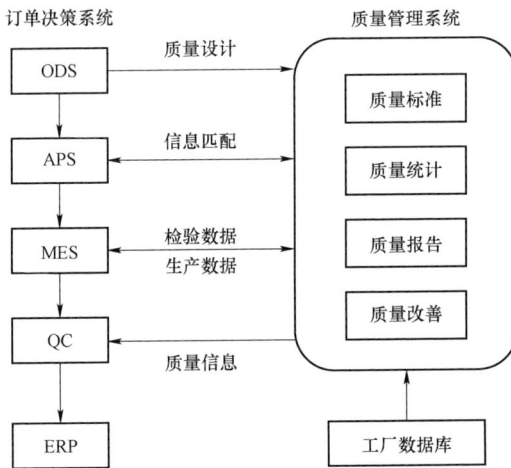

图 3-12 全流程质量保证系统的主要应用场景

1）过程质量控制

过程工艺监控和报警功能将生产过程中的工艺数据，按照设定的质量规则进行在线监控与预警。过程工艺数据的实时状态和报警信息会显示在监控终端。生产与质量部门可以在线实时监控当前生产质量情况，还可查看上道工序的过程工艺控制情况。对过程工艺数据提供针对单件产品、单工序或多工序的过程在线评估，并将质量结果生成质量分析报告，支持后续的工艺数据管理和质量对标管理。

2）质量决策

质量决策是在订单生产方式下按订单判定，更加关注过程质量。质量系统通过 MES 自动获取订单相关的各种生产过程的质量控制参数。这些数据包括工艺路径设计和质量规则设计数据等。在生产过程中，通过 MES、实时数据库系统收集生产过程中的性能、尺寸、过程工艺单点值、过程曲线表等数据。再通过质量分析工具，对这些数据进行清洗、处理和整合。根据系统设定的质量规则，对生产过程的质量结果自动判定。

3）全流程质量追踪追溯

全流程质量管理系统打破了以往只关注单一工序和结果的质量管理局限性。通过数据集成技术和分工序数据整合将数据层层抽取，以生产批次和时间轴为基准，收集所有生产过程中的生产数据、质量数据、过程工艺数据、曲线值等。通过搭建产品生产全流程的数据追溯链，实现产品整个生产链的数据追踪。同时，在数据链的逻辑基础上，结合批次关系、时间序列、相关关系等开展数据进一步关联与聚合，用于大数据分析。

4）质量大数据分析

大数据分析和各类型报告在质量综合分析决策中进行实现。大数据分析可以满足工厂生产体系的质量管理、后台质量分析、智能分析报告，将全流程数据集成在一起并进行优化处理，向业务部门提供一个可用于各种管理和分析的大数据集。分析报告的形式包括质量数据报告、生产综合报告、过程工艺报告、管理型报告、全流程报告、SPC 报告、KPI 报告等。其最大特点是可实现生产全流程信息的整合，数据从原料一直追溯到成品工序。通过生产数据、过程工艺数据、质量数据等数据的综合应用，为质量分析提供全方位的数据来源。

5）质量改进

基于精益生产和持续改善的要求，在质量保证的基础上，将质量改进作为产品质量提升的重要手段，无论是生产过程中出现的质量问题还是下游工序在使用过程中出现的问题，都是促进企业不断提升和改进产品质量的重要依据。全流程质量保证系统针对质量改进方面的管理，提供了对应的开展平台和工具。

以项目管理为基础，将质量改进内容作为具体任务对象进行管理，对质量改进活动开展日常追踪和沟通，为生产过程中出现的各种质量异议、质量事故、质量改善活动提供数字化协同与交互平台。基于 PDCA 的质量管理循环机制，质量改进流程从质量提升目标开始，将质量问题的数据和过程进行可视化，通过大数据分析对质量影响因素进行建模分析。质量改进小组根据数据分析结果，制定具体措施，落地开展与持续追踪。质量改进项目在持续不断地推进过程中发现问题和解决问题，提高产品设计质量和生产过程质量。

二、车间级工业大数据应用

随着自动化生产技术和信息技术的不断发展，工业生产的数据采集和使用范围逐步加大，企业生产过程的工业大数据来源和种类越来越广泛，数据的粒度越来越精细，数据规模加速增长。工业大数据已经成为企业价值积累的重要基础。在数字化生产向数据化生产的转变过程中，如何利用好工业大数据成为企业创新与优化升级的核心竞争力。

（一）工业大数据的精益应用场景

1. 工业大数据概述

数据是智能制造区别于传统工业生产体系的本质特征。工业大数据是智能制造的核心驱动力，是制造系统产生智能行为的基础和原材料。在智能制造生产体系中，传感器、嵌入式终端系统、智能控制系统、通信设施通过 CPS 形成一个智能网络，使人与人、人与机器、机器与机器及服务与服务之间能够互联，进而实现横向、纵向和端对端的高度集成。

在智能工厂的环境下，工业生产将产生大量的产品技术数据、生产经营数据、设备运行数据、设计知识、工艺知识、管理知识和产品运维数据等。工业化的数据、信息、情报和知识基于生产业务流程进行数据循环与业务应用，实现生产过程的精益运作和智能管理，提高工厂的整体运作水平。

根据应用层次的不同，工业大数据可以分为以下两大类。

（1）生产经营性数据。这部分数据主要是生产经营相关的财务、计划、采购、资产、人事、供应商、市场等数据。这些数据主要来源于 ERP、MES、BI 等系统。随着企业信息化技术的发展与应用，由于 ERP 等系统核心业务流程和功能相对固化，数据的结构化和标准化相对完善，数据质量较好。此外，规模企业普遍都已实施上线 ERP 系统，针对 ERP 数据的分析与应用需求旺盛，生产经营数据分析的应用程度较为深入，也相对较为成熟。

（2）生产过程数据。生产过程数据是围绕企业生产过程积累的数据，与生产经营数据相比，生产过程数据具有种类复杂、实时性强、数据量大等特点。根据应用场景的不同，生产过程数据主要包括产品模型、BOM、设计知识库、工艺规范、设备数据、质量数据、物料数据、能耗数据、数字化模型、生产报表等。

生产过程数据的系统来源也更加多样，既包括核心的 MES 系统，也包括更底层的 PLC 和 SCADA 系统，还包括工厂内部的工艺文件、生产报表、仪器仪表、现场视频等非结构化的数据源。不同系统导致数据的一致性差，结构化与非结构化数据之间存在鸿沟，数据采集的费用与技术难度大，这些都限制了生产过程数据的深入应用。

2. 工业大数据的应用特点

工业大数据是智能制造的核心驱动力，是智能生产系统实现数据驱动的基础。在智能制造实施过程中，传感器与物联网、智能设备与产线、工业软件与工业 IT 设施的广泛应用，为车间级和工厂级大数据应用奠定了基础条件。

1）工业大数据的结构化预处理

工业大数据建模所需的数据存在奇异值、缺失值、超限值等是常态问题，此外还有工况不满足分析目标，工况需要修正，以及样本不平衡、标签缺乏等问题。

工业大数据的低质性、隐匿性与其工业应用中的低容错性之间存在矛盾。例如数据中存在噪声或数据多样性不足，可能导致预测精度不高。为提高数据模型质量，可借助数据分析机制，理清数据模块之间的逻辑关联，辅助特征变量辨识。反之，通过工业大数据也可增进对过程机制的理解，促进生产过程从黑箱模型到白箱模型的转变。

2）工业大数据建模的领域知识支持

工业大数据特点进行预处理及选择建模方式，除了需要具备编码、机器学习等技术能力之外，还要求数据科学家掌握大量的工业领域知识（如设备机理、信号处理）。

3）工业大数据的系统复杂

工业智能模型的建立是依照行业特性，将工业数据进行挖掘分析与价值提炼的过程。算法模型需要经过选择算子、建立算法流程、开发数据接口等操作。

4）工业大数据的动态性

模型部署完成后，应建立模型性能持续监控机制、定期维护或更新机制。多种少量生产的原料质量波动大，高质量的过程模型需要更多历史数据。例如模型预测精度下降时，可设法调试模型参数或添加新的数据进行重新训练，确保模型覆盖各种类型数据。随着生产智能化水平的提高，也可建立主动学习、遗忘等自适应机制，实现模型可持续优化。

3. 工业大数据应用需求分析

从海量数据中挖掘生产过程中隐藏的规律与问题，扩充车间生产工艺管控的知识边界，有利于实现产品生产过程的追溯与控制，促进生产过程的精益优化和持续改进。目前，生产企业对生产制造过程所产生和积累的数据并没有充分利用，工厂存在着生产过程记录、检验报告等海量数据，但没有从数据中发现规律，数据有效利用率低，存在数据丰富而知识匮乏的这一矛盾。

以六西格玛管理为例，制造业普遍存在 σ 差距问题。目前，大多数企业处于 $2.5\sim3.5\sigma$ 水平，产生差距的主要原因在于导致缺陷的根本原因难以追溯。由于缺乏对原料质量波动，以及原料波动如何传递至产品的科学认识，生产过程往往采取保守的工艺控制策略，即将工艺参数控制在有限的范围或固定点，过分依赖质量检验。

在实际生产过程中，关键物料属性、关键工艺参数与产品关键质量特性之间的多维组合和交互作用，形成了产品关键质量特性的动态波动。因此，有必要研究物料变化和工艺参数变化对产品生产过程输出的影响，进而制定相应的工艺控制策略，以确保产品质量目标的达成。此外，多种少量生产过程复杂度高，使得小样本数据难以满足生产质量分析与控制要求。

（1）生产的规模和控制参数维度动态变化，需要考虑和控制更多的条件和参数。

（2）生产物料的批次数目和质量不确定性增加，产品质量波动对产品质量一致性的影响高于生产工艺。

（3）新的物料特征与高维过程参数交互，需要新的工艺知识，拓展已有的知识图谱。

4. 工业大数据典型应用场景

生产过程具有原料复杂多样、流程长、优化控制对象多等特点。生产制造系统的各单元之间在结构上密不可分，在功能上相互协调影响，从原料经由一系列工艺过程逐步传递到最终产品。从生产流程看，生产工艺系统一般分为串联、并联和混联三种。其中串联型过程是产品生产的基本形式。如何从系统角度应对生产过程的波动和不确定性，是目前智能制造面临的重要挑战。

工业大数据的典型应用场景包括以下几方面。

1）生产计划管理

传感器、物联网的集成及数字孪生使得物理和虚拟世界不断融合。企业可以借助工业大数据，对各工序开完工时间、工序流转时间、设备生产线信息、生产工艺参数、物料信息、过程异常数据、成本差异等数据进行采集，对生产周期、在制品等指标进行建模分析，优化生产时间，减少在制品库存。

2）能耗管理

能耗是根据有关特定物理过程能耗的计算得出的。通过数字化产线，可以轻松跟踪每台设备消耗的能量，进而开展优化策略来降低整体能耗。此外，异常的能耗模式与产品质量负相关，从而有助于在生产线早期发现不符合质量标准的产品。反过来，还将有助于减少浪费，提高对精益生产实践的遵守程度。

3）资产管理

重资产行业需要追求最大的资产回报率，这对于保证获利能力至关重要。为了实现这个目标，基于工业大数据分析的预测性维护正在解决传统维护方式的弊端，它通过对实际机械状况、运行效率进行定期监控，以实现最大的维修间隔，并最大限度地减少由故障造成的计划外停机次数和成本。

4）质量管理

与产品设计和制造相关的质量分析任务包括分类、优化、描述和预测等。据不完全统计，企业对其中严重依赖于工业大数据分析的质量改进预测投入占比 42%，众多制造业主都对借助工业大数据分析预测提高质量兴趣浓厚。

5）工作分析

使用工业大数据分析来处理生产人员的工作能力，通过基于工作分析的数据采集与模型分析，不仅可以降低人工成本，提高组织的盈利能力，而且可以改善整体运营绩效。

（二）工业大数据应用平台搭建

1. 工业大数据平台的系统架构

搭建工业大数据平台的目的是实现工业大数据的全面共享与深度应用。根据智能工厂系统架构标准，工业大数据平台从系统功能逻辑上一般规划为数据采集层、数据存储层、数据处理层和业务应用层的四层体系架构，具体如图 3-13 所示。

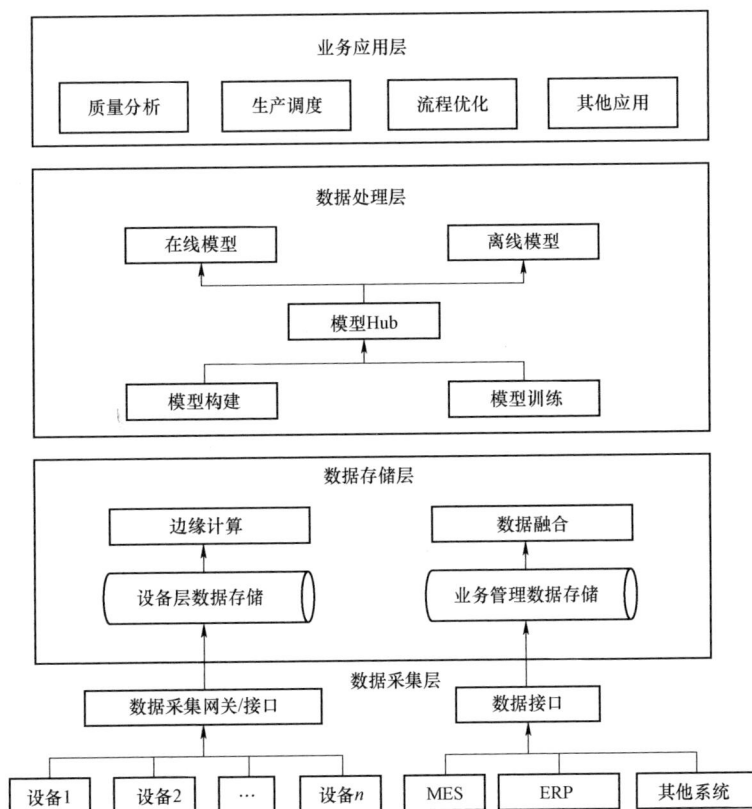

图 3-13　工业大数据平台架构

1）数据采集层

工业大数据包括生产设备和信息系统软件所产生、采集和处理的各种生产过程数据、中间过程控制和质量检验数据等。按照企业纵向层级方向，可能的数据资源包括设备层仪表和传感器采集的数据，DCS 控制系统、SCADA 系统等过程控制系统产生的数据，以及企业层的 ERP 系统、MES 系统、APS 系统、SCM 系统产生的数据等。

数据种类涵盖来自控制系统及生产现场的生产数据、工艺数据、质量数据、能源计量数据等，数据类型包括长度、速度、加速度、温度、流量、压力、电流、电压、功率、文字、图像、视频等。

大数据平台通过与自动化系统、仪表、设备建立通信接口，灵活、全面地收集生产现场具备采集条件的所有数据。数据的多样性、互补性和全面性有助于提高工业大数据应用的质量。

2）数据存储层

数据存储层将采集不同来源的数据进行集中存储，为工业大数据的分析和应用提供准确的基础数据。工业大数据包括结构化数据、半结构化数据和非结构化数据，数据的类型、性质决定存储结构。

底层非关系型实时数据将统一保存于实时数据库中。实时数据库存储了所有关键工艺参数及设备状态参数，是整个大数据分析的基础。生产过程数据多来自仪表和传感器、DCS、SCADA 等，属于结构化数据，可通过数据接入工具部署至 MySQL、Oracle 等关系型数据库。例如生产批次、设备参数等对照关系信息，工序生产过程中的检验信息，以及开完工时间、生产班次、动态 BOM 等基本生产信息。两类数据库系统形成记录生产过程的全方位数据池。

此外，随着数据量和数据类型（如系统日志、文本等）的增加，系统面临大规模多源异构数据集合，也可选择非结构化查询语言数据库、非关系型数据库或基于云的基础架构。云计算服务包括基础设施即服务（IaaS）、平台即服务（PaaS）和软件即服务（SaaS），部署类型包括私有云、公有云和混合云等。

3）数据处理层

数据处理层为各应用系统提供统一数据访问的接口。所有分散的数据在工厂数据库中匹配、规整，通过统一的接口方式供外部应用系统调用。对于实时数据库和关系型数据库，通过相应的数据接口组件进行访问。实时数据库系统中的数据与关系型数据库中的数据通过算法匹配，规则计算，构建时间、空间、生产信息的三维关系，再通过接口传输至各个应用系统中，实现企业级全局数据共享，为质量、产量、成本计算及分析提供更有价值的数据支撑平台。

业务应用层的各个外部应用系统需要使用工厂数据。外部接口可采用统一的 Web 服务接口，各应用系统可根据服务调用方法完成数据查询。

4）业务应用层

将工业大数据分析流程和算法封装成程序和工具，配置于工业软件系统，辅助生产制造过程开展科学决策，或向车间层、边缘层发布指令，或通过执行器精准控制物理系统，实现控制操作闭环。

其中数据分析层针对特定的业务目标，灵活组织工业大数据集，柔性选择组合使用各类大数据分析挖掘算法和技术，从大数据中获得有价值的信息和知识，为应用场景提供决策服务。知识的集中体现是模型，即以函数关系 $Y=f(X)$ 的形式表征过程"输入－输出"量对的集合，是生产过程物理实体及其相互关系在虚拟空间的映像。在预测建模前应把抽象的业务问题转变为数据可分析的核心业务指标 Y，如关键质量属性、KPI 指标等。为获得高质量模型，应结合专业知识，寻找相关性高的特征变量 X。在工业大数据建模过程中，实施模型生命周期管理，以促进模型质量持续改进。

2. **工业大数据平台的建设重点**

由于企业不同层级、不同业务部门之间的数字化基础设施专业性强，系统之间往往缺乏统筹，存在重复性建设，可拓展性差。因此，IT 基础设施的布局应与应用需求挂钩，注重系统建设从工具向平台、整体架构从局部向整体的转变。

为实现上述层次的协同运行，企业需要部署相应的 IT 设施，如高速网络、高性能数据库服务器、操作系统、计算引擎、工业 App 等。各层次通过标准接口交互，模块之间松耦合，保持可扩展性。

工业大数据平台构建的重点工作主要包括以下内容。

（1）根据业务需求，从 MES、ERP、LIMS/QMS、WMS/SCM、能源等多系统进行数据抽取，实现全局数据共享支撑。

（2）通过多来源、多类型的数据采集和集中分析处理，实现整个生产流程的全局数据管理。

（3）通过设定安全访问控制策略，实现数据安全采集。

（4）实现关键生产制程数据的批次化数据管理，实现实时数据与关系型数据在时间、空间、生产信息层面的数据匹配。

（5）构建与批次信息相关联的操作、工艺、设备、影像资料四位一体，时间、空间多维度关联的产品生产档案体系。

（6）SPC 工具通过控制图模型，实现基于六西格玛的质量预警机制，提升质量管理水平。

（三）工业大数据的分析应用

1. 工业大数据的建模方法

建立模型是工业大数据分析的核心。与互联网大数据和商业大数据重视相关性不同，工业大数据重视因果关系。企业在工厂设计时，对变量逻辑关系有一定了解，但一些常规经验无法定义的重要关系在工厂设计时不完全了解或不确定。数据建模可看作是一种数学归纳过程，即根据数据特征学习数据集的固有结构、模式和关系，将工业大数据由感知空间提升到认知空间。

工业大数据需要建立一套标准化的数据处理、建模和优化方法及程序，在应用时将准备好的数据插入每个模型，可自动匹配最佳模型，或根据数据性质和背景知识选择合适的建模算法。算法库中的基本建模方法分为描述性建模法和预测性建模法。

描述性建模没有响应变量引导，属于无监督学习，主要用于探索数据的基础结构或模式，提取有意义的特征，常用方法有聚类、潜结构投影等。在生产过程中，将新批次数据与历史数据比较，判断数据结构性差异，可辅助工艺诊断。

预测性建模有响应变量引导，属于有监督学习，主要用于寻找响应变量和自变量之间的函数关系，对新的输入做出预测。根据响应变量是否为连续型变量，可分为定量预测建模和定性预测建模。选定模型后，应用优化算法（线性规划或进化算法）调整模型超参数到最佳值，避免过拟合或欠拟合。

模型库中的模型类型一般分为三个维度，即空间、对象和透明度。根据应用空间维度一般分为生产单元模型和生产系统模型。根据对象维度一般可分为设计模型、生产模型、用户模型和规模传递模型。从透明度维度可分为统计模型、半统计半机理模型和机制模型。

2. 工业大数据的处理方法

智能工厂在生产运作过程中产生大量过程数据。这些数据具有海量、高维、多源异构、多尺度、高噪声等特性，难以直接用于运行过程的分析决策。车间制造大数据预处理方法主要针对以上特点，通过对制造数据的清洗去噪、建模集成与多尺度分类等操作，为车间运行分析与决策提供可靠、可复用数据资源。

工业大数据中隐含的模式和规则往往无法靠经验或直觉发现，需要借鉴大数据分析的思维和方法将低质、碎片化的数据转变成高质、高价值密度信息，然后借助数据挖掘、机器学习、人工智能等技术方法，并结合专业化的工艺知识和判断，建立与应用相关联的数学模型，将实体关系透明化，为解决应用需求提供洞察力和决策力。工业大数据分析一般包括数据准备、特征提取、模型构建、验证、配置和维护、应用分析等模块，各模块间不断交互和循环，构成模型生命周期。以下主要介绍数据准备和特征提取。

1）数据准备

数据准备包括从处理原始数据到构建最终数据集的过程，其目的是为解决业务问题提供正确的、预定格式的数据。数据准备包括数据选择、清洗、变换等内容，在处理过程中往往需要多种方法的组合尝试，是工业大数据分析中耗时最多（250%）的步骤。

（1）数据选择。根据具体业务目标确定数据分析的范围，选择性地将不同来源、格式、性质的原始数据子集在物理上或逻辑上有机汇集，覆盖尽可能全面的样本和各类变化，提高数据的代表性、多样性和与分析目标的关联性。

（2）数据清洗。原始数据中可能存在缺失/空值、输入或传输错误、不完整、不同步、异常、编码不一致等情况。这些数据与建模目标关联性差，或不符合模型对数据格式的要求，需要删除、修改或变换问题数据，提高数据质量。例如辨识离群点并进行删除处理、采用平滑法处理噪声数据、采用插补法填充空值等。

（3）数据变换。数据分析需要将数据转化为可以进行统计分析和数据建模的形式。当前，大多数建模技术主要针对表格数据进行操作，若存在异构性数据子集，通过数据切块、切片或旋转，将原始数据集转换成行列表，如将行为批次通过列表描述为该批次的变量信息。当数据量纲不同时，应当进行数据标准化或尺度化。当数据量大时，可采用抽样或降维方法将大量数据降低至可处理的规模，提高分析效率。

2）特征提取

特征提取是工业大数据分析中最具创造性和创新性的部分，也是工业大数据应用的核心竞争力。工业大数据多存在具体的物理意义，采集的数据多针对具体需求，具有流程性、时序性、关联性、可解析性特点。生产过程高层次特征的归纳依赖对工业过程的深刻理解，与领域知识密切相关。特征变量从原始变量中提取，不仅能反映生产过程的本质表现，而且有助于建模变量的选择和阐释，提高模型的预测性能。

除依靠工艺专家进行特征提取外，对于拥有较少先验知识的应用场景，可采用探索性数据分析的方法探究数据的结构和规律。例如采用散点图、直方图、时间序列、饼图、柱状图、热力图等对数据进行可视化和对比，了解数据分布模式、变化趋势。通过计算相关系数、灰色关联度、方差膨胀因子等了解变量相关性，从而抽取有用的变量。

通过描述性统计，提取均值、标准差、中位数、分位数、最大值、最小值等特征参数。通过属性构造添加新的变量，填补丢失信息。或通过主成分分析、因子分析等对高维数据进行降维，以少数隐变量为特征表达多个变量之间相关性和原始数据的主要变化信息。深度学习等人工智能算法可自动提取简单而抽象的特征，并组合成更加复杂的特征。在探索性分析过程中，可尝试不同方法转换数据。特征提取的质量可以用数据建模进行评价。

3．工业大数据的分析应用方法

工业大数据的分析方法组成及其关系如图 3-14 所示。

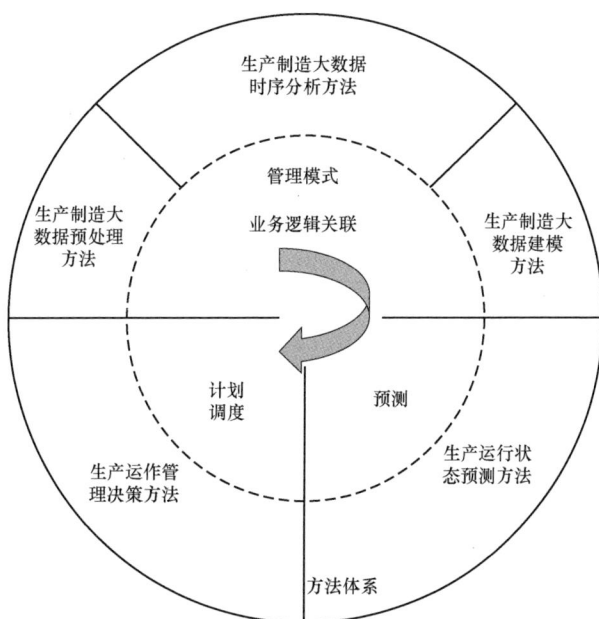

图 3-14　工业大数据的分析方法组成及其关系

1）生产制造大数据时序分析方法

车间制造大数据时序分析方法针对车间制造数据的时序特性，建立车间运行过程多维数据的时间序列模型，设计生产数据的时间序列模式挖掘算法，揭示生产数据随时间的变化规律。

2）生产制造大数据建模方法

产品、工艺、装备、系统运行等制造数据相互影响，使得车间生产过程呈现出复杂的运行特性。车间制造大数据关系网络建模方法在对工艺参数、装备状态参数等制造数据应用关联分析等数据挖掘算法基础上，利用复杂网络等理论描述制造数据之间的关联规则、相关系数。

3）生产运行状态预测方法

生产运行状态预测方法针对生产运行的时变特性，根据生产数据时序模式分析生产系统内部结构的动态特性与运行机制，分析工艺质量、生产效率等关键指标的演化规律，开展指标精确预测。

4）生产运作管理决策方法

生产运作管理决策方法在生产运作分析的基础上，将关键指标的预测值与目标决策值进行实时比对，通过对生产过程的模型仿真，实现工艺优化、资源配置、计划调度、质量决策等生产运作管理内容。

第四章

制造业数字化转型升级的新领地：3D 打印

第一节　3D 打印概述

3D 打印是一项非常神奇的技术，它几乎能够制造出任何物品。本节主要介绍 3D 打印的定义、发展历程。

一、3D 打印的定义

3D 打印是一种快速成型技术，和普通打印技术相比，它几乎能打印任何东西。3D 打印技术是逐层打印，这也是它和普通打印技术的不同之处。3D 打印的应用范围非常广，如模具制造、工业设计和航天航空等。

二、3D 打印的发展历程

3D 打印技术和其他科学技术相比，其发展历史并不长，它起源于 20 世纪 90 年代中期。打印工作的原理和普通打印技术基本相同，但 3D 打印的对象通常是物体，而且是通过逐层打印的方式把打印材料进行叠加，所以 3D 打印技术又被称为 3D 立体打印技术。下面是 3D 打印发展史上的一些重大事件，一起见证 3D 打印的发展历程。

1995 年，ZCorp 公司获得麻省理工学院的授权，开始研发 3D 打印机。

2005 年，ZCorp 公司开发了首个彩色 3D 打印机，并任命名为 Spectrum

Z510。

2010 年，世界上第一辆 3D 打印汽车 Urbee 诞生。

2011 年 6 月，世界上首款由 3D 打印制作的比基尼发布。同年 7 月，英国研发出世界上第一款 3D 巧克力打印机。2011 年 8 月，世界上第一架 3D 打印飞机问世。

2012 年，苏格兰科学家在人体细胞的基础上，第一次用 3D 打印机打印出人造肝脏组织。2013 年，上海某拍卖行成功拍卖了 3D 打印艺术品——ONO 之神，这也是全球首次成功拍卖的 3D 打印艺术品。

2019 年 1 月，美国加州大学某分校利用 3D 打印技术制造出老鼠的脊髓支架，成功地帮助老鼠恢复了运动功能。

三、3D 打印的过程

3D 打印的工作过程可分为三大环节，具体内容如图 4-1 所示。

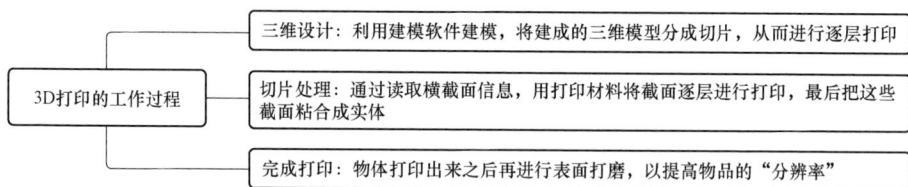

图 4-1　3D 打印的工作过程

四、3D 打印的优势

3D 打印有着巨大的优势，对企业产品的生产制造发挥着重要的作用，比如减少产品的开发周期、改善产品设计和改变商业模式等。3D 打印可分为四大优势：成本优势、空间优势、生产优势和技术优势。

（一）成本优势

3D 打印的成本优势主要体现在以下三个方面。

1. 节省人力，物力

3D 打印不仅能够做出很多形状的物品，还能够节省人力和物力成本，而传统的制造设备能做出的形状种类非常有限。此外，3D 打印机只需要数字设计图案和原材料就可以制造出多样化的产品。

2. 不会增加成本

通常，物体越复杂，其制造成本就越高。但是 3D 打印不管制造什么物品，成本都差不多。所以，这将会改变传统的定价模式和计算成本的方式。

3. 不用进行组装

3D 打印能够让部件一体化成型，因此无需组装。而传统的生产是由机器或工人进行组装的，耗费的时间和成本很大。因为 3D 打印不需要组装，从而缩短了供应链，节省了大量的成本，还有利于减少污染。

（二）空间优势

3D 打印的空间优势主要体现在以下两个方面。

1. 设计空间大

传统制造技术制造形状的能力有限，通常会被工具所局限，但 3D 打印机没有这些限制因素，其设计空间非常大。

2. 不占生产空间

3D 打印机的制造能力非常强，它不仅可以打印出比自身更大的物品，还可以随意移动。因为 3D 打印机有较高的单位空间生产能力，使得它不需要占用多少空间。

（三）生产优势

3D 打印的生产优势主要体现在以下三个方面。

1. 生产速度很快

3D 打印机是根据用户需求进行打印的，这种生产模式不仅可以减少原材料的库存，还可以满足用户个性化的需求。3D 打印的生产速度很快，这大大减少了企业运输的成本，促进商业模式的创新。

2. 技术门槛较低

3D 打印生产对员工的技术要求较低，这不仅有利于减少生产失误，还能降低人员培训成本，提高生产效率。3D 打印能够简化操作步骤，变革生产方式，实现零技能制造。

3. 能够减少浪费

3D 打印在生产制造的过程中能够减少原材料的浪费，从而减少污染，是一种更加环保的生产方式。

（四）技术优势

3D 打印的技术优势主要体现在以下两个方面。

1. 数字精确度高

3D 打印的数字精确度高，例如在打印数字音乐文件时，无论复制多少份，其音频质量都不会下降。这使得在扫描和复制实体对象时，可以创建精确的数字文件。

2. 材料随意组合

3D 打印的另一大的优势在于能够将不同的原材料融合在一起，并形成新的材料或产品。这些新的材料或产品颜色多种多样，拥有独特的属性和功能。

（五）其他优势

除了上述这些优势之外，3D 打印的零件整合性很强；有利于推动工业 4.0 的发展，有利于促进社会经济的发展。

第二节　3D 打印技术对于产品设计中的影响

当前，市场竞争愈演愈烈，产品更新换代速度加快。制造企业要在同行业中保持竞争力并能够占有市场份额，就必须不断地开发出新产品，并快速推向市场，满足多样化的市场需求。3D 打印技术的发展和应用对于新产品设计和研发会产生重要的变革，主要体现在以下几个方面。

一、设计实体化——3D 打印技术加速新产品开发

由于产品的复杂性，其设计成本居高不下，一款新产品的开发往往需要经历较长时间。新产品的设计过程通常包括概念模型设计、功能模型设计、成品设计、改进设计等多个阶段。3D 打印技术能够快速实现设计实体化。相比数控加工等制造方法，3D 打印技术具有更快的打印速度、更低的制造成本及更高的保密性，并且能够一次性完成结构非常复杂的零件制作，因此，3D 打印在产品研发过程中，可以有效缩短新产品研发周期，降低研发成本。设计中出

现的缺陷，能够在早期阶段被及时发现并加以解决，从而最大限度地减少设计反复。缩短产品的研发周期，也就意味着提高了产品市场转化的效率，增强了产品的市场竞争力。

二、设计自由化——3D 打印技术带来全新的产品设计方法

传统机械零部件的设计是依据车、铣、刨、磨、焊接、注射成型、锻压、铸造等传统成形加工工艺来实现的，在产品设计时必须考虑加工工艺的限制，也就是说，是在加工条件许可的情况下进行功能结构和加工结构的设计。3D 打印技术的逐步成熟极大地拓展了制造工艺与加工手段，减少了模具加工、数控加工等制造工艺对创新设计的约束与限制，能够制造出一般工艺方法无法实现的复杂结构，使零件更好地满足实际应用需求，推动实现从面向加工工艺的设计转变为面向产品造型、性能、结构的自由和创新设计。

三、产品个性化——3D 打印技术为实现个性化定制提供技术支撑

传统的产品设计是建立在工业革命以来所形成的大批量生产方式之上的，这意味着消费者差异性的需求在设计过程中难以体现。为了追求大规模生产，消费者被假定为一模一样的人，个性需求被忽视了。然而个性化和高端化是产品发展的大趋势。随着时代的发展，人们在满足日常消费需求后，越来越注重自我的个性化需求。工业产品需要从原来的单一化，逐渐向多样化、个性化、高端化发展。3D 打印的出现大大降低了制造门槛，具有任意复杂结构的产品都能够用 3D 打印技术直接制造出来。3D 打印技术使产品的个性化、高端化设计与生产成为可能。消费者可根据自身条件、喜好甚至不同的产品使用情景自行进行设计与生产，真正实现以人为本。

第三节　3D 打印技术在工业制造中的应用

3D 打印作为一种新兴的先进制造技术，凭借其无与伦比的独特优势和特点，给工业产品的设计思路和制造方法带来了巨大的变革。

工业和信息化部、国家发改委等十二部委联合发布的《增材制造产业发展行动计划（2017—2020 年）》中明确提出："以直接制造为主要战略取向，兼

顾原型设计和模具开发应用，推动增材制造在重点制造、医疗、文化创意、创新教育等领域规模化应用。"在重点制造领域，文件着重指出"推进增材制造在航空、航天、船舶、核工业、汽车、电力装备、轨道交通装备、家电、模具、铸造等重点制造领域的示范应用。"具体分别如下。

航空：针对各类飞行器平台和发动机大型、复杂结构件，推进激光直接沉积、电子束熔丝成型技术在钛合金框、梁、肋、唇口、整体叶盘、机匣及超高强度钢起落架构件等承力结构件上的应用，推进激光、电子束选区熔化技术在防护格栅、燃油喷嘴、涡轮叶片上的示范应用，加强增材制造技术用于钛合金框、整体叶盘关键结构修理的验证研究。

航天：利用增材制造技术实现运载火箭、卫星、深空探测器等动力系统、复杂零部件的快速设计、原型制造；实现易损部件、备品备件等的直接制造和修复。

船舶：推进增材制造在船舶与配套设备领域的产品研发、结构优化、工艺研制、在线修复等应用研究，实现船舶及复杂零件的快速设计与优化，推进动力系统、甲板与舱室机械等关键零部件及备品备件的直接制造。

核工业：推进增材制造在核级设备复杂、关键零部件产品研发、工艺试验、检测认证，利用增材制造技术推进在役核设施在线修复。

汽车：在汽车新品设计、试制阶段，利用增材制造技术实现无模设计制造，缩短开发周期。采用增材制造技术一体化成型，实现复杂、关键零部件的轻量化。

电力设备：在核电、水电、风电、火电设备等设计、制造环节使用增材制造技术，实现大型、复杂零部件的快速原型制造、直接制造和修复。

轨道交通设备：推进增材制造技术在新产品研发、工艺试验、关键零部件试制过程中的快速原型制造，实现关键部件的多品种、小批量、柔性化制造，促进轨道交通设备绿色化、轻量化发展。

家电：将增材制造技术纳入家电的设计研发、工艺试验环节，缩短新产品研制周期，推进增材制造技术融入家电智能柔性制造体系，实现个性化定制。

模具：利用增材制造技术实现模具优化设计、原型制造等；推进复杂精密结构模具的一体化成型，缩短研发周期；应用金属增材制造技术直接制造复杂型腔模具。

铸造：推进增材制造在模型开发、复杂铸件制造、铸件修复等关键环节的应用，发展铸造专用大幅面砂型（芯）增材制造装备及相关材料，促进增材制造与传统铸造工艺的融合发展。

一、3D 打印在产品直接制造中的应用

（一）航空航天领域的 3D 打印直接制造

航空航天领域的产品普遍存在结构复杂、工作环境恶劣、质量轻及零件加工精度高、表面粗糙度值低和可靠性要求高等特点，需要采用先进的制造技术。此外，该领域产品的研制准备周期较长、品种多、更新换代快、生产批量小，因此，其制造技术还要适应多品种、小批量生产的特点。3D 打印技术的出现，为航空航天产品从产品设计、模型和原型制造，到零件生产和产品测试都带来了新的研发思路和技术路径。

对于航空航天领域而言，3D 打印技术在节省材料方面的优势是非常显著的。过去一个钛合金航空异型件，100 kg 的材料，抠到最后，只有 5 kg 是有用的，95 kg 都被切削掉了；而采用 3D 打印技术，可能只要 6 kg，稍加切削就可以使用了。此外，传统制造方式不仅仅浪费材料，制造成本更是高得出奇。例如飞机上用的钛合金型材，全部加起来 20 kg，却需要投资 5 亿元的拉伸机，才能把这个型材制造出来。对钛合金异型结构件，3D 打印技术做起来则非常简捷、快速。

在航空航天产品优化设计制造方面，3D 打印技术也起到了非常重要的作用。例如在战斗机起落架上，之前需要螺钉进行连接的两个或者多个部件，通过 3D 打印技术可以一次成型；在保证足够强度的同时，既减轻了重量，还降低了加工难度。此前需要焊接才能完成的三通管路，通过 3D 打印技术能够直接制造出一体结构，省去了之前焊接的流程，提高了成品化率。

因此，自 3D 打印技术问世以来，国内外的航空航天巨头都对其青睐有加。美国波音公司、洛克希德-马丁公司、GE 航空发动机公司、欧洲航空防务与航天公司、英国罗尔斯-罗伊斯公司、法国赛峰公司、意大利 Avio 公司、加拿大国家研究院、澳大利亚国家科学研究中心等国外著名企业和研究机构，以及中

国的北京航空航天大学、西北工业大学等都对其在航空航天领域的应用进行了大量研究工作。

　　航空工业应用的 3D 打印材料主要包括钛合金、铝锂合金、超高强度钢、高温合金等，这些材料具有强度高、化学性质稳定、不易成型加工及传统加工工艺成本高昂等特性。

　　美国波音公司早在 1997 年起就开始使用 3D 打印技术，到目前为止已在 10 个不同的飞机制造平台上打印了超过 2 万个飞机零部件，已成功应用在 X-45、X-50、F-18、F-22 等战斗机以及波音 787 梦幻客机中。

　　美国洛克希德-马丁公司联合 3D 打印设备制造商西亚基公司开展了大型航空钛合金零件的 3D 打印制造技术研究，采用该技术成型制造的钛合金零件已于 2013 年装到 F-35 战斗机上成功试飞。

　　美国 GE 公司重点开展航空发动机零件的 SLM 和 EBM 制造技术研究和相关测试，GE 公司发布的第一款在商用喷气式发动机上试飞的 3D 打印发动机零件，该款 3D 打印零件是 T25 压缩机入口温度传感器的外壳，采用钴铬合金的微细粉末进行打印，兼具轻量化和坚固性。该零件已经获得了美国联邦航空局 FAA 和欧洲航空安全局 EASA 的适航认证，这意味着 3D 打印技术已正式得到航空发动机制造业的认可。

　　目前，GE 公司配备了 19 个 3D 打印燃料喷嘴的 LEAP-1A 发动机已经安装在空客 A320neo 上载客飞行，土耳其 Pegasus 航空公司成为首家接收搭载该发动机的 A320ne 用户。

　　欧洲空中客车公司（以下简称"空客公司"）也于 2006 年开展了飞机起落架金属 3D 打印技术研发工作，对飞机短舱铰链进行拓扑优化设计，使最终制造的零件质量减轻 60%，并解决了原设计零件在使用过程中存在高应力集中的问题。此后，空客公司越来越多地将 3D 打印零件应用到飞机制造中。2017 年 9 月，空客公司宣布首次在 A350 XWB 系列量产客机上完成了 3D 打印钛合金支架的安装。该支架连接飞机机翼和发动机，在飞机发动机挂架结构中起着重要的作用。这也是空客公司首次安装 3D 打印钛金属零件在批量化生产的系列飞机上，具有里程碑意义。

　　在 2016 年 6 月 1 日开幕的柏林航空航天博览会上，空客公司还展出了全球首架 3D 打印迷你飞机"雷神"。这是一架无窗无人机，质量为 21 kg，长约

4 m，除了电器元件外，其他部分绝大多数是基于聚酰胺材料打印而成的，它已经在德国汉堡完成了首飞。

国内北京航空航天大学王华明院士团队研制成功国内首套"动密封/惰性气体保护"钛合金结构件激光快速成型成套工艺装备，并突破了飞机钛合金结构件激光快速成型关键工艺及应用关键技术，制造的钛合金大型整体关键主承力构件已经在多种重点型号飞机上成功应用。这使我国成为继美国之后世界上第二个掌握飞机钛合金结构件 3D 打印及在飞机上装机应用技术的国家，相关成果获 2012 年"国家科学技术进步奖"一等奖。

西北工业大学黄卫东教授团队依托国家凝固技术重点实验室，成功研制出系统集成完整、技术指标先进的激光熔融沉积成型装备，为商飞 C919 大飞机提供了多种大型钛合金构件，尺寸最大的零件长度已经达到 2.85 m。

华中科技大学史玉升教授团队研发出了选择性激光熔融成型设备，并与中国运载火箭技术研究院首都航天机械公司共同成立了快速成型技术联合实验室，从事选择性激光熔融技术的研究。

上海航天设备制造总厂研制出面向大型金属构件的机器人同轴送粉激光 3D 打印装备，经过两年的研发与测试，各项关键性能参数通过了检验机构的检测，并开始应用于航天结构件的 3D 打印。目前已成功打印出卫星星载设备的光学镜片支架、核电检测设备的精密复杂零件、飞机研制过程中用到的叶轮、汽车发动机中的异形齿轮等构件。

中国航天科技集团公司上海航天技术研究院成功研制出航天多激光金属 3D 打印机，该 3D 打印机采用双激光器，即长波的光纤激光器和短波的二氧化碳激光器，可打印长、宽、高不超过 250 mm 的物品，每小时可打印 8 cm³，打印材料为不锈钢、钛合金、镍基高温合金等。该 3D 打印机已成功低成本地打印出了卫星星载设备的光学镜片支架、核电检测设备的精密复杂零件、飞机研制过程中用到的叶轮、汽车发动机中的异形齿轮等零件。经过测试，这些 3D 打印的零件性能能够满足工程化应用的要求。

与传统技术相比，3D 打印在制造航天器方面具有明显的优势。复杂结构可以实现高精度直接打印，无须加工模具，大大提高了生产效率。3D 打印也意味着可以将复杂结构制成单件，而不是组装各种不同的部件。随着技术的发展，航空航天产品上的零件构造越来越复杂，力学性能要求越来越高，质量要求却越来越轻，通过传统工艺很难制造，而 3D 打印则可以满足这些需求，成为高效、低成本制造的新方法。

（二）汽车领域的定制化产品制造

随着"互联网＋"、工业 4.0 的深入推进，新一轮的消费升级使用户的消费习惯和消费心理发生快速的变化，个性化需求日益显现。如何针对用户的需求做出快速反应，为用户提供更好的产品和服务，是传统制造业在互联网时代实现成功转型的关键。在这个过程中，3D 打印扮演了两个重要的角色。因为传统大规模生产成本低、效率高、交货快，但品种单一；定制化生产品种多，但规模小、成本高、效率低、交货慢，如何在两种模式间取长补短，一直困扰着企业。3D 打印技术则刚好可以满足这一要求，做到按需生产，使产品的外观和结构更加多样化，从而能够有效促进传统制造业的转型升级。

目前，3D 打印技术已经逐渐从原型制造过渡到定制化零件的生产制造，开始满足人们日益增长的个性化需求。特别是近年来，3D 打印在汽车制造领域的应用迅速发展，无论是整车厂还是零部件厂商，3D 打印都为其开辟了一条更加高效的创新捷径，使企业逐步摆脱传统制造方式的限制，迈入发展快车道。

福特公司是首家配备 3D 打印机的汽车制造商，率先探索 3D 打印大型一体式汽车零部件——阻流板，并将其用于原型车制作和未来的车辆制造。

3D 打印技术将成为汽车制造业的突破性技术。首先，由 3D 打印技术生产的大型汽车零部件，在成本及效率上都更加具有优势；其次，相比采用传统工艺生产的零部件，3D 打印出的零部件质量更轻，并且有助于提升车辆的燃料效率；最后，3D 打印系统能够打印几乎任何形状的汽车零部件，以更经济有效的方式生产需求量较小的模具、原型车零件或组件。

大众集团已经在遍布全球的 26 座工厂中（包括中国长春、德国莱比锡、慕尼黑、奥斯纳布吕克）安装了多达 90 台金属 3D 打印机，用来生产汽车零件以降低成本。大众集团应用金属 3D 打印机打印的零件在保证承受能力与采用传统制造工艺生产出的零件相同的前提下，能够有效降低原材料的使用，大幅度减轻零件的质量，尤其适用于制造体积小、构造复杂、成本高的汽车零件。

标致汽车在其研制的 DS3 Dark Light 限量版汽车中采用钛合金 3D 打印内饰，通过个性化产品取得差异化竞争优势。通过采用参数化设计和钛合金 3D 打印技术，让内饰充满个性化风格。

宝马公司的 MINI 汽车通过 3D 打印技术，为消费者提供汽车零部件个性化定制服务，将 MINI 汽车的定制化服务水平推向了新的高度。

宝马公司于 2018 年 3 月推出了车辆配件定制服务——MINI Yours Customized。该定制服务利用 3D 打印技术帮助消费者为他们的 MINI 汽车增添个性化元素，可定制的配件包括侧舱窗、内饰等，而且质量、功能和安全性也会与原装配件保持一致。

在制造这些定制配件方面，MINI 已经与其母公司宝马达成了合作，建立了合适的生产流程和分销系统。公司收到客户的定制信息后，便会在工厂中利用 3D 打印设备将它们制造出来。

奔驰母公司戴姆勒宣布，他们迄今为止通过 3D 打印的汽车零部件已经超过了 780 个，包括抽屉、盖层、固定条、适配器等。

（三）家电领域的个性化产品制造

在家电领域，随着"90 后""00 后"消费群体的崛起与壮大，年轻人群已成为当前家电产品消费的主力军。一方面，在追求个性化、极致品质的时代，他们已不满足于整齐划一的传统家电产品，而是更加注重消费体验，追求彰显个性的产品。另一方面，对于家电行业来说，传统的家电批量化的生产模式、千篇一律的外观、同质化的功能设定已不能满足市场多样化、个性化的需求，家电行业大规模制造的模式已成过去，用户做主、按需定制的时代已经来临。

为满足消费者的个性化需求，各大企业在产品类型的挖掘上也是费尽了心思。各种颜色或图案的定制家电如井喷般出现在市场上。如苏宁的欧洲杯定制电视、海信欧洲杯主题定制冰箱、海尔 Hello Kitty 定制洗衣机、格兰仕情侣款"热恋"微波炉、美的小天鹅美国队长款洗衣机等各式各样的定制家电新品不断地冲击着人们的眼球。

然而，个性化定制家电并没有想象得那么容易实现。目前，定制化家电仍旧处于探索阶段，流水线批量化的生产模式限制了家电一对一的量身定制，多数的定制产品设计主要还是由厂商决定，根据销售数据及流行趋势来自行把握产品方向。很多家电企业所谓的定制还只是停留在改变部分外观或是具体的某个功能模块上，很少能真正做到"量身打造"。而 3D 打印技术的发展使家电产品的个性化、定制化成为可能，应用前景十分广阔。

全球家电领军企业海尔集团（以下简称"海尔"）针对我国家电行业转型升级的迫切需求，顺应家电产品个性化、高端化的趋势，利用 3D 打印技术及云计算、大数据等信息技术，在国内率先启动了基于 3D 打印制造的家电产品个性化定制服务模式，搭建了国内首个高端家居家电产品个性化定制服务平台，实现了基于 Web 的三维交互式创意设计、支持 3D 打印的家电产品专业化设计、产品创新创意管理与交易。

2015 年海尔在上海家博会上推出了全球首台 3D 打印空调（壁挂机）。其外观呈三维立体海浪形状，轮廓呈流线型弧度，颜色白蓝渐变，如同大海的波浪一般，时尚又大方。这款空调一改普通空调的形象，给大众一种全新的视觉感受，从外观上就让人感到非常惊艳，令人心动。这款高端大气的 3D 打印空调，拿回家就能立即安装使用，制冷制暖，功能齐全。更神奇的是它具有液晶显示屏，也是 3D 打印一体完成的，能显示温度和状态。为了更好地满足用户需求，海尔结合用户喜好，将 3D 打印空调设计得更加人性化，用户可以自由选择空调的颜色、款式、性能、结构等，还可以把自己的喜好及装修风格（例如姓名、照片等具有个性化的图案）打印到空调外壳上，3D 打印技术的创新应用使定制个性化需求的空调成为可能。

同年 9 月，在国际消费电子展（IFA）上，海尔又推出了具有送风功能的 3D 打印柜式空调，在家电上首次实现了功能和结构打印，将 3D 打印技术在家电上的应用向前推进了一大步。这款 3D 打印空调采用一体式设计，在空调未开启时，前面板是一个整体封闭的面，表面会有六边形的纹理。当空调开启后，前面板会随出风需要沿表面六边形肌理裂开，形成大面积的缝隙，满足出风需要。用户根据前面板六边形裂开的大小就能判断出风的强弱和方向等状态。此外，空调两侧有指示空调工作状态的渐变灯光，为用户提供了一种全新的交互体验。

二、3D 打印技术在成型模具制造中的应用

模具加工以其优质、高效、低成本、低能耗等特点而得到广泛应用，覆盖了工业生产的各个方面，被称为"工业之母"，在现代工业生产中占有重要地位。模具技术水平的高低不仅成为衡量一个国家制造业水平的重要指标，而且在很大程度上决定着这个国家的产品质量、效益及新产品开发能力。绝大部分工厂在批量生产产品前都会首先制作模具，根据模具来完成后续的大批量订单。没有模具，批量生产、规模制造几乎不可能。

模具是用于产品规模化、大批量生产的，生产批量越大，产品制造成本越低，因此在工业化生产中起到了非常重要的作用。但模具本身是单件生产的，生产一个零件一般只需要一套模具就够了，因此模具的设计制造过程具有个性化离散制造的特点，这与 3D 打印个性化制造的特点非常吻合。因此模具作为一个单件制造与大批量生产的转换器，被认为是 3D 打印技术一个重要的应用领域和发展方向。

（一）注射模随形冷却水路的 3D 打印制造

通过模具注射成型是应用最广泛的一种塑料制品加工方法，其数量接近塑料制品总量的一半。注射模包括成型零件、导向部件、浇注系统、脱模机构、抽芯机构、排气系统、温度控制系统和其他结构零件，典型注射模具成型周期包括开模时间、注射时间、保压时间、冷却时间，其中冷却时间在整个注射周期中的占比接近 70%，决定着注射的生产效率。此外模具温度还直接影响塑料件的品质，如表面粗糙度、翘曲、残余应力及结晶度等，注射生产中 60% 以上的产品缺陷来自不能有效地控制模具温度，因此模具的温度控制系统对注射成型质量和生产效率起着决定性的作用。优化模具水路设计，提高温度分布均匀性，可以减少成型缺陷，提高塑料件的成型质量；缩短冷却时间，可以降低生产周期，提高生产效率。因此，高效的模具冷却系统可以显著提升注射成型的成本效益。

目前，塑料产品的形状越来越复杂多样，含有更多复杂的曲面结构，传统的冷却水路多以钻孔的方式加工成直线型，由于水路距型腔表面距离不一致，使模具难以获得均匀的温度分布，容易导致冷却不均匀和翘曲变形等产品缺

陷。另外，水路与型腔距离不一使得塑料件不同部位的冷却速率不同，冷却速率慢的部位拖延了整个塑料件的冷却时间，延长了生产周期。因此，设计一个有效的冷却系统来提高注塑件的成型质量和生产效率具有非常重要的意义。

针对上述问题，注射模 3D 打印随形冷却技术应运而生。该技术采用随产品轮廓形状变化而变化的随形冷却水路。与传统的冷却水路相比，3D 打印随形冷却水路摆脱了常规加工工艺对水路加工的诸多限制，使水路布局更能贴近产品轮廓，能够很好地解决传统冷却水路与型腔表面距离不一致的问题，使模具型腔温度分布均匀，实现注射产品的均匀高效冷却，消除翘曲变形等缺陷，缩短注射件的制造周期，提高生产效率，增强企业的竞争力，具有很强的适用性。随着 3D 打印技术的快速发展，随形冷却水路逐渐成为注射模领域的研究热点。

近年来，国内外都在探索研究将 3D 金属打印与传统模具制造工艺相结合，并通过随形冷却水路的优化设计来提高复杂模具的冷却效率和成型质量，从而实现模具冷却技术的进一步发展，特别是针对注射成型产品的冷却盲区或模具上不易散热的区域，例如局部的凸起或凹陷。

目前国内外针对三维复杂形状注射模的制造需求，正在重点研究基于金属 3D 打印工艺的模具随形冷却水路优化设计及加工技术。通过建立 3D 打印随形水路注射模技术体系，为提升模具行业竞争力提供了成套技术方案。该体系的主要内容包括随形冷却水路的优化设计方法、3D 打印工艺控制、3D 打印模具后加工工艺和 3D 打印模具性能测评。

1. 随形冷却水路优化设计方法

应用 MARC 和 Moldflow 等 CAE 软件对随形水路进行冷却效果分析。运用区域分解算法，将制品热点区域的几何表面分解出来，以此为基础进行多目标优化；同时融合冷却回路的设计知识，研究随形冷却水路的优化设计方法，针对典型模具镶件设计出最优的随形冷却水路，建立随形冷却水路的优化设计系统方法，自动完成制品随形冷却方案的构建。

对于复杂形状产品模具，传统的钻孔加工冷却水路的结构与布局无法实现均匀冷却，模具上会存在很多的热量聚集区，模具各部分温度差异大，制品冷却不均匀。而 3D 打印冷却水路具有更大的灵活性，可以实现随形水路设计，因此温度分布更加均匀，产品质量更高。

2. 3D 打印工艺控制方法

研究 P20（对应我国牌号：3Cr2Mo）、S136（对应我国牌号：3Crl3）、4Crl3、18Ni300 等常用模具材料的 3D 打印成型工艺，并对粉末材料的成分、粒径、形貌进行优化处理；研究粉末材料在激光作用下的组织、缺陷形成机理，提出合理的控制方法；研究不同工艺对成型制件的力学性能、硬度、尺寸精度、显微组织的影响规律，获得能满足模具使用要求的工艺参数窗口。此外为了降低 3D 打印模具的成本，考虑将模具零件分成两部分，直通水路部分采用传统方法加工后作为母体，随形水路部分采用 3D 打印技术进行"嫁接"打印。此工艺需要研究母体模具钢材料与 3D 打印金属粉末材料的匹配，以及精确的打印参数控制方法和影响规律。

3. 3D 打印后处理工艺

利用 3D 打印制造出的金属零件，不论从加工精度还是表面质量，往往都不能直接满足实际使用要求，还要进行热处理等后加工工序，并结合机械加工、抛光、喷涂等工艺的使用。为此需要研究 3D 打印零件热处理及精加工工艺，研究不同热处理工艺对零件组织、性能及精度的影响规律，研究机械加工及表面处理工艺对模具表面质量的影响规律，建立 3D 打印模具高精度和高性能的后处理工艺方法。

国外学者已研究了 H13（对应我国牌号：4Cr5MoSiVl）、M2（对应我国牌号：W6Mo5Cr4V2）等模具钢材料的 3D 打印工艺，并成型出致密的金属零件，德国、美国等国的模具企业已开始使用该技术制造随形冷却水路模具，并进行了应用验证，效果显示，其对模具及产品质量均有很大提升。

国内清华大学颜永年教授团队、华中科技大学史玉升教授团队等分别联合模具企业开展了相关的研究和应用实践，进行了 316L（对应我国牌号：022Crl7Ni 12Mo2）不锈钢、4Crl3、18Ni300 等材料的 3D 打印试验，已成型出接近全致密的零件，并试验应用于三维复杂型面模具中随形水路的加工，取得了一定的成果。

（二）3D 打印技术在其他模具中的应用

1. 轮胎模具

我国已成为世界第一大轮胎生产国、消费国和出口国，随着我国汽车工业的快速发展，对汽车轮胎的要求也越来越高。轮胎制作工艺的最后一步是在闭合模具中对轮胎进行硫化。硫化赋予橡胶弹性，模具则负责给橡胶塑形，最后成为日常所见的轮胎。

轮胎模具是制造轮胎的重要装备。轮胎模具中的花纹块用于成型轮胎表面的花纹，它对于增加胎面与路面间的摩擦力以防止车轮打滑有着非常重要的意义。目前，轮胎花纹的设计种类越来越多，要求也越来越精细复杂，导致加工日益困难，轮胎花纹加工的精密程度直接影响到轮胎的精度和质量，甚至是轮胎的安全、驾驶的舒适度等。轮胎花纹的结构往往呈现出空间三维扭曲的状态，花纹具有弧度多、角度多等特点，这对轮胎模具的制造提出了更高的要求。

在轮胎模具花纹块的加工过程中，传统制造方法主要以数控铣加工为主，辅助以电火花加工及精密铸造加工。这些方法的共同特点是加工周期长、效率低，而且因为加工的角度、转角等不统一，有些花纹还有薄而高的小筋条或者窄而深的小槽，甚至是表面不规则的坑坑洼洼结构，所以加工难度很大。此外由于轮胎模具的很多花纹过深，在刀具的加工过程中，还会发生干涉现象，这为花纹的设计带来了不少的限制。特别是当花纹变得多而复杂的时候，轮胎模具的制造不仅变得困难，耗费的人力和时间也大幅增加。

轮胎模具 3D 打印技术可以完成传统机加工难以实现的形状复杂度，可以直接制造出传统方式很难加工的复杂形状的轮胎模具花纹块，而且从设计到打印生产出来的周期比传统方法更短。

全球领先的金属 3D 打印公司 SLM Solutions 一直在关注、推进金属 3D 打印在轮胎模具方面的应用。作为金属 3D 打印中的高端品牌，SLM Solutions 金属 3D 打印机已经成功打印出了最薄处厚度只有 0.3 mm 的钢轮胎模具，免去了冲压、折弯这些价格不菲的工艺，同时还省去了人工安装和焊接的成本。

2015 年 9 月，全球领先的轮胎制造商米其林与知名法国工业工程集团法孚组建了合资企业 AddUp Solutions，宣告正式进军金属 3D 打印领域。这家合资企业不仅开发一系列新型金属 3D 打印机，而且利用 3D 打印技术制造轮胎模具来开发性能更好的轮胎。通过 3D 打印技术，米其林突破了传统铸造与机械加工技术难以实现复杂纹理模具制造的局限性，设计出独特的雕塑系列轮胎 Michelin Cross Climate＋，并通过安全认证，使得米其林的轮胎在市场上更具竞争力。

目前国内生产轮胎模具的企业有 100 家左右，其中规模以上的有 30 家左右，领军企业包括山东豪迈机械科技有限公司（以下简称"山东豪迈"）、广东巨轮股份有限公司等，它们不仅实现了规模化生产，而且正在向国际化迈进。其中山东豪迈已建成全球领先的轮胎模具研发与生产基地，年产各类轮胎模具 2 万多套，是世界轮胎三强米其林、普利司通和固特异的优质供应商。山东豪迈已经成功将金属 3D 打印技术用于轮胎模具的研发中，大大提高了公司的技术水平和市场竞争力。

2．制鞋模具

近年来，随着 3D 打印技术在现代工业制造的应用，许多鞋业品牌也都已经开始利用 3D 打印技术进行智能化生产，改变了以往人工设计和制作代木制鞋样的生产流程，以求在激烈的市场竞争中占据先机。

3D 打印技术可以直接打印出整只鞋模，不再需要刀路编辑过程，也不需要换刀、平台转动等操作。每一个鞋模数据特征精确表达，利用 3D 打印机还可以一次性打印多个不同数据规格的模型，生产效率明显提升。

上海联泰科技股份有限公司自 2006 年开始进军鞋业市场，是国际上最早涉足鞋模行业的 3D 打印设备供应商之一，近年来已经与多家国际知名鞋业品牌厂商开展战略合作，快速推进面向鞋业专用的 3D 打印设备及配套软件的定制研发，为制鞋行业在看模、试穿模、铸造模等各个应用方向提供全面完备的综合解决方案，取得了良好的市场效果。其开发的 SLA 工艺鞋模 3D 打印机能够直接打印鞋底模具，打印出来的模具具有良好的精细度。

三、3D 打印技术在铸造成型中的应用

铸造是将金属熔炼成符合一定要求的液体并浇进铸型里，经冷却凝固、

清整处理后得到有预定形状、尺寸和性能铸件的工艺过程。被铸金属有铜、铁、铝、锡、铅等，普通铸型的材料是原砂、黏土、水玻璃、树脂及其他辅助材料，特种铸造的铸型包括熔模铸造、消失模铸造、金属型铸造、陶瓷型铸造等。

铸造是现代制造工业的基础工艺之一，也是比较经济的毛坯成形方法，对于形状复杂的零件更能显示出它的经济性。如汽车发动机的缸体和缸盖、船舶螺旋桨以及精致的艺术品等。有些难以切削的零件，如燃气轮机的镍基合金零件不用铸造方法无法成形。

我国是世界铸造第一大国。近年来，随着我国铸造产业的不断发展，铸造技术也取得了巨大的进步，其中一个重要内容就是在铸造生产中全面采用 3D 打印技术，推进快速铸造。快速铸造是将 3D 打印技术与传统铸造技术相结合而形成的铸造工艺，其基本原理是利用 3D 打印技术直接或者间接地打印出铸造用消失模、聚乙烯模、蜡样、模板、铸型、型芯或型壳，然后结合传统铸造工艺，快捷地铸造金属零件。

（一）快速熔模铸造

熔模铸造又称失蜡铸造，是指用蜡做成模型，在其外表包裹多层黏土、黏结剂等耐火材料，加热使蜡熔化流出，从而得到由耐火材料形成的空壳，再将金属熔化后灌入空壳，待金属冷却后将耐火材料敲碎得到金属零件。熔模铸造最大的优点就是由于熔模铸件有着很高的尺寸精度和良好的表面粗糙度，所以可减少机械加工工作，只在零件上要求较高的部位留少许加工余量即可，甚至某些铸件只留打磨、抛光余量，不必通过机械加工即可使用。但是制作复杂零部件所需的压蜡模具非常耗时，制作时间以月计算，而且费用也很高。

快速熔模铸造是将 3D 打印技术与传统熔模铸造技术相结合，利用 3D 打印技术制作产品原型，然后再进行熔模铸造。与传统的蜡型制作方法相比，快速熔模铸造具有精度高、周期短、成本低的显著优势。

（二）间接快速砂型铸造

基于 3D 打印技术的间接快速砂型铸造方法，首先通过 3D 打印技术获得产品原型，然后应用原型翻制砂型，将砂型合箱后进行浇铸获得所需要的零件。

（三）直接快速砂型铸造

在传统的砂型铸造生产过程中，需要熟练的技术工人依据图样或容貌来制作砂型，造型、制芯等工序往往耗费大量人力和时间。通过引入 3D 打印技术，可以直接快速制作所需的砂型结构，从而缩短造型工艺周期，减少对熟练技术工人的依赖。

德国 EOS 公司率先研发了基于 3D 打印的直接快速砂型铸造技术，该技术通过运用激光烧结等 3D 打印制造工艺，使表面包覆聚合物的型砂粘接起来以形成铸型结构，这一方法被 EOS 公司命名为 DirectCast，并于 2000 年在美国获得了专利授权。我国武汉滨湖机电技术产业有限公司及北京隆源自动成型系统有限公司也开发了类似的获得砂型结构的制造方法，自主研制了用于实现砂型快速成型的大尺寸 SLS 原型机，该方法及设备已在发动机缸体的砂型铸造中得到应用。

3D 打印技术还被成功用于陶瓷型壳的直接制造。位于美国加州的 Soligen Technology 公司利用黏结剂喷射技术，搭建了直接型壳制作铸造系统，直接制作出包含内部芯子的陶瓷型壳，减少了传统熔模精铸中蜡模压制组合、制壳脱蜡等烦琐工序。该系统通过多个喷头喷射硅溶胶的方式将刚玉粉末黏结起来，未被黏结的刚玉粉被移除，从而获得型壳，所制作的型壳在进行高温焙烧以建立足够的力学强度后，即可进行金属液的浇注。该系统可以用于实现任意形状的零件生产，其适用材料包括铜、铝、不锈钢、工具钢、钴铬合金等多种金属材料，铸件的生产周期可由传统熔模精铸的数周缩减至2～3 天。

国内宁夏共享集团有限责任公司（以下简称"共享集团"）从 2012 年开始主攻铸造 3D 打印产业化应用技术，承担了"大尺寸高效铸造砂型增材制造设备"等国家重点研发计划项目。历经 6 年的探索与研究，实现了铸造3D 打印等智能装备的成功研发，攻克了材料、工艺、软件、设备等难题，开发出全球最大的型芯 3D 打印机，实现了铸造 3D 打印产业化应用的国内首创，改变了铸造的传统生产方式。其铸件生产周期缩短 50%，全过程"零排放"。

共享集团在四川建造了世界第一条铸造 3D 打印生产线，有 9 台 3D 打印机运用于产业化生产，又在银川建立了世界第一座万吨级铸造 3D 打印智能工厂。该智能工厂设计型芯产能 2 万吨/年，主要设备有黏结剂喷射（3DP）打印机 12 台、桁架机器人系统 1 套、移动机器人 1 台、智能立体库 1 套等。

第五章

制造业数字化转型升级的新重心：
个性化定制

第一节　C2B：基于个性化的大规模定制

C2B 模式是一种诞生于互联网时代的全新商业模式，它颠覆了大众普遍认为的"企业创造价值，C 端用户消费价值"的传统理念，在该模式中用户既是价值消费者，又是价值创造者，是消费者主权时代下企业转型升级的必然选择。

所谓"C2B 定制"，是指企业依据消费者的需求进行产品设计并设置产品价格，提高消费者在产品设计、生产制造过程中的参与度，将消费者的个性化需求体现在产品本身及价格中，采用定制化方式为消费者提供产品。

一、C2B 定制模式的诞生起源

阿里巴巴为 C2B 模式在国内的传播及应用作出了巨大贡献。马云于 2008 年在其微博中首次提出 C2B 的概念，将 C2B 视作一种全新的电商模式，在该模式中，消费者将根据自身的个性需求在产品设计、材质、功能、包装、服务、价格、物流等方面提出差异化需要，甚至主动参与设计、营销、定价等环节，商家按单生产，使其个性需求得到充分满足。此后，马云又在多个公开场合强调 C2B 模式的巨大前景，曾鸣、张勇等阿里高管也纷纷为 C2B 模式站台，从不同的视角对 C2B 模式的内涵、趋势、前景等进行了分析。

随着通信技术、互联网技术等科技的快速发展，产能过剩使交易主导权回归用户，广大消费者有了丰富多元的渠道来表达自己的声音。未来，"消费者是上帝"将不再是一种口号，能否践行这一原则将直接影响企业的生存发展，用户将会是价值链的首要驱动力，定制将成为主流趋势，企业需要多品种、小批量生产，拥抱变化，快速迭代。

盈利是企业的最终目标，如何实现这一目标是管理者时刻都在思考的问题。既然交易是由用户主导，洞察用户心理，从而为其提供合适的商品与服务，就成为实现该目标的关键。此前，企业是通过发放调查问卷、分析销售数据等方式获取用户需求，然而这些方式获得的用户需求缺乏精准性、时效性，而且往往要付出较高的人力与时间成本，根本不能满足移动互联网时代企业参与市场竞争的需要。

而 C2B 模式是让消费者借助互联网平台直接向企业提出个性需求，然后让商家按订单生产，这是最为简单、高效、低成本的。当然，由于消费者缺乏专业知识，商家往往需要先在互联网平台上提供一些具体参数，让消费者可以为自己需要的产品设计产品模型。

（一）C2B 特点及优势

建立在通信、物流等基础设施较为完善的基础之上的 C2B 模式，进一步丰富了电商模式。

1. C2B 的特点

（1）临时性。在 C2B 模式中，通常是多个消费者聚集起来取得较高的话语权，让商家在价格、售后服务等方面做出让步。这种消费者组织并非固定的，交易完成后便会自动解散。

（2）目标导向。C2B 模式的消费者组织有着明确而强烈的目标，也就是买到真正适合自己的个性商品，同时，商家也有明确而强烈的目标，也就是能够盈利。

（3）有一定的生命周期。消费者因为某种需求而自主聚集起来，然后共同和商家议价、购买，最终由商家完成产品交付，有一个明显的生命周期。

2. C2B 的优势

（1）提高了消费者在交易中的话语权，使他们不再是被动的接受者。

省时，消费者联合起来共同向商家购买，降低了对多家商品进行对比的时间成本。

省力，消费者群策群力，制定的决策更为科学合理，而且不用耗费较多的精力。

省钱，消费者联合购买所带来的规模效应可以降低商家的生产成本，从而带来更大的让利空间，使消费者获得个性产品的成本得到有效控制。

（2）提高了企业的发展空间。C2B 模式让商家可以低库存甚至零库存运营，能够有效降低经营风险，而且产品的个性化有助于商家拓展增值服务，可以为企业提供广阔的发展空间。

（3）使企业不断提高自身的创新能力与服务水平，而不是一味地打价格战，有助于优化产业结构。

（二）C2B 模式的主要类型

目前，主流的 C2B 模式包括以下几种。

1. 聚定制

该模式是由商家对用户需求进行整合，然后批量生产，是一种浅层次的定制模式。

比如品牌商在节日到来前推出预售定制服务，有需求的消费者需要先交纳一笔保证金，然后在节日到来时支付尾款，如果不交纳尾款，通常保证金将不予退回。因为商家在用户缴纳保证金时便开始准备物料，甚至组织生产，用户放弃购买后可能会给商家造成一定的损失。

聚定制 C2B 模式能够让商家获得精准的用户群体，有效解决传统 B2C 模式盲目生产造成的库存积压问题，而且和预售模式相结合，能够让商家先得到一笔货款，相当于用用户的钱为用户生产产品，这对那些现金流较为紧张的小微企业十分友好。

2. 模块定制

和聚定制 C2B 模式几乎不涉及产品定制相比，模块定制 C2B 模式能够在一定程度上满足用户的个性需要。海尔无疑是国内模块定制 C2B 模式的典型代表，其推出的定制冰箱产品可以让用户自主选择外观、容积、调温方式、门的材质等，当然，这很大程度上是得益于冰箱产品已经高度模块化。同理，手机、笔记本等高度模块化产品在发展模块定制 C2B 模式方面也有广阔的发展空间。

不难发现，模块定制 C2B 模式为了控制成本牺牲了用户的部分个性需求。目前，由于技术、生产工艺等方面的限制，大部分商品的高度定制化是很难实现的，且其操作需要企业付出极高的成本，而成本过高意味着价格也相对较高，造成用户群体过窄，不足以让企业获得足够的利润。

3. 深度定制

深度定制是企业完全根据用户个性化需求进行定制生产，往往用户也会参与到产品设计、营销等环节之中。由于用户需求存在明显差异，每一件深度定制产品都可以被视作一个 SKU（最小存货单位）。现阶段下，家具、服装是深度定制应用较为成熟的领域。

以深度定制家具产品为例，消费者可以结合自身的实际需要对家具的材质、工艺、尺寸、风格、功能等进行自由选择，当然，这类产品的价格也相对较高，用户以中、高收入群体为主。

深度定制面临的最大痛点是企业要实现个性需求满足和成本控制之间的平衡，因为完全定制需要较长的生产周期、更高的生产成本，同时难以实现大规模生产，想要解决这一问题需要充分借助科技的力量。比如尚品宅配通过应用互联网、IT 技术等先进技术建立了设计系统、条码应用系统、混合排产系统、网上订单自动管理系统等，有效降低了生产成本，并缩短了产品交付周期，享受到了定制模式所带来的巨大红利。

二、平衡个性化与规模化

企业之所以采用 C2B 定制化模式，是为了对接消费者的个性化需求。但通常情况下，定制化与规模化不可兼得，还会提高企业的成本。想象一下，企业给所有消费者提供定制化产品，肯定要在生产环节消耗大量成本，类似于在产品上雕刻名字这样简单的定制没有太大的难度，但对于比较复杂的定制，除了单品利润较高的领域之外，其他行业是难以实现的。

那么，在 C2B 模式下，制造企业如何在个性化需求与规模化生产之间找到最佳平衡点呢？

（一）模块化生产：对接用户的个性化需求

目前，很多传统企业将模块化设计视为实现大规模定制的关键。事实也确实如此，因为对于大规模的标准化生产来说，模块化设计是一种非常有效的方式。通过构件模块化开启个性化定制市场，主要表现为将构件模块化作为个性化定制的基础，对企业生产、销售流程进行调整，通过个性体验平台销售产品，从而实现大规模定制。这样一来，个性体验平台就要为顾客提供更多选择，满足顾客的个性化需求。

以戴尔公司的模块化设计为例，顾客选购戴尔计算机时可自由组合，一个型号的计算机可产生几十种、几百种不同的配置，从而让顾客拥有自己专享的定制版计算机。

为此，企业要尽可能多地设计产品模块，因为产品模块越多，个性化定制元素就越多，最终形成的产品组合也就越多。基于此，从事大规模定制生产的工厂树立了一个新的理念，就是部件即产品。对于大规模定制来说，对产品模块进行无限细分，实现最终产品的无限组合是关键。

企业要想开展大规模定制必须具备 IT 系统的应用和管理能力。同时，企业要打造一个开放式体验平台，在产品研发阶段就吸引用户、供应商参与。

（二）群体调研：驱动用户参与产品的设计开发

这种方式与 C2B 之间的联系不是十分紧密。企业内设置的产品经理一职，就负责对消费者的需求进行收集，并将其作为企业进行产品设计的依据。

在这方面，小米实践了粉丝经济模式，鼓励粉丝在网络平台就产品功能发表自己的意见，并根据他们的需求进行持续性的产品升级。从根本上来说，这种方式只是拓宽了调研对象的范围而已。海尔曾推出网络投票活动，就冰箱产品的功能征集用户的看法，通过实施"群体调研定制"模式来满足用户的个性化需求。

（三）预售模式：先收集需求再生产

在预售模式下，企业汇集的并非用户的个性化需求，而是对市场是否存在消费需求进行调查，想购买其产品的用户需要提前下单付款。企业采用这种方式能够将收取货款的环节提前，还能够降低库存压力，条件允许时，也可以实施饥饿营销法。

小米是该模式的典型实践代表，很多智能硬件行业也热衷于采用这种模式进行运营。不少智能硬件企业通过众筹网站组织预售活动。此外，团购方式同样采用了这种模式，即先将规模化订单发送给商家，再由企业组织产品生产。

规模化定制、群体调研、预售模式都能够兼顾个性化与规模化，让企业通过批量化生产，来满足某一类群体存在共性的个性化需求，在一定范围之内实现个性化。这几种方式能够减轻商家的库存成本，提高生产资源的利用率，保证产品销量。

三、数据驱动下的 C2B 定制

无论是参与商家调研、参与团购活动，还是参与商家的预售，用户的参与都是主动性的。天猫平台通过包下产品的整个生产线，也能够为商家的产品设计、生产等提供有效的参考信息，但用户在这个过程中的参与并非主动的。

天猫平台能够收集用户的浏览记录、商品搜索信息、订单信息、购物车数据等，并对用户本身的信息，包括用户的年龄、性别、消费水平、职业等进行获取与分析，据此描绘用户画像，在掌握这些信息的基础上，采用定点分析、抽样分析、较差分析等方式进行数据处理，提取这些信息中蕴藏的商业价值。

通过进行数据分析，天猫平台能够获知用户对产品功能设计的看法，或是某产品在不同地区的市场需求情况，比如卧式吸尘器的消费者必须弯腰才能倒掉里面的垃圾，冬季保暖类产品在北方地区的市场需求量更大等。通过进行数据分析，天猫平台能够为商家的产品功能设计提供指导。此外，还能够根据市场需求分析，调节不同地区的产品库存，优化企业的生产计划。

天猫早在 2013 年底就开始实施数据共享计划，把平台积累的行业数据提供给商家，依据商品属性特征、价格因素、成交规模等构建模型，提取数据信息中包含的消费者需求、产品功能卖点等，为商家的产品设计与研发、生产制造等提供精准的数据参考。如今，天猫通过包下生产线与越来越多的商家达成合作关系，试图在更大范围内推行这种模式。

在这种"大数据定制"模式下，用户是以一种悄无声息的方式参与到其中的。这种模式能够保证商家提供的商品与消费者需求一致，从而促进其产品销售，还能降低商家的库存压力，以规模化生产来达到节约成本的目的，让厂家与消费者都能够从中获益。在这个过程中，尽管商家没有组织调研、推出团购活动，但所有网络用户都参与到了其中。

企业在满足如下条件时，才能实现大数据定制：

（1）能够获取足够的数据资源；

（2）可以从数据中提取具有参考价值的信息，优化商家的生产；

（3）拥有数据分析及价值提取所需的技术能力；

（4）能够将企业的生产、销售等各个环节打通，而只有少数企业能够做到这一点。

目前，依托大数据技术的 C2B 定制模式集中应用于小家电领域，随着发展，这种模式的应用范围将逐渐拓宽，在家居行业、服装行业、计算机、通信、消费类电子产品等诸多领域得到应用。

天猫平台除了承包生产线，也会探索出更多的大数据 C2B 定制模式，比如可以将平台的数据分析结果分享给部分商家，并收取一定的服务费用，在天猫的带动作用下，将有更多的电商企业与互联网企业涉足该领域。C2B 模式能够促进大数据的应用，开启大数据 C2B 时代。

四、大规模定制化的实施策略

（一）树立以顾客为中心的理念

大规模定制化是围绕个性化服务开展的，其目的是满足顾客的个性化需求，提高顾客的认知水平。所以，企业要树立以顾客为中心的理念，立足于顾客需求，将单个顾客视为一个细分市场，根据其性别、收入、年龄、消费偏好等信息有针对性地为其提供产品和服务，坚持为顾客服务，满足其个性化需求，提升其满意度和忠诚度。

（二）建立顾客数据库，提高服务质量

企业要想全面了解顾客需求，根据顾客需求有针对性地设计产品，就要尽

可能多地收集顾客资料，建立顾客档案。在推行大规模定制化生产之前，企业必须做好顾客数据库建设，将顾客的基本信息、消费偏好、同类产品的购买情况等收录其中，从而生产出符合顾客个性化需求的产品和服务。

对于企业来说，数据库的构建是一大挑战，需要投入非常多的时间、人力、物力。企业的目标顾客群体规模越大，对顾客数据库的建设要求就越高。企业可以根据数据库收录的信息有针对性地为顾客服务，提高服务质量，增强企业的差异化竞争优势。

（三）实施供应链管理

推行大规模定制化生产的企业，在满足消费者个性化需求的同时，还要考虑如何降低成本、实现低成本的大规模定制化生产。无论是对本身生产效率就比较低的中小企业，还是实力强大的大企业，该问题的解决难度都比较大。消费者要想享受定制化服务就必须多付出一些报酬。优化供应链管理，优化资源配置能够为企业提供有效的解决方案，因为企业可借此提升快速调整生产的能力，从而降低定制化生产成本。

（四）实施顾客关系管理

企业要想实现可持续发展，就必须与顾客建立良好的关系，将顾客视为终身合作伙伴。切忌开展一次性交易，否则企业很容易被市场淘汰。要想与顾客建立良好的关系，企业就必须事事立足于顾客需求，以满足顾客需求为目标，及时研究顾客需求的变化，发现顾客的个性化需求，从而生产出符合顾客个性化需求的产品，抓住一切有价值的顾客，从而获取最大化的收益。

企业的顾客关系管理可以从三个方面着手。

（1）通过电话、互联网、社交平台、电子邮件等方式直接与顾客接触，获取顾客的真实需求，并对获取的信息进行分析研究，创建顾客数据库。

（2）根据数据库中的信息设计产品、生产产品，有针对性地为顾客提供服务。

（3）观察顾客需求变化，据此对企业的生产经营活动进行调整。

通过上述措施，企业能与顾客进行有效接触，获取最真实的顾客需求，从而设计出最契合消费者需求的产品，提高顾客对产品的满意度。

（五）建立沟通平台，加强双向沟通

在推行大规模定制化生产的过程中，企业必须创建一个可顺畅沟通的平台。否则，顾客需求在时时改变，企业却一无所知，生产最契合顾客需求的产品就无异于痴人说梦。而沟通平台的创建不仅能让企业实时了解顾客需求，还能将产品形象地展示出来，让顾客更全面、更客观地了解企业的设计能力、制造能力。

另外，企业要为顾客提供全方位的服务。产品售出不意味着交易结束，反而是定制服务的开始。企业要主动收集顾客的反馈信息，对现有的产品设计与结构进行调整，改进生产流程，提升顾客满意度与忠诚度，从而获取差异化的竞争优势。由此可见，通过沟通平台的创建，企业可以了解用户，还能真正做到以顾客利益为先。

（六）建立快速的企业开发创新机制

多样化与定制化不是一个概念。定制化要求企业根据顾客的个性化需求生产产品与服务，将每一位消费者视为一个细分市场，满足其对产品或服务的独特需求。为做到这一点，企业定制产品与服务的差错率必须降到零，而且要保证提供的产品或服务的质量，否则，产品无法满足顾客需求，顾客可能会退货，如果情况严重，还会给企业声誉造成不良影响。为此，企业必须建立新产品开发创新机制，努力开发新产品、研发新技术，尽其所能提升产品质量，提高顾客的满意度和企业的竞争力。

总而言之，随着市场竞争愈演愈烈，消费者需求越发个性化，企业必须重视并推广大规模定制化生产模式，将其作为自身的一项战略，通过实施该战略获取差异化的竞争优势，在激烈的市场竞争中脱颖而出。

第二节 按需生产：重构与消费者的关系

一、精准对接用户的个性化需求

3D 打印、机器人等技术的发展与应用，将深刻变革工厂的生产方式，使按需生产模式迎来快速发展期。消费者可以利用智能手机等移动终端将自身的

个性需求实时反馈给制造企业，让后者按订单生产并将商品快速送到用户手中。制造企业通过建立全自动化智能工厂，可以大幅度缩短供应链，与消费者进行无缝对接。

虽然新一代信息技术的发展使按需生产具备了落地基础，但该模式的核心驱动并非技术，而是 C 端用户。消费升级使需求越发个性化、差异化，而且人们愿意为优质的个性商品买单。

早在 20 世纪 80 年代，在市场化程度极高的汽车行业，按需生产就被日本车企采用。日本车企凭借按需生产打破了底特律汽车制造商的垄断，成功开辟美国市场。当时，美国民众将汽车作为身份、地位象征的观念不断弱化，开始强调汽车的实用性、舒适性、经济性、便利性，这种情况下，丰田等日本车企通过生产小巧、低价、舒适平稳、维修便利的汽车逐渐赢得了美国民众的认可。

而家电、服装等领域旺盛的大众市场需求，使企业无暇顾及小众化的个性消费，直到最近几年产能过剩后，才开始尝试按需生产。

移动互联网的大规模应用，使信息传播效率得到质的提升，成本显著降低，让消费者可以随时随地通过智能手机从多种渠道了解商品的详细信息，以及用户评论，并通过线上社区聚集起来，要求厂商定制提供个性商品。

得益于个性商品的较高溢价能力，通过打造柔性生产线实现定制供应的制造企业将会大为受益。供应链一体化管理的应用，使企业响应用户需求的速度与效率显著提升，生产、库存、物流等环节的成本进一步降低，可以在一定程度上缓解定制生产造成的成本增长，使制造企业在满足用户个性需求与利润回报之间达到相对平衡。

美国初创公司 Local Motors 的案例可以让我们更为深入地认识未来的制造业。Local Motors 在全球范围内拥有 5 家微型工厂，这些工厂主要利用 3D 打印设备生产汽车。2014 年，该公司携带全球首辆 3D 打印汽车 Strati 参加了拉斯维加斯汽配展后，迅速吸引了全球范围内的广泛关注。除了打印汽车 Strati 外，该公司还推出了 3D 打印无人驾驶班车 Olli（由 IBM Wat-son 提供人工智能技术支持，可以通过 App 线上叫车）、载货型 3D 打印无人驾驶飞机 Zelator 等产品。

需要指出的是 3D 打印汽车只不过是该公司诸多可探索业务模式中的冰山

一角，比如该公司以众包形式在线上开展产品设计征集活动，邀请全球网民广泛参与，最终一位 24 岁的哥伦比亚青年获奖，奖金包括现金奖励及产品销售提成，并且有机会前往该公司制造团队中学习。

和很多制造企业不同的是，Local Motors 将在目标用户所在地开设新的微型工厂，其产品生产以用户需求为导向，极具个性化，可以显著提高产品溢价能力。微型工厂并不强调订单规模，而是注重柔性化、低成本，尤其注重从设计、生产工艺、效率等方面进行成本控制。Local Motors 致力于为目标市场用户提供符合当地文化、风俗习惯的定制商品。由于其产品融入了现代科技、绿色可持续理念等，虽然售价高于普通同类商品，仍得到了很多消费者的支持。

虽然 Local Motors 仍处于初级发展阶段，用户规模及业绩仍有很大的提升空间，但其按需生产理念对推动行业生产模式的变革将产生关键影响。在相当长的一段时间里，制造企业为了降低生产成本，进行大规模批量生产，在全球各地开设工厂，将非核心业务外包，建立全球分销网络销售产品。

然而，个性需求集中爆发的背景下，传统制造企业运营模式变得不再适用，冗长而复杂的供应链、同质化的商品、时间成本较高的物流运输等也极大地限制了制造企业服务用户的灵活性，使其在激烈的市场竞争中处于劣势。

从交易本质角度上，对制造企业而言，最为高效的运营模式自然是根据用户需求进行按单生产，在满足用户个性需求的同时，还能实现低库存甚至零库存。当然，这离不开物联网、移动互联网、大数据、3D 打印等现代科技提供的强有力支持。

虽然消费需求始终处于动态变化之中，但通过对海量用户数据的收集与分析，制造企业是可以对用户需求进行有效预测的，而且也可以通过预售定制模式，让消费者在线下单，然后按单生产。部分商品的深度定制可能需要较高的成本，导致售价高昂，而且用户要等待较长的时间，商业价值相对有限。想要解决这一问题，还需要在相关技术方面有所突破。

按需生产模式的影响不仅局限于 B2C 领域，那些以企业级客户为主的供应商也必须作出相应的调整。由于用户购买呈现出移动化、碎片化的特征，零售企业为了避免库存积压而选择小批量、多频率采购，这要求供应商要尽可能地适应这种变化。

技术的发展与应用，使企业洞察用户需求的能力快速提升，实现供给可以精准对接用户需求，库存积压问题也能得到彻底解决，企业的运营成本会进一步降低，盈利能力将大幅度提升。更为关键的是，企业可以将更多的时间与精力放在满足用户需求方面，不必因为过度关注竞争对手而出现战略决策重大失误，以及产业内耗，而是真正回归到为用户创造价值的本质。

新技术发展是按需生产得以落地的重要基础。没有移动互联网、大数据等技术，按需生产的成本太过高昂，效率极低，根本不能成为制造企业赖以生存的发展模式，更不用说成为现代制造业的主流趋势了。

新技术的发展使得供应链得以优化，去除了制造企业到 C 端用户之间的大量中间环节，使小批量定制生产能够创造足够的收益。按需生产目前仍处于初级发展阶段，但新技术的应用为创业者及企业提供了广阔的发展机遇，促使越来越多的传统制造企业向按需生产模式转型升级。具体而言，在按需制造模式中发挥不可取代作用的技术主要包括以下几类。

二、客户导向型软件

客户导向型软件的应用形式较为简单，已经相对成熟，iPhone 等智能手机为用户提供的各类 App 应用就是典型代表。对于苹果用户而言，iPhone 手机更像是一种硬件装置，用户可以通过 iOS 系统的个性设置及安装各类 App 获得独特体验。应用商店 Apple Store 可以让全球开发者上传软件产品，并设置价格，用户购买后，开发者将获得一定提成，这使苹果公司不但能通过销售硬件产品获得丰厚利润，还能通过提供软件下载等增值服务获得一定收益。

当然不只是苹果公司采用了这种模式，很多互联网企业也将客户导向型软件作为自身的重要业务，毕竟为一家大型企业或某个政府部门定制开发一套软件产品是能获得相当可观的利润的。

此外，虽然目前人们将焦点主要放在区块链金融领域，但区块链技术在制造业的应用是值得高度期待的。将区块链技术应用到制造业后，供应商、制造企业、物流服务商及用户都将被纳入区块链网络之中，而且可以通过该网络进行实时交易，那些需求量较大或者产品结构复杂的订单可以由多家制造企业合作共同生产，从而将交付周期控制在合理范围内。

三、数字化工厂

应用物联网、大数据、传感器、人工智能等现代科技的全自动数字化工厂可以实现制造流程自动化与全程监督，有效降低人力成本的同时，充分保障产品质量。更为关键的是，这类工厂可以在全球范围内快速复制，为产品的定制化制造奠定坚实的基础。

为了更好地迎合中国、中东等地区客户追求更短项目周期的需要，美国某家工业设备制造商制定了一项全新的生产计划，该计划为数字化工厂的建设提供了巨大推力。该制造商发现部分客户在新工厂项目启动前，没有足够的准备时间，在组建工厂时，多半选择购买那些市场中正在销售的设备，而不是向知名厂商订购。经过研究发现，如果厂商能够将交付周期缩短两周，便能够在当地抢占大量市场份额。

不久后，该制造商制订并执行了一项新生产计划：由美国工厂提供工业设备的精简框架，之后利用物联网、数字工程等技术与设备在目标客户所在地周边的定制化中心进行产品组装，组装时，可以根据客户的个性化需要增减相关模块，从而满足特殊应用场景的需求。

数字化工厂的建立，使该制造商能够深度发掘产品运行状况、产品使用情况、库存水平、客户个性需求，以及供应链整体运行状况等丰富多元的海量数据，显著提高其灵活性与适应力。比如该制造商可以根据不同市场客户的差异化需要，对自身的生产、库存、营销、售后等计划做出动态调整，在满足客户现有需求的同时，发掘其潜在需求。

制药行业在探索数字化工厂建设与数据分析方面具有一定的领先优势。很多国际制药巨头及新药物研发团队积极布局便捷式制造软件套件，以便更好地迎合目标市场用户的个性需求。不过作为敏感行业的典型代表，目前制药类数字化工厂大多处于试运行阶段，或者正在等待监管部门的审核。

制造巨头西门子也在积极进行数字化工厂建设。它将智能可视化和模拟软件深入结合，在正式进行工厂建设前，先对工厂的工程设计、自动化与生产流程、产能利用、设备运行、质量控制等进行科学规划，帮助客户打造可以适应市场环境与用户需求变化的按需生产工厂，并通过提供工厂设备运行状态监测、设备维修、系统升级等售后服务获得较高利润回报。

四、产品定制化

定制生产渐成主流，大规模批量生产变得不再适用，但实现产品定制生产并不是一件简单的事情。由于技术、成本等诸多方面的限制，很多制造企业通常只是进行标准产品的浅层次定制。以各模块已经高度标准化的智能手机产品为例，品牌商可以让用户对颜色、内存、摄像头等进行选择。为了将生产周期控制在可接受范围内并进行成本控制，大部分制造企业相当保守谨慎。很多人认为产品定制化只不过是一种营销手段，用户新鲜感消失后便不再买账，在这种认知模式下，企业能够获得的收益自然也相当有限。

扩大定制模块，为消费者提供更多的选择权，是制造企业的必然选择，在这方面，部分国际品牌已经迈出了坚实的一步。比如运动用品制造商阿迪达斯在德国和美国市场建立了 SPEEDFACTORY，SPEEDFACTO-RY 用机器人取代工人，自动完成运动鞋的定制生产，实现在材质、足托、鞋带、颜色、图案、品牌标识等方面的定制。

英国皇家物理学会旗下的期刊 IOP Science 曾经公布的一项定制化生产市场前景研究报告显示，仅 2014 年，德国就建立了 470 个基于 Web 的产品装配系统，美国这一数字为 332 个，其他国家共计约 200 个，当然，这和真正意义上的定制化制造仍存在较大差距。

未来，制造企业想要真正转型为按需制造企业，就必须对自身的产品生产与设计流程进行全面改造，通过技术、工艺、流程创新降低定制成本，缩短交付周期，满足用户的个性需求从而为自身创造巨大价值。

五、科技驱动型生产

按需制造的核心支撑技术包括物联网、3D 打印、传感器、大数据、云端程序等，其中打造强大的数据中心尤为关键，这决定了制造企业能否高效精准地预测并满足客户的需求。在按需生产模式下，制造企业还要构建能够连接全球客户的企业网络，以便实时收集客户需求，同时，该网络要与生产系统无缝对接，以便在获取客户需求后由生产系统立即组织生产，在最短时间内完成产品交付。

得益于数据中心对海量数据的实时处理能力，制造企业可以实施客户全生命周期管理，根据往期订单对客户需求进行预测，搜集客户反馈意见并据此对产品及业务进行优化改善从而显著提高自身的市场竞争力。挖掘数据背后的联系与规律，有助于缩短价值链，提高生产效率与灵活性，控制生产成本，在让利广大消费者的同时，实现产业链上、下游企业多方共赢。

六、精益制造的升级

在按需生产模式中，制造企业也应该坚持精益生产原则，当然，还需要应用更多的新技术来提高精益生产效能。虽然定制设计与柔性制造，能够为消费者创造更多的价值，但这会让制造企业丧失此前批量生产带来的规模经济效益。企业想要解决小批量定制生产导致的成本提升与效率降低问题，就必须在数据分析、物联网、机器人技术、云端编程、制造设备等领域有所突破，在提高产能的同时，也要坚持精益生产，确保产品质量，提高产品附加值。

此前，制造企业应用精益生产模式的主要目的是对组织成员的日常工作进行规范，优化流程，减少资源浪费。而在按需生产模式中，智能机器人将会逐渐取代人工，设备发展趋向于联网化、数字化、智能化，使企业生产的效率与精准性得到显著提升，既能保障产品质量，也不需要在工人行为规范方面投入大量资源。

这并不是说人在产品制造流程中变得不再重要。因为按需生产需要由完善的柔性生产系统提供强有力支持，而流程设计、执行与持续优化是柔性生产系统的重要组成部分，这需要人的参与，要充分利用人的创造力。

建立按需制造工厂仅是基础，除此之外，企业还必须坚持精益生产原则，推动自身提质增效。想要取得领先优势，仅具备较高的重复性生产效率是远远不够的，还应该具备较强的定制产品交付能力，为此，制造企业必须培养大量定制化生产人才，为客户提供完善的个性产品解决方案，及时响应客户需求。

产品定制化是制造业的主流发展趋势。现在已经有越来越多的制造企业认识到了这一点，并为此做出了改变。诚然，在相当长的一段时间里，制造企业向往的定制化生产更多的是一种口号，消费者的选择较为有限，企业只能让他们在几个选项中选择，无法让用户的个性需求得到充分满足。但科技的快速发展，将引发新一轮制造业革命，使按需生产成为可能。未来，消费者在专业服务人员的帮助下，可以自主设计产品，并由 3D 打印机快速完成产品生产，这将给其创造前所未有的极致体验，提高其对较高价格的接受能力，并促进定制生产的发展。

那些重视按需生产并积极布局的国内制造企业，将获得打破海外巨头垄断中高端市场的重大发展机遇。不过，这需要企业为自身制订行之有效的按需生产转型方案，积极革新流程，引进新科技，加强和用户之间的交互，树立以用户为导向的企业文化。

七、基于 3D 打印的个性化生产

在消费持续升级的形势下，消费需求越发个性化、多样化，过去标准化、大规模的生产方式不再适用，在此情况下，大规模定制化生产应运而生，获得了广泛关注。大规模个性化定制就是企业根据顾客的个性化需求，以大批量生产方式定制产品，以较低的成本、较高的效率满足顾客的个性化需求。对于采用大规模定制的企业来说，降低生产成本、提高定制水平是关键，在这方面，3D 打印技术将发挥重要作用。

过去，"神笔马良"一直是一个美好的神话故事，当前，在 3D 打印技术的加持下，神笔马良的故事早已成为现实。通过 3D 打印机，画纸上的事物很快就能以实物的形式呈现在人们眼前。3D 打印不仅降低了单个物品的生产成本，还让大规模定制有了实现的可能。

传统制造企业的运营模式无法支持 3D 打印技术实现商业化应用，在其运营模式下，即便 3D 打印技术成绩卓著，也只能起到辅助设计、开展个性化定制的作用，无法取代大规模机械化制造。但对于中小型生产企业和加工制造业来说，引入 3D 打印技术是一个非常不错的选择。对大规模标准化生产企业来说，引入 3D 打印技术不仅能帮助他们实现个性化定制生产，还能提高生产效率。

从目前的发展形势来看，为满足消费者越发多元化、个性化的需求，加工制造企业最好建立个人化需求中心。虽然 3D 打印技术受到了热捧，但企业需要发展的不是 3D 打印技术本身，而是个性化需求与系统化的支撑环境。也就是说，随着消费者的个性化需求不断发展，整个 3D 打印技术将持续发展。

当前，制造企业在引入 3D 打印技术的过程中受到多种因素的制约，比如 3D 打印设备价格比较高，原材料的质量良莠不齐，订单少、价格较高等。但未来，随着 3D 打印设备的价格越来越低，用户或许可以实现自己设计、制造产品，自己满足自己的个性化需求。

现阶段，3D 打印技术的发展进入了一个关键节点。在该技术的支持下，整个制造业的产业布局得以重构，整个行业实现了全面革新。

过去的产品定制流程烦琐，成本较高，产品价格设置超出了普通消费者的消费能力，使产品最终只在特定的高消费群体中流行。而 3D 打印技术的出现降低了制造费用，缩短了生产周期，不仅让产品设计与产品制造实现了一体化，还能完成各种复杂制造，并且使生产成本大幅下降，为普通消费者购买定制产品提供了无限可能。

区块链 3D 打印币 3dp.money 是以区块链技术为基础形成的数字制造生态协议，该协议能够将 3D 打印机等数字化制造设备连接起来，建立一个数字化分布式制造生态链，以每台生产设备为节点构建一个全球制造网络。

除此之外，3D 打印技术还具有高难度、复杂化、个性化、制作快速等特点，不仅能构建柔性化的生产流程，还能使消费者多元化、个性化的需求得到有效满足，使其享受更优质的个性化定制服务。与此同时，在 3D 打印技术的支持下，消费者还能参与产品设计，提高他们对产品、企业的满意度与忠诚度。

以意大利知名家具公司 Poltrona Frau 为例，该公司利用 3D 打印技术推出大规模定制业务，支持顾客定制家具。Poltrona Frau 在网站上推出一个 3D 工具，让顾客自己设计家具，然后进行定制。因为在引入 3D 打印技术之前，Poltrona Frau 就已推出手工定制业务，所以 3D 打印技术的引进进一步提升了定制生产的效率，降低了人工成本。

在大批量定制生产方面，3D 打印技术有极大的施展空间，甚至可以应用于汽车行业。一直以来，MINI 汽车都非常注重个性化设计与生产，在其生产模式下，车主可以根据自己的喜好选择汽车外观与内部装饰，包括车身、车顶、车轮、镜面等。从 2018 年开始，MINI 汽车引入 3D 打印技术，支持用户定制汽车零部件，进一步提升了定制服务的水平，带给消费者更优质的购车体验。

在 3D 打印技术的支持下，Poltrona Frau、宝马等公司都从大规模大批量标准化生产转向了大规模智能化定制生产，为我国企业利用 3D 打印技术推行大规模个性化定制提供了有益借鉴。随着 3D 打印技术越发成熟，产品价格将持续下降，在不久的将来，企业必将实现大规模定制。

第三节　柔性制造：助力制造业提质增效

一、柔性制造的内涵与体现

在消费升级时代，大规模批量生产同质商品的传统制造模式已经很难满足市场需要，柔性化、个性化制造渐成主流趋势。20 世纪 90 年代至今，计算机技术、通信技术、微电子技术等技术与相关设备的快速发展，使制造业自动化水平持续提升，使柔性制造的落地成为可能。在新一轮工业革命中，柔性制造扮演着不可取代的关键角色。

打造柔性生产线是按需生产得以落地的重要基础，它能让制造企业高效低成本地完成小批量、个性化的产品生产，且保证产品品质可以媲美传统手工艺品，从源头上解决库存积压问题。柔性制造整合了信息技术、制造加工、自动化技术等多种技术，打通了传统制造企业中条块分割的研发设计、制造加工、经营管理等诸多环节，利用移动互联网、物联网、数据库、信息系统等为企业建立了一个完善的有机系统。

（一）柔性制造的内涵

柔性制造中的"柔性"具有以下两个方面的内涵。

（1）系统对外部环境变化的适应力，对新产品研发设计具有关键影响，这方面可以用系统和新产品要求的契合程度来衡量。

（2）系统对外部环境变化的适应力，可以通过系统受某种外部环境变化干扰时的生产效率与正常运行时的生产效率之比来衡量。

柔性和刚性是相对的，传统制造模式中，自动化生产线虽然有着较高的生产效率，较低的生产成本，但只能大批量生产单一品类，无法满足多品类、个性化的生产需要。

（二）柔性制造的体现

在小而美的个性化商品备受消费者青睐的局面下，如何高效低成本地为消费者定制生产满足其需求的商品，成为制造企业面临的时代课题。制造企业想要构建较强的核心竞争力，就要在确保产品质量的同时，在较短的时间内以较低的成本生产多品类产品，也就是必须具备强大的柔性制造能力。具体而言，这种能力可以体现在以下诸多方面。

（1）机器柔性：它强调机器要能够方便快捷地根据不同品类的个性需要调整相关参数，从而满足生产需要。

（2）工艺柔性：它强调制造企业各类工艺流程可以在一定程度上适应原材料或零部件变化，同时，又能根据原材料和零部件变化对工艺进行调整。

（3）产品柔性：系统可以满足产品更新迭代或新品研发的需要，同时，新产品可以继承旧有产品的优势特性。

（4）维护柔性：可以采用多种方式对系统进行维护，确保其高效稳定运行。

（5）生产能力柔性：订单量发生变化时，系统能够将生产成本控制在可接受范围以内。

（6）扩展柔性：系统可以根据实际需要，拓展结构，开发新模块。

（7）运行柔性：通过运用不同的机器、材料、加工工序、工艺流程等来生产一系列产品。

二、柔性制造模式优势与价值

（一）现代生产方式的主流趋势与共同基础

为了更好地适应市场需求，企业界进行了一系列的生产方式变革与创新，推出了精益生产、敏捷制造、绿色制造、供应链协同制造、仿生制造、并行工程等多种现代生产方式，而柔性制造是这些生产方式的基础和前提。比如精益生产强调基于用户实际需要为用户生产高品质商品；敏捷制造则强调企业能够快速适应订单变化；供应链协同制造则要求整个供应链具备柔性生产能力；并行工程则是将设计研发、生产制造、物流仓储、营销推广、交易支付、售后服务等视作为一个整体，要求各部分相互适应等。

（二）满足消费者个性化、多元化的消费需求

传统工业时代，市场供不应求，制造企业无须担心产品销量，只需要尽可能地扩大产能，来满足人们的购物需求即可。但如今是消费者主权时代，消费者对于标准化、同质化的商品已经有些厌倦，再加上购买力的不断提升，使个性与品质消费需求集中爆发。这就要求制造企业需要对强调产能、低成本的传统制造模式进行改造升级，提高自身对市场的适应力，缩短产品研发周期，生产更多的个性商品，此时，柔性制造就成为制造企业的必然选择。

柔性制造迎合了个性化、多元化的主流消费趋势，能够适应小批量、多品类的订单需要，有助于制造企业在竞争越发激烈复杂的市场中建立领先优势。同时，柔性制造系统可以让制造企业为用户创造更高的价值，比如，通过运用"DESIGN IN"（设计介入）模式，让消费者参与到产品设计环节之中，在满足其个性需求的同时，也能借助其社交圈实现口碑传播，助力企业品牌建设。

当然，制造企业想要更好地实施"DESIGN IN"模式，就要建立"顾问式销售、专家式服务"的销售文化，对销售人员进行专业培训，使其不但能够掌握专业的知识与技能，更能够从用户利益出发，帮助用户快速找到真正适合其需求的个性商品，给用户创造极致的购物体验，同时，让企业开发更多的增值服务，在这方面，和同质商品相比，个性商品的增值服务具有更高的溢价能力，可以为企业创造更高的利润回报。

（三）提高产品附加值、避免库存积压

融合大数据、人工智能等新一代信息技术的柔性制造，可以让产品具备更高的性能与质量，有效提高产品附加值，使制造企业获得更高的利润。同时，柔性制造是按订单生产，在这种模式下，制造企业可以通过和用户进行深入沟通交流，了解用户个性需要，以用户为导向组织生产，不需要担心供需错位造成的库存积压问题，能够减少人力、物力成本消耗。此外，由于柔性制造以生产个性商品为主，可以让制造企业摆脱同质竞争与价格战泥潭，促进整个行业的良性发展。

柔性制造技术并非一成不变的，它需要根据技术更新迭代及市场环境与用户需求变化进行不断优化完善。毋庸置疑的是，大规模批量生产单一品类的产品，使企业具备较高的生产效率与较低的生产成本，可以满足大量消费者的同质消费需求。但目前的市场环境与消费需求已经发生了极大的改变，产品不但要具备较高的质量、较低的价格，更要个性化、差异化，可以彰显用户个性。

无处不在的移动互联网，使携带智能手机等移动终端的用户可以在移动化、碎片化的场景中实时购买。购物消费具有较高的不确定性，零售商为了适应这种变化，往往是小批量、多频率采购多品类商品，这种情况下，制造企业也必须作出相应的调整，通过打造柔性供应链，以用户需求为导向对业务流程等进行变革，赋予自身对内、外部变化的强大适应能力。

三、柔性制造技术的类型划分

柔性制造技术是一种融合制造加工技术、自动化技术、工业机器人技术等多种先进技术的技术群。那些强调柔性，满足小批量、多品类生产需求的技术都可以被归属为柔性制造技术的范畴。从规模角度上看，可以将柔性制造技术分为以下类型。

（一）柔性制造系统

不同国家对柔性制造系统有着不同的定义，比如美国国家标准局给出的定义为"由一个传输系统联系起来的一些设备，传输装置把工件放在其他联结装置上送到各加工设备，使工件加工准确、迅速和自动化。中央计算机控制机床和传输系统，柔性制造系统有时可同时加工几种不同的零件。"

在我国国家标准中，柔性制造系统则被定义为"由数控加工设备、物料运储装置和计算机控制系统组成的自动化制造系统，它包括多个柔性制造单元，能根据制造任务或生产环境的变化迅速进行调整，适用于多品种、中小批量生产。"

通过对主流的柔性制造系统定义进行分析，可以将其理解为一种借助数控装备、物料运储装备及计算机控制系统等软硬件设施，能够适应不同制造任务的自动化制造系统。大部分柔性制造系统存在 4 台及以上的自动数控机床，并与物料搬运系统、控制系统相连接，具备不停机生产小批量、多品类产品的能力。

（二）柔性制造单元

柔性制造单元是一种最小规模的柔性制造系统，其组建成本较低，难度小，正处于大范围推广阶段，对中小制造企业颇为友好。主流的柔性制造单元通常包括 1～2 台数控机床、工业机器人、加工中心、物料运送存储装备等，可以帮助中小企业进行成本控制，同时满足用户的个性消费。

（三）柔性制造线

柔性制造线通过将多台数控机床、自动运送装备等连接起来，结合自动控制系统实现小批量、多品类商品的低成本生产。柔性制造线使用标准或专用加工中心与数控机床作为加工设备，相较于柔性制造系统，具有更高的生产效率。目前，主流的柔性制造线包括离散型生产中的柔性制造系统和连续生产中的分散型控制系统两大类，强调生产线的柔性化和自动化，目前相关技术已经相对成熟，在国内多家制造企业中得到了应用。

（四）柔性制造工厂

柔性制造工厂是同时整合多条柔性制造系统，配备自动化立体仓库，搭载先进计算机系统，打通订货、设计、加工、装配、质检、运送、发货等诸多环节的数字化工厂。整个工厂中的产品加工、物料储运、生产管理等由数字驱动，是工厂自动化的高级形态，目前仍处于初级发展阶段。

四、柔性制造模式的关键技术

（一）计算机辅助设计

通过将计算机辅助设计技术和专家系统相结合，能够使柔性制造系统具备更强的适应能力，为处理复杂问题带来诸多优势。光敏立体成形技术是设计技术领域的一个前沿技术，它通过利用计算机辅助设计数据，结合激光扫描系统，对三维数字模型进行处理，得到多层二维片状图形，然后结合二维片状图形扫描光敏树脂液面，使后者转化为固化塑料，经过多次循环，完成多层扫描成形。

在具备相关数据的基础上，通过将多层固化塑料粘合起来，便可生产出精准原型，对缩短新品研发周期具有十分积极的影响。

（二）模糊控制技术

以模糊控制技术为核心的模糊控制器是柔性制造技术的重要组成部分。目前，世界知名模糊控制器厂商正在积极研发具备自主学习能力的模糊控制器产品，这类产品可以通过对运行过程数据进行收集、分析来动态调整控制量，对系统性能进行持续优化。

（三）人工智能技术

目前，柔性制造技术中应用的人工智能以规则的专家系统为主。专家系统往往整合了海量的专家知识与推理规则，能够为解释、设计、规划、监视、诊断、修复、控制、预测等提供有效解决方案。得益于专家系统，企业可以方便快捷地将理论、实践经验等相结合，为柔性制造活动的组织开展带来诸多便利。

长期来看，人工智能技术在柔性制造领域必然将得到大规模应用。未来，消费需求的不确定性将持续提升，制造企业要想将柔性制造的生产成本、交付时间控制在合理范围，就必须充分借助人工智能技术。

智能制造技术将人工智能技术应用到制造各环节之中，利用专家系统模拟人的思考与决策过程，对制造过程运行状态进行实时监测，自动调整制造系统各项参数，从而使系统始终处于最佳运行状态，是现代制造技术的发展趋势。此外，智能传感器技术在柔性制造领域也有着广泛的应用前景，传感器技术与相关设备是物联网时代的重要基础设施。智能传感器技术赋予了传感器自主决策能力，有助于提高柔性制造效率与精准性。

（四）人工神经网络技术

人工神经网络技术是一种通过搭建模拟人类大脑的人工神经网络，对海量信息进行并行处理的智能技术，是未来柔性制造系统的支撑性技术之一，不过，目前该技术尚未真正成熟，距离商业化应用还有很长的一段路要走。

五、企业如何打造柔性制造系统

（一）提高设备柔性

1. 增加灵活性设备

为了更好地适应柔性制造需要，企业要对设备结构进行优化调整，逐渐用多功能设备取代传统单一用途设备，用转换能力强的设备取代难以转换的设备，用多用途组装型设备取代整机设备等，在增强企业柔性生产能力的同时，降低系统运行成本，使成本与效益达到相对平衡。

2. 统一设备类型

统一设备类型也就是提高设备兼容性。不同型号的设备的使用，会给企业带来设备参数重新调整等大量烦琐的工作，降低生产效率的同时，也不利于企业保障产品质量。为了避免这种问题，制造企业应该在符合技术与生产条件的前提下，对设备零部件进行统一，进而实现设备统一，提高兼容性，实现提质增效。

（二）柔性生产系统的设计

在柔性制造系统建设的过程中，设计柔性生产系统扮演着十分关键的角色。由于智能制造在技术、成本等方面存在诸多痛点，目前，制造企业很难实现柔性生产系统的完全自动化，在这种情况下，设计"单元化作业＋人工辅助"的柔性生产系统是更为可行的方案。

"单元化作业＋人工辅助"的柔性生产系统，可以让企业在借助自动化设备提高生产效率的同时，又能利用人工控制确保产品质量，提高柔性生产能力，这也是很多中国制造企业能够成为全球知名品牌供应商的重要因素。虽然纯机器组装具备更高的生产效率，但柔性不足。以往，我国的人力成本较低，使中国制造企业可以在零部件加工生产及产品组装过程中投入较高的人力，能够在一定程度上满足品牌商的个性需要。

未来，中国制造企业在柔性制造系统建设的过程中，需要进一步完善管理系统，使设备、生产工艺、生产系统、售后服务等具备更高的柔性化水平，以便更好地适应复杂多变的市场环境与用户需求。

（三）建立完全信息化的管理系统

面对高度不确定性的消费需求，库存风险让广大传统企业饱受困扰。

（1）个性化的消费需求，降低了产品的通用性，导致多余产品容易滞销，大幅度提高了企业的经营成本。

（2）技术、工艺的更新迭代，使新产品性能得到逐步提升，库存产品价值明显降低，给企业造成财产损失。

（3）部分产品有一定的保质期。随着时间的延长，产品性能、可靠性等可能会逐步降低，从而影响产品销售与用户体验。

想要解决上述问题，制造企业不但要建立先进 ERP 系统，加强自身的信息化建设，更要对自身的业务流程进行优化完善，实施精细化管理，实现库存产品的"专用型号订单化管理"与"通用型号流量化管理"，根据生产批号对库存产品开展全生命周期管理，确保库存产品的质量，降低库存风险。

（四）建设多能工队伍

按订单生产是现代制造企业的主流趋势，而订单是个性化、差异化的，会使企业产量出现明显波动。在繁忙的时间段，员工需要全身心地投入到产品生产之中，甚至要连续加班才能完成生产任务；而在淡季，订单量明显下滑，员工工作较为轻松，工作日可能仅有半天是在工作。显然，这两种不同情况下的员工收入应该有所不同，繁忙时间段收入相对较高，员工工作积极性较高，而淡季收入明显下滑，可能会影响员工信心，造成员工流失，不利于组织的稳定发展。

为了解决该问题，制造企业应该建立柔性化的绩效管理机制，对核心骨干等优秀人才进行重点培训，将其培养为全能型人才，淡季时，可以一人多用，解决员工流失而影响订单生产的问题；繁忙的时间段，可以让他们帮助新员工快速适应岗位需要。这将使制造企业具备从低产能向高产能快速稳定转变的能力，推动企业的长期稳定发展。

能否适应市场环境与消费需求的动态变化，成为衡量现代企业竞争力的重要指标。在经济全球化的背景下，中国制造企业面临的竞争更为激烈、残酷，一旦无法适应变化，就容易被淘汰出局，而发展柔性制造为企业提高自身的适应能力提供了有效手段，是中国制造企业建立自主品牌，占领中高端市场的必然选择。

这要求中国制造企业要具备前瞻性战略思维，积极从海外柔性制造成功案例中借鉴经验，结合自身的实际情况，面临的竞争环境、宏观政策等，打造真正适合自身的柔性制造系统，在提高自身市场竞争力与盈利能力的同时，为中国制造业的长期稳定发展注入源源不断的活力与发展动力。

第六章

制造业数字化转型升级的主战场：
工业机器人

第一节　工业机器人概述

一、工业机器人的定义与特点

机器人一词来源于 1920 年捷克作家 Karel Capek 的科幻话剧《Rossum's Uni-versal Robots》，剧中有一批听命于人并能从事各项劳动的机器，名叫 Robot。因此，用机器人来称呼能代替人从事工作的自动化机械。由于通常所用的机器人与人类手臂比较相似，因此机器人也常被称为机械手、机械臂或操作臂。

目前，机器人尚无统一、准确的定义，不同标准化机构和专门组织均给出了各自的机器人定义。国际标准化组织（ISO）给机器人的定义为"机器人是一种自动的、位置可控的、具有编程能力的多功能机械手，这种机械手具有几个轴，能够借助可编程操作来处理各种材料、零件、工具和专用装置，执行各种任务。"美国机器人协会（RIA）给出的定义为"机器人是一种用来移动材料、零件、工具或特定装置的可重新编程的多功能操作器，可以通过改变编程运动来执行不同的任务。"日本机器人协会（JRA）则将机器人分为工业机器人和智能机器人两大类：工业机器人强调作业能力，是一种"能够执行人体上肢（手和臂）类似动作的多功能机器"；智能机器人强调感知和自主能力，是一种"具有感觉和识别能力，并能够控制自身行为的机器"。我国国家标准（GB/T 12643）给机器人的定义为"工业机器人是一种能够自动定位控制，可重复编程的，多功能、多自由度的操作机，能搬运材料、零件或操持工具，用于完成各种作业。"

从机器人的定义可以看出，机器人是自动化设备的一种。与传统工业自动化相比，机器人具有三个特点。

1）可编程。工业机器人能够随其工作环境变化的需要而再编程，因此它在小批量、多品种、具有均衡高效率的柔性制造过程中能发挥很好的功用，是柔性制造系统中的一个重要组成部分。

2）灵活性高。工业机器人一般由多个关节组成，运动灵活性很高，工作空间很大，因此布置方便，能满足复杂任务的需求。

3）通用性强。除了专门设计的专用工业机器人外，一般工业机器人在执行不同的作业任务时具有较好的通用性，通过更换工业机器人手部末端操作器（如手爪、工具等）便可执行不同的作业任务。

机器人虽是代替人完成各种任务，但与人相比，机器人具有明显的优点。

1）对环境的适应性强。机器人能在恶劣环境下工作，如核辐射、粉尘等恶劣环境，这些环境对人体有较大伤害。另外，对于洁净度要求很高的场景，如晶体制造领域，机器人能够很好地保持生产车间的洁净度。

2）负载大。不同型号的工业机器人具有不同的负载，负载能力强的能举起 1 吨以上的物体，并且能长时间进行高负载工作。

3）精准度高、稳定性好。目前，工业机器人的重复定位精度一般能达到 ± 0.02 mm，高精度的能达到 ± 0.005 mm，并且稳定性要明显好于人类，能满足高精度操作任务的要求。

4）一致性好。工业机器人完成任务的一致性好，产品质量的波动较小。

5）综合成本较低。工业机器人虽然一次性支出较大，但是后续仅需要支出电费和一定的维护费用，一般能够保证在 2 年内综合成本低于采用人工的支出费用。

二、工业机器人的发展趋势

目前，工业机器人已经能够完全替代人完成简单的任务，如码垛、喷涂等；

对于一些涉及工艺的复杂任务，也能实现相当部分的替代，如焊接、打磨等，相关技术也逐渐成熟。在未来，工业机器人将继续保持高速发展，将在智能化、规模化、工业大数据等方面重点发展。

（1）智能化工业机器人将融合多种传感器，增强工业机器人对环境的感知能力，提升工业机器人操作能力、作业效果和智能性。如除采用传统的位置、速度、加速度等传感器外，装配、焊接机器人还应用了视觉、力觉等传感器来进行协调和决策控制。而喷涂机器人集成视觉系统，通过对喷涂效果的感知实现机器人姿态的反馈控制，从而保证喷涂的均匀，提高喷涂质量。

（2）规模化目前，工业机器人能对单条或部分生产线进行替换。随着用人成本的逐步提高及技术的发展和成熟，工业机器人将实现从加工部件到装配乃至最后一道成品检查的自动运行，能对现有人工生产线进行整体替换，打造"无人工厂"。

（3）工业大数据通过采集和分析机器人大量传感器的数据，从而实现对机器人的监测和故障诊断，提高机器人的可靠性；实现对工作流程的优化，提高自身的作业效率。

第二节　制造业转型升级与工业机器人

工业机器人是先进制造业的关键支撑装备，是我国深入实施制造强国战略的重要抓手。工业机器人是机器换人、制造业产业升级的核心环节。这也意味着，作为生产方式变革的要义之一，环境压力越大、竞争越激烈，企业对工业机器人的需求就越迫切。因此，当下中国工业机器人市场，自带跑步前进属性。随着劳动力人口下降、人力成本上升及制造业数字化、智能化改造升级需求日益凸显，我国工业机器人市场飞速发展，在电子、汽车、等领域实现广泛应用。随着国产厂商技术加速突破，与国外品牌实力差距逐渐缩小，我国工业机器人行业竞争力将逐步提升。同时，随着政府出台系列支持政策以及协作机器人等创新产品在特殊制造业场景的应用加速拓宽，我国工业机器人产业规模将进一步扩大。

我国加快推进制造强国建设，政策环境鼓励工业机器人行业发展工业机器人是制造业转型升级的重要抓手，其研发、制造、应用已成为衡量国家高端制造业水平的重要标志。国务院、工信部、发改委等部门陆续出台政策文件，促进工业机器人产业稳步发展，从而为加快制造强国建设提供了推力。2021 年12月，《"十四五"机器人产业发展规划》（工信部联规〔2021〕206 号）印发，提出面向汽车、航空航天、轨道交通、半导体等重点行业，推进焊接机器人、真空（洁净）机器人、物流机器人、协作机器人、移动操作机器人等工业机器人产品的研制及应用。

我国工业机器人需求旺盛，近年来产销量持续上升。当前，我国劳动力人口数量下降，人力成本上升，在简单且重复性较高的应用场景推动"机器换人"需求持续增长。与此同时，随着智能制造的深入发展，制造业企业对于智能化升级改造的需求不断提升，推动工业机器人产业实现更大发展。一方面，工业机器人产量持续提升。根据国家统计局数据，2021 年全年，我国工业机器人实现产量 36.6 万台，同比增长 44.9%；2022 年 1—8 月，工业机器人累计产量27.7 万台。另一方面，工业机器人销售额增速转正。根据中国电子学会数据，2020 年在全球机器人市场受疫情影响出现下滑时，我国工业机器人销售额开始复苏，同比提高 18.9%；预计到2023 年，国内市场规模将进一步扩大至 589亿元。

中国工业机器人的应用极其广泛、增速既稳又快、国产替代空间巨大，是当下中国工业机器人时长的主要特征。工业机器人的应用已涵盖 46 个行业大类，从农业、林业，到采矿、纺织、食品制造，再到汽车制造、通用设备制造，再到教育、卫生、国家机构。工业机器人正在全面渗透于第一、二产业及其他领域。向小型化、轻型化、柔性化方向发展，能够在更广的范围内帮助或者替代人类完成更为复杂和精细的工作。具有安装快捷、部署灵活、编程简单、高安全性等优点，能够适应特殊制造业应用场景，将成为工业机器人重要发展方向。

工业机器人在制造行业中的典型应用有码垛、焊接、打磨、检测、分拣等，并且还在不断拓展中。总体来说，机器人的应用领域是与其特点密切相关的。

（一）码垛

码垛就是按照集成单元化的思想，将一件件的物料（品）按照一定的模式堆码成垛，以便使单元化的货垛实现存储、搬运、装卸、运输等物流活动。码垛有人工码垛和自动码垛之分。在物料（品）轻便、尺寸和形状变化大、吞吐量小的场合，采用人工码垛是经济可取的；当码垛吞吐量在 60 次/小时以上时，人工码垛不仅会耗费大量人力，而且长时间作业往往使得工人疲惫不堪降低工作效率，在重载、高温、多尘的作业环境还会影响作业工人的身体健康，这些场合采用机器人自动码垛可加快物流速度、保护工人的健康和安全，同时还可获得整齐一致的物垛，增强处理的柔性。

机器人码垛在现代物流行业有着广泛的应用，能为现代生产提供更高的生产效率。其优势有：① 码垛机器人能够大大节省劳动力，节省空间，降低工人的作业强度；② 运作灵活精准、快速高效，稳定性高，作业效率高；③ 工作时间长，能够提高产量、降低成本。

（二）焊接

焊接机器人是工业机器人在焊接领域的应用，它能够根据预先设定的程序同时控制机械手臂末端工具的动作和焊接过程，在不同的场合可以进行重新编程。焊接机器人主要用于代替工人从事一些特殊环境（如危险、污染等）的焊接任务，或者是简单而单调重复的任务。在国家重视、工业需求和产业升级的背景下，全副武装的焊工手持焊炬（枪）"火花四溅"的作业画面必将定格为时代的记忆，取而代之的是以焊接机器人为支撑的自动化、柔性化、智能化焊接装备。在实际生产中引进先进的机器人自动化焊接技术，不仅可以改变人工焊接带来的质量难以控制的问题，而且可以提高生产效率、编短制造周期、降低产品成本和改善卫生环境。

相对于传统人工焊接，工业机器人进行焊接具有以下优点：① 稳定且焊接质量高，能将焊接质量以数值的形式反映出来；② 提高劳动生产率；③ 改善工人劳动强度，并可在有害环境下工作；④ 降低了对工人操作技术的要求；⑤ 缩短了产品改型换代的准备周期，减少相应的设备投资。

（三）打磨

通过集成末端力/力矩传感器，机器人可进行打磨作业。采用工业机器人进行打磨具有以下优点：① 能将高噪声和粉尘与外部隔离，减少环境污染；② 操作工人不直接接触危险的加工设备，可避免工伤事故的发生；③ 能保证产品加工精度的稳定性，提高良品率；④ 能代替熟练工人，降低人力成本；

⑤ 能降低管理成本，不会因员工流动而影响交货期；⑥ 可再开发，能根据不同的样件进行重新编程，缩短了产品改型换代的准备周期，减少相应的设备投资。

（四）检测

将检测设备安装在工业机器人末端，可充分利用工业机器人的灵活性，完成大范围、多角度的检测；可降低人为因素对检测结果的影响，提高检测的可靠性。

（五）分拣

结合视觉系统，工业机器人可完成自动化分拣。分拣任务一般对作业效率要求很高，如对糖果的分拣，需要快速装箱。工人的速度没有那么快，难以满足工厂的节拍，并且长时间进行重复性的动作容易疲劳。与人相比，工业机器人的运动速度非常快，并且可 24 小时连续作业，能大幅提高生产效率，同时降低人力成本。

（六）机床上下料

工业机器人还可应用于数控机床的自动上下料。上下料机器人运行平稳、结构简单更易于维护，机床的控制器与机械人的控制模块独立，互不影响，可实现对圆盘类、长轴类、金属板类、不规则形状等工件的自动上料/下料、工件翻转、工件转序等工作，在汽车、机械制造、军事工业、航空航天和食品药品生产等行业的应用很广泛。

第三节 促进我国工业机器人产业发展的建议

一、深化工业机器人产学研协同创新

我国工业机器人产业亟待加强各创新主体之间的深度融合，我国工业机器人产业应当深入推进产学研协同创新，强调以企业为主体、市场为导向，以规模化应用和产业化为目标对关键核心技术开展研究，积极对高校专利进行转化，提高技术的针对性和实用性，持续深化产学研协同创新，促进我国工业机器人产业的开放发展。

在协同对象的选择方面，我国工业机器人企业可在借鉴国外企业成熟经验的基础上开展产学研协同创新，进一步扩展跨区域的产学研合作对象。因此，一方面，我国工业机器人企业应当进一步与上海交通大学、哈尔滨工业大学等建立产学研合作关系，加强我国高校技术创新的针对性与市场契合性，加快我国高校科技成果的转化；另一方面，我国不应当将目光局限于国内高校，还应积极主动与国外高校、权威研发团队等进行合作交流，通过与国外重要工业机器人研究机构，如美国加州大学、日本东京大学等建立合作关系，构建国内外跨区域的产学研协同创新，跟踪、引进、学习国外先进技术，并积极将其投入生产，使其市场化、产业化，从而提升我国工业机器人技术，推进我国工业机器人产业的发展。

二、推进工业机器人产业联盟的建立

工业机器人关键核心技术的研发往往需要投入大量人力、物力和财力，单独由一家企业完成相关产品全部技术的研发难度较大，因此，应当建立多家企业合作、金融机构等辅助的工业机器人产业联盟，以合作开发的方式突破技术壁垒，通过企业与企业间的技术合作，提高工业机器人产业相关企业的竞争力；通过企业与金融机构的合作，加大企业研发与生产的投入。

首先，工业机器人产业联盟应当定期组织研讨会，交流研发成果，在避免重复研究的同时实现技术共享。其次，应进一步扩展工业机器人产业联盟范围，虽然我国已形成"沈阳市工业机器人产业联盟"，但这远远不够，应继续强调以企业为主体、市场为导向，以规模化应用和产业化为目标开展技术合作，将联盟范围从东北转向覆盖全国。虽然东北地区是我国"机器人之乡"，但珠三角地区拥有格力等工业机器人企业，长三角地区则是汽车产业集群区域，拥有蔚来汽车、上汽通用别克、吉利汽车等诸多车企。因此，为促进我国工业机器人产业上下游产业链的整合，我国应当建立包含东北、珠三角、长三角等区域的全国范围工业机器人产业联盟，依托全方位、多层次的合作，增强我国工业机器人产业的自主创新能力，共同抵御专利风险。最后，在产业联盟的形式上，应以打造强竞争力的工业机器人产业链为目标，进一步推进特色园区建设，以"特色园区＋产业联盟"的模式加快工业机器人产业中项目、技术、人才、资本等创新要素的对接，促进技术的转移转化。

三、围绕关键核心技术布局专利申请

我国工业机器人产业的专利申请多围绕本体展开，对于驱动系统相关技术的专利申请占比较小，导致目前我国工业机器人关键技术主要依赖进口，尤其是在高精密减速器方面的差距尤为突出的现状，这成为制约我国国产工业机器人国际竞争力形成的主要因素，故我国亟待改善目前围绕"本体"提交大量专利申请的现状，加强工业机器人核心技术的研发，集中优势研发力量实现核心部件的国产化。

在深化工业机器人产学研协同创新和产业联盟的基础上，充分发挥工业机器人产业联盟的桥梁作用，以高校、科研机构的研究作为技术基础，以联盟内的工业机器人企业为主体，引导高校加强对控制系统等关键核心技术展开基础研究与技术创新，并按照企业市场需求搭建高校与联盟内工业机器人企业的对接活动，加速高校科技成果的转移转化。通过工业机器人产业联盟这一桥梁，畅通高校与工业机器人企业间的沟通，将高校对关键核心技术的研究成果运用于企业生产，进而提升我国工业机器人企业的核心竞争力，摆脱国内工业机器人市场由国外品牌占据的现状，实现中国制造向中国创造的转变。

四、通过合资组建促进产业进步

研究发现，合资组建的技术创新模式一是可以引进已成熟的专利和技术，二是可借助原有企业在该行业内的优势地位，将工业机器人应用至不同行业领域，扩大应用市场。为提升我国工业机器人技术，促进工业机器人产业发展，应鼓励我国工业机器人企业借鉴合资组建的技术创新模式，与不同行业的创新主体合资组建公司，借助该行业竞争优势，迅速占领该行业，尤其针对电子、3C、家电等增长速度较快的未来应用领域申请相关专利，依托巨大的工业规模，对未来的应用领域提前研发并开展专利布局。在通过合资组建完成自身技术升级与市场扩张的同时，还应当预防合作公司在了解我国市场环境基础上，深挖我国自己培养的人力资源后而最终选择独资完全控制的风险。

第七章

制造业数字化转型升级实践路径之一：
制造业服务化转型

第一节 制造业服务化转型概述

一、以服务为导向的制造业升级

当前，中国作为制造业大国，仍需提高整体竞争实力，向制造业强国迈进。从全球产业链格局分布来看，发达国家集中分布于高端环节，我国则分布在中低端环节。国内制造业应采取有效措施，主动进行产业转型与升级。对全球范围内跨国企业的发展模式进行分析可知，要想提升制造业的竞争实力，就要实现制造业的服务化发展，这也是未来制造业转型升级的新动向。

所谓"制造业服务化"，是指制造企业从单纯地提供产品转向提供产品、服务乃至整体解决方案的过程，通过转型，企业不仅可以使客户的个性化需求得到满足，还能实现产业价值的延伸，推动工业经济转向服务经济。

与此同时，互联网在社会、经济各个领域都实现了普及应用，使整个社会的创新力、生产力得到了全面提升。现阶段，互联网与制造业的融合之势越发明显，而且全球制造业都呈现出服务化的发展趋势，使制造业的传统竞争格局被彻底颠覆。

美国通过发展"工业互联网"，实现了人、机器与数据之间的连接，建立起覆盖世界各国的工业网络，拓展了工业互联网的内涵，冲破了行业限制，延伸到价值链的各个环节，在交通、医疗、航空领域的发展过程中发挥了积极的推动作用。

目前，我国制造业长期处于国际价值链的中低端，亟须与互联网融合，借互联网实现服务化转型。在后续发展的过程中，制造企业需要借助互联网系统设备的运行进行数据获取，据此了解这些设备在设计方面存在的不足，进一步提高其运行效率，加快产品生产。企业所属领域、具体产品不同，决定了不同企业的服务也不相同。在与互联网结合发展的过程中，传统企业应该积极改革商业模式，通过提供优质的服务来获得客户的认可。

传统制造业的产业链主要包括上游、中间及下游三个组成部分。上游为设计环节，中间为产品制造环节，下游为销售环节。相对于上游及下游，中间环节的附加值含量有限，也是传统制造业集中分布的环节。为改善这种局面，制造业应该向上、下游拓展，注重服务业的发展，增加产品的价值含量。

在改革过程中，制造业的结构会发生变化。除产品之外，服务提供也将成为企业的主体部分，推动企业的升级与转型。升级之后，除了承担产品生产工作之外，企业的业务范围将拓宽，发展服务提供与专业信息咨询业务。制造业的服务将贯穿于产业链上的各个环节，具体包括产品开发、市场分析、产品组件提供、相关设备服务、物流服务、仓储管理服务等，成为支撑整个产业正常运营的基础。

作为一种先进的制造模式，制造业服务化有利于实现创新发展，推动制造业全面升级。制造业服务化是在传统制造的基础上，以服务为导向，从单纯地提供产品转向提供产品与服务。目前，世界各国的制造业都在向服务化转型发展，在此形势下，制造业要想实现转型升级，提升市场竞争力，就要向服务化方向发展。

比如耐克、米其林轮胎等企业都通过重构产业链将加工制造环节分离出来，对人力、物力、财力等资源进行整合，专注于产品设计、市场营销、客户管理、品牌维护、流程控制等环节的运营，从典型的制造企业发展为优质服务提供商。2008 年金融危机结束以来，欧美等发达国家为抢占世界经济市场的主导权，掀起了一波新的工业化浪潮，重新对制造业的战略地位进行定义，大力推动制造业的服务化转型，使制造业再次成为国际竞争的焦点。

二、全球制造业服务化的发展趋势

（一）产品上附加服务成为制造业服务化的基本模式

目前，制造业服务化转型主要通过"产品＋服务"实现，也就是核心技术服务化。比如世界上最大的航空发动机制造企业罗尔斯-罗伊斯尝试了一种新的业务模式，通过"租用服务时间"向客户出售发动机，以发动机为核心拓展了发动机租赁、保养、维修、数据分析与管理等多项服务。只要客户购买的发动机发生故障，罗尔斯-罗伊斯公司会立即派人维修。目前，在罗尔斯-罗伊斯公司出售的喷气发动机中，超过 50%的发动机签署了服务协议，罗尔斯-罗伊斯公司因此获得了一笔可观的服务收入。

在粗放式工业发展思潮的影响下，我国制造企业并没有掌握核心技术，而且过于注重生产规模、生产速度及产品，推崇大规模批量化生产，忽视了产品质量、生产效益及服务，很少推崇个性化定制生产模式，导致企业很难为产品提供附加服务。同时，制造企业推行服务业务需要大量人员和资金，短期投入大，面临的风险比较多，为了实现稳定发展，很多制造企业都不愿意冒险尝试服务化，导致制造业服务化发展的动力不足。

（二）研发设计和整体解决方案是制造业服务化的重要内容

为应对激烈的市场竞争，制造企业不得不加紧研发新产品、新技术，紧随市场变化，通过持续创新提升自己的核心竞争力。同时，制造企业对功能设计之于产品研发的作用有了全新的认知，意识到产品研发不仅要改进技术，还要将产品设计融入其中，让产品功能与外观设计相协调。

除此之外，制造企业还尝试为用户提供整体解决方案，在产品销售之外增加了很多服务，比如售后安装、使用培训、维修保养、金融保险等，极大地提升了用户的满意度，增强了用户的忠诚度。

制造业服务化发展的目的是在最大程度上实现价值增值，研发设计、整体解决方案正好满足了制造业的这一需求。相关数据表明在制造企业提供的所有服务中，研发设计、整体解决方案占比接近40%。过去，制造业的发展以产品为导向，当前，这种导向正在逐渐向研发设计、整体解决方案转变。

自改革开放以来，我国制造业迅猛发展，形成了一个种类齐全、相对独立的产品体系。但因为大部分制造企业过度追求眼前利益,希望在较短的时间内尽可能地拓展市场份额,忽略了核心技术研发与服务拓展,导致研发设计水平偏低,无法为用户提供多元化、差异化、个性化的集成服务,产品与服务严重同质化,区域、行业发展失衡,没有能力为用户提供更优质的整体解决方案,导致服务化转型频频受挫,转型程度和效果均不佳。

（三）服务成为制造业价值增值的主要环节

过去,制造业的价值链以制造为中心,服务化之后,其价值链将转向以服务为中心,而且制造环节在产品附加值构成中的占比将越来越低,服务增值占比将越来越高。相关资料显示:跨国公司产品生产环节创造的价值在产品总价值中的占比只有1/3,剩下的2/3价值是由服务环节创造的。

制造业服务化要求制造业变革发展模式与产业形态,拓展其生存发展空间。以汽车产业为例,在成熟阶段,单纯的汽车制造所产生的投资回报率不足5%,而围绕汽车进行服务投资却能获得近100%的投资回报率。相较于产品来说,服务几乎不可模仿,所以制造企业完全可以通过服务开展差异化经营,打造自己的差异化竞争优势,增强顾客忠诚度,提升自己的盈利能力。

经过几年时间的发展,我国制造业的服务化发展取得了一定的成就,但从整体来看,在全球制造业的价值链中,我国制造企业仍聚集在劳动密集型制造环节,产品附加值非常低。出口导向型企业在这方面表现得尤为突出,因为在其所有业务中,加工出口贸易占比较大,而且在全球价值链分工中所处层次较低,企业通过服务化提升自己附加值水平的动力不足。

从总体来看,在我国的制造业中,占比最大的是一般加工制造业,这些企业大多刚刚开始服务化。对于这些制造企业来说,只有不断融入服务,拓展服务,才能不断向价值链两端延伸,才能切实提升产品的核心竞争力,增加产品的附加值。

第二节　面向服务的网络化制造：云制造

一、云制造的提出

在制造模式不断的发展中,逐渐形成"制造即服务"的制造理念。云制造是在"制造即服务"理念的基础上，借鉴了云计算思想发展起来的制造新模式。云制造是先进的信息技术、制造技术及新兴物联网技术等技术交叉融合的产物，对促进网络化制造环境下提升制造服务水平具有积极的作用。部分学者对云制造的概念进行了深入的讨论，李伯虎院士、杨海成教授、王田苗教授都分别对云制造的概念进行了论述，主要体现了云制造的服务化、虚拟化、网络化等特点，本书在深入研究云制造特征及内涵的基础上，提出了云制造的概念如下：云制造是一种面向服务的，基于网络的制造新模式。云制造依托云计算理论及框架，在网络化制造技术和方法的基础上，以"按需服务"为核心，以资源虚拟化及多粒度、多尺度的访问控制为手段，以资源共享及任务协同为目标，以分布、异构、多自治域的资源或资源聚合为云节点，以网络为媒介，以透明、简捷、灵活的方式构建开放、动态的协同工作支持环境，提供通用、标准和规范的制造服务。该模式是云计算理念在制造领域的体现和发展，是先进的信息技术、制造技术及新兴物联网技术等技术的交叉融合，能够实现制造资源共享、协同工作、降低制造成本、提高资源利用率的目的，进而有效推动制造业信息化水平的快速发展。

二、云制造特点

（一）制造业虚拟化

虚拟化是指为运行的程序或软件营造它所需要的执行环境，在采用虚拟化技术后，程序或软件的运行不再独享底层的物理计算资源，它只是运行在一个完全相同的物理计算资源中，而底层的影响可能与之前所运行的计算机结构完全不同。虚拟化的主要目的是对 IT 基础设施和资源管理方式进行简化。虚拟化的消费者可以是最终用户、应用程序、操作系统、访问资源或与资源交互相关的其他服务。由于虚拟化能降低消费者与资源之间的耦合程度，消费者不再依赖于资源的特定实现，因此在对消费者的管理工作影响最小的基础上，可以通过手工、半自动或者服务级协定等来实现对资源的管理。

从虚拟化的目的来看，虚拟化技术主要分为以下几个大类。

（1）平台虚拟化，是针对计算机和操作系统的虚拟化，又分成服务器虚拟化和桌面虚拟化。服务器虚拟化是一种通过区分资源的优先次序，并将服务器资源分配给最需要它们的工作负载的虚拟化模式，它通过减少为单个工作负载峰值而储备的资源来简化管理和提高效率。桌面虚拟化是为提高人对计算机的操控力，降低计算机使用的复杂性，为用户提供更加方便适用的使用环境的一种虚拟化模式。平台虚拟化主要通过 CPU 虚拟化、内存虚拟化和 I/O 接口虚拟化来实现。

（2）资源虚拟化，针对特定的计算资源进行的虚拟化，例如存储虚拟化、网络资源虚拟化等。存储虚拟化是指把操作系统有机地分布于若干内外存储器，两者结合成为虚拟存储器。网络资源虚拟化最典型的是网格计算，网格计算通过使用虚拟化技术来管理网络上的数据，并在逻辑上将其作为一个系统呈现给消费者，它动态地提供了符合用户和应用程序需求的资源，同时还将提供对基础设施的共享和访问的简化。当前，有些研究人员提出利用软件代理技术来实现计算网络空间资源的虚拟化，如 Gaia、Net Chaser、SpatialAgent。

（3）应用程序虚拟化，它包括仿真、模拟、解释技术等。Java 虚拟机是典型的在应用层进行虚拟化。基于应用层的虚拟化技术，通过保存用户的个性化计算环境的配置信息，可以实现在任意计算机上重现用户的个性化计算环境。服务虚拟化是近年研究的一个热点，服务虚拟化可以使业务用户能按需快速构建应用的需求，通过服务聚合，可屏蔽服务资源使用的复杂性，使用户更易于直接将业务需求映射到虚拟化的服务资源。现代软件体系结构及其配置的复杂性阻碍了软件开发生命周期，通过在应用层建立虚拟化的模型，提供最佳开发测试和运行环境。

（4）表示层虚拟化。在应用上与应用程序虚拟化类似，所不同的是表示层虚拟化中的应用程序运行在服务器上，客户机只显示应用程序的 UI 界面和用户操作。表示层虚拟化软件主要有微软的 Windows 远程桌面（包括终端服务）、CitrixMetaframe Presentation Server 和 Symantec PcAnywhere。

（二）制造业服务化

制造业服务化不是"去制造业"，从产业价值链角度看，是服务在制造业价值链中所占比重不断提高、产品附加值不断提高的动态变化过程。发达国家在发展过程中，制造业率先服务化，成为整体经济的重要支撑点。下面就几个方面分别说明制造业服务化的趋势。

1. 制造业投入呈现服务化趋势

从投入服务化看，随着信息网络技术的广泛应用，服务业与制造业在全球范围内开始融合发展，制造业中间投入中服务投入不断增加，制造业部门的功能日趋服务化。以 OECD 9 个成员国（包括日本、荷兰、加拿大、美国、法国、丹麦、澳大利亚、英国、德国）于 20 世纪 70 年代、80 年代和 90 年代的投入产出表为原始数据，采用制造业对服务活动的依赖度来考查发达国家制造业服务投入的变动规律。从 20 世纪 70 年代早期到 90 年代中期，日本、法国、澳大利亚、英国 90 年代中期比 70 年代早期增长 10 个百分点左右，德国 90 年代中期比 80 年代早期也增长了近 10 个百分点；加拿大、美国、丹麦、荷兰 90 年代中期的依赖度增长幅度也较大。尽管各国制造业对服务的投入增长幅度不同，甚至有些年份是负增长，但总体来看，制造业对服务业的中间投入呈较为明显的上升趋势。

2. 制造业产出呈现服务化趋势

在航空和国防领域、汽车制造领域、消费品领域、工业自动化领域、高科技和通信设备制造领域、生物和医药设备领域，服务正成为制造企业利润的重要来源，发挥着越来越重要的作用。在全球 500 强企业中，56％的企业从事服务行业；全球跨国制造企业中，服务收入比例超过 25％，制造企业的服务收入超过总收入的 50％。

（三）制造业数字化智能化

制造业创新的内涵主要包括产品创新、制造技术创新及产业模式创新。数字化智能化技术是产品创新和制造技术创新的共性，并深刻改革制造业的生产模式和产业形态，是新的工业革命的核心技术。

围绕智能化数字技术延伸了众多科技前沿技术。人工智能——IT 领域的技术革命、3D 打印——新型数字化制造技术、云计算——制造业 IT 化的新核心、大数据——向数据强国的转变、视觉技术——智能时代的必备武器、虚拟现实——科技街的璀璨新星、无线通信——世界因它而连接、智能传感——数据生产源的一端、无人机——工业应用与民间消费同时爆发，这众多科技都是围绕智能、数字在不断地发展进步。以数字化技术为基础，在互联网、物联网、云计算、大数据等信息技术的强力支持下，制造业的产业模式将发生革命性变化。生产型服务业将得到全面而快速的发展，大中型企业正在走向"产品＋服务"的模式，正在从产品制造商向系统集成和服务商转变。

制造业数字化、智能化带来的产品技术、制造技术与管理技术的进步使企业具备了快速响应市场需求的能力，特别是形成了适应全球市场上丰富多样的客户群，实现远程定制、异地设计、协同生产的新型生产模式；使产品制造模式、生产组织模式以及企业的商业模式等众多方面均发生根本性的变化。

三、云制造模式介绍

虽然到目前为止，商务模式和电子商务尚未有一个统一明确的定义，但是总体上讲，大体涉及三个方面的内容：商务的体系结构、价值创造、商业策略。商务的体系结构，最简单的分类框架莫过于 B2B、B2C 和 C2C 等这样的分类，这也是目前理解电子商务最常见的方式。这种分类框架的核心是基于产品供方、产品需方、产品三角色开展的。借助于该分类框架，本书以"制造服务"为对象，分析云制造的电子商务模式。云制造运行原理中，云制造系统由云提供端，即云制造服务提供方（CSP）、云请求端，即云制造服务使用方（CSD）和云制造服务平台（中间件）组成。为了理清三者在具体系统运行中的逻辑地位，将三个组成部分给予定义，如图 7-1 所示。

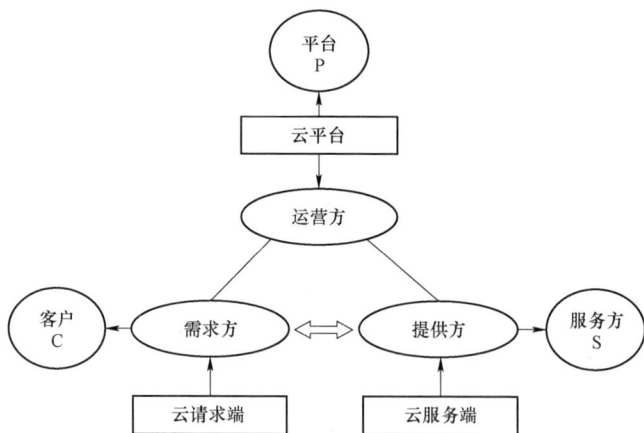

图 7-1　云制造系统示意图

其中云请求端称为需求方，指向云制造平台提出制造服务请求的用户，一般是指企业级用户，在本书中称为客户（C）。云提供端称为提供方，指提供制造资源和制造能力到云制造平台的用户，一般指企业级用户，在本书中称为服务方（S）。云制造服务平台称为运营方，指云制造系统平台的运营服务方，简称云制造平台（P）。根据上述三者的组合情况，本书提出了云制造的 4 种电子商务模式，如图 7-2 所示。

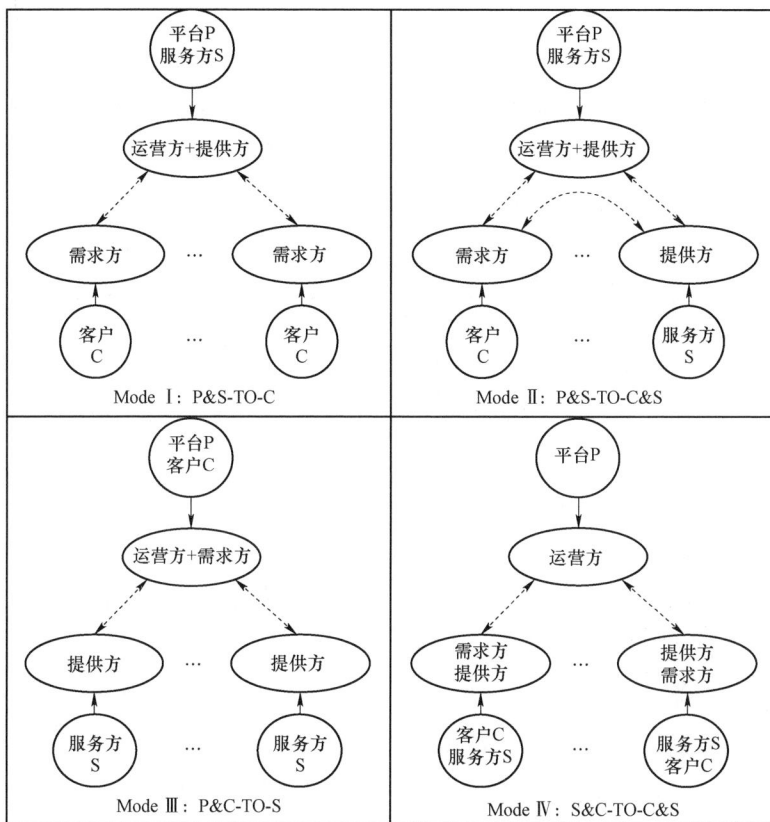

图 7-2　云制造电子商务运行模式

其中 Mode Ⅰ 和 Mode Ⅱ 均属于运营方和提供方集成为一个逻辑角色。Mode Ⅰ 模式下的云制造电商形态表示为 P&S-TO-C。从其逻辑关系看，平台运营方和制造服务提供方合并成了一个角色，即云制造平台运营商也是制造资源和制造能力提供商。众多的需求方（即客户）成为该系统中获取制造服务的买家。其物流、能量流、信息流、资金流等往返于两个角色之间。这种电商模式特别适于拥有丰富制造资源和制造能力的大型企业构建基于企业内部或子公司的云制造系统或者提供对外制造服务。若用"制造服务"对比"商品"的话，类似于目前主流的京东、亚马逊等网上平台。

Mode Ⅱ模式下的云制造电商形态表示为 P&S-TO-C&S。其逻辑角色中，平台运营方和制造服务方依然合并成一个角色，不同的是，该系统中允许另外的制造服务提供方加入该系统中。其主要特点是平台运营商（资源提供者）不仅仅对外提供制造服务，而且还开放自己平台让第三方制造服务方通过其搭建的平台提供制造服务。其物流、信息流等流向包括需求方与平台之间，需求方与第三方提供方之间。这种电商模式一方面适合于大型企业构建云服务，同时允许其他服务方加入该系统中，特别适合企业集群开展协同制造服务，属于开放平台类型。若用"制造服务"对比"商品"的话，类似于目前苏宁云商平台。

Mode Ⅲ模式下的云制造电商形态表示为 P&C-TO-S。其中运营方和需求方合并为一个角色，众多的提供方作为其对立的交互角色。其主要特点是平台运营商以需求方的角度经营平台，通过平台寻找制造服务方。特别适合大型企业构建自己产品供应商管理及协同研发的云平台，类似于企业网络化供应链管理。

Mode Ⅳ模式下的云制造电商形态表示为 S&C-TO-C&S。该模式中，系统三角色分别独立，云平台作为独立的参与组织，物流、信息流等通过平台实现需求方和提供方的交互。此外，由于需求方和提供方的角色是相对的，所以该模式中的客户和服务方也是相对的概念。其主要特点是由第三方运营商管理平台，制造服务需求方和提供方均可以参与其中，并在不同时刻扮演不同的角色。该模式由于其完全开放，能够最大范围整合制造资源和制造能力。若用"制造服务"对比"商品"的话，类似于目前的淘宝网。

不同的电子商务模式，将直接影响着云制造系统的构建，包括整个系统的体系结构、系统组成、模块功能、各模块的耦合关系等。比如在实际商业运行中平台运营商和制造资源、制造能力提供方是否属于同一公司或集体，将决定云平台系统和制造资源、制造能力提供方的信息管理系统集成的程度，甚至决定云平台控制系统与制造资源、制造能力提供方底层硬件设备物联程度。同时，也直接影响云制造资源优化模式。比如平台运营商和制造资源、制造能力提供方属于同一个公司运营管理，那么在资源优化过程中，云制造控制系统对所有资源池中的资源可以进行优化调度，并且服务方公司的资源完全配合执行。如果云平台是第三方运营商，那么在资源发现或资源优化过程中，独立的服务方可以动态地加入或退出云制造服务，同时客户也可以根据系统提供的服务方，自主选择相应的资源节点。这直接影响系统开发过程的资源（能力）发现和资源（能力）优化模型等。再如在制造加工环节，上述云制造系统的三类角色不同的组合关系，也影响云制造系统开发过程中物流系统的设计与调度。因此，在构建云制造应用模式时，应考虑所构建的云制造系统采用哪种电商模式，以便为系统的具体设计提供参考。

目前云制造理念尚不成熟，模式的划分没有统一的标准，李伯虎院士按照面向企业的特点分为面向中小型企业的公有云和面向集团企业的私有云制造服务平台。面向企业集团的私有云制造注重企业内部资源的建设，减少其重复资源的投入，加强企业对制造资源的管理和对制造能力的整合，从而提高企业集团的灵活性，缩短产品的生产周期。面向中小型企业的公有云制造注重企业之间的相互补充与合作，提高地域内资源的使用和能力的交易。

下面就这两种主要云制造模式分别做简要分析。

（一）中小型企业公有云制造服务平台

由于制造业的快速激烈发展，中小型制造企业认识到了信息化建设在企业发展中的重要性，为了自身能够更好地发展，适应当前形势下的市场化竞争，提高企业竞争力、实现资源共享、适应先进网络化经济模式，中小型制造企业正在加速信息化建设。《中国中小企业信息化发展研究报告》指出，近几年来，我国中小企业信息化取得了很大进步，但是整体来看信息化水平仍偏低。

面向中小企业的云制造应用属于公有云服务平台，公有云基于互联网构成，强调行业间制造资源和制造能力整合，其最大优势是规模经济效益，提高整个社会制造资源和制造能力的利用率，实现制造资源和制造能力交易。

（二）面向企业集团的私有云制造平台

新一轮的科技革命和产业革命与我的的经济转型形成历史性交汇，对制造业形成倒逼之势，以信息技术与制造业深度融合为特征的制造业信息化正在引领我国制造业发展。国内制造业也正面临着低端产业"太挤"，高端产业"够不上"的发展困境。但是随着市场产品的生产周期不断缩短，产品种类、复杂性却不断增加，这些都要求制造业整合分散的社会制造资源，提高企业的敏捷性、柔性、健壮性，跟上制造业信息化的发展节奏。

大型企业集团是未来行业的核心，也是地区企业标杆，企业集团的发展趋势往往关系国家或地区的经济发展状况，为提升集团的竞争力及创新能力，加强企业集团在行业或地区内的带动能力，从强化企业应用管理、设备管理及全生命周期管控的需求出发，迫切需要整合开发一种面向企业集团的云制造服务平台。

面向企业集团的云制造应用属于典型的私有云服务平台。私有云制造平台基于企业网构成，由集团搭建、运维管理，平台的使用者是企业集团和相关企业、研究单位等，主要是用于企业集团内部制造资源和制造能力的整合，提高企业集团基础设施利用率，降低成本，提高竞争力。数据安全对于企业来说是至关重要的，公有云服务存在较大的安全隐患，公有云平台只适合那些非关键性业务。企业，尤其是大型企业会更多地倾向于选择建设自己的私有云计算平台。

四、云制造平台特质

云制造的相关研究已经在概念和落地实验等方面如火如荼地展开，其概念和运行模式已经初步成型，在资源建模、资源匹配、服务组合、优化配置等方面的研究也已初具成果。但是云制造是新型概念，目前尚存在不完善之处，服务模式往往决定落地实践效果，结合本书对云制造相关研究，对云制造服务需求分析如下。

（一）服务多样化

企业面对的是瞬息万变的市场和不断发展的市场环境，如果企业不能适应就会被淘汰，尤其现在速度不断加快、效率不断提高、产品周期不断缩短，云制造必须跟上甚至抢先企业发展的步伐才能促进企业的不断发展和进步。这就需要平台服务模式不断进行自我更新，提高服务多样化水平，用服务多样化满足市场的多样化需求。

（二）开放性与灵活性

云制造是一个综合性系统性工程，其服务环节包含一系列的行业知识和复杂技术的综合应用。平台内部制造服务的实现及协调更加复杂，其开放性就是将企业各方面资源进行开放式管理和使用，但制造服务组合又不失其灵活性。

（三）促进创新发展

企业明天良好的发展在于今天良好的创新环境。企业的创新发展，推进以科技创新为核心的企业全方面创新，是企业综合实力的战略支撑。云制造平台也需要支持创新，一个死板的云平台不是企业的需求，其创新主要是服务创新，而服务创新主要体现在两个方面。一方面资源接入方式可以不断更新以满足各种资源的不同接入方式，另一方面主要体现在资源组合方式创新。在相似资源情况下，不同需求需要不同的资源组合制造，相同需求也可以有不同的资源组合方式，这就增加其制造的多样性与创新性。

无论是共有云制造平台还是私有云制造服务平台，以上特质均是其内在要求，而对创新的支持是其整个平台的核心特征需求。"创新驱动、质量为先、绿色发展、结构优化和人才为本"是《中国制造业 2025》重要的五条方针，其创新在未来制造业发展中的核心位置不言而喻。

第三节　我国制造业服务化的实现路径

一、制造企业的服务化转型路径

（一）强化制造企业核心能力建设

（1）引导制造企业创建现代企业制度，建立健全内部治理结构，创建一套行之有效的激励约束机制和先进的企业文化。

（2）根据企业的实际情况制定科学的发展战略，将员工的创造力、创新力激发出来，优化资源配置，提升资源配置效率。

（3）在日常运营过程中，制造企业要学会积累资源，形成差异化竞争优势。这些资源包括品牌、企业文化、客户关系、营销网络等。

（4）制造企业要加强技术研发与专利建设，不断提升技术开发能力，以开发出更优质、更独特的服务。

（5）优化企业的运营管理体系，对各种企业资源（比如人、财、物、技能、知识等）进行组织与管理，从风险控商、运营管理等各个角度支持服务创新。

（二）制定企业内部的"互联网＋"战略

（1）通过梳理、整合各个业务流程制吏统一的"互联网＋"战略，并将该战略升级为企业的核心发展战略。

（2）成立信息化管理部门专门负责实施该战略。

（3）设立 CIO（首席信息官），CIO 要进驻企业高层，为"互联网＋"战略的实施保驾护航。

（4）创建信息技术服务管理体系，对数据资源进行充分挖掘、有效利用。

（三）加快推进智能制造

（1）制造业要想实现服务化转型就必须实现智能制造，而智能制造的实现需要企业将所有物理设备、相关人员接入互联网，通过将信息系统嵌入产品赋予产品感知、控制、传输等功能。

（2）制造企业要使用软件技术提升机器性能，增强企业的智能化能力，赋予物理设备计算、通信、远程协同、精准控制、自我管理等能力。

（3）一个车间里的机器设备要实现相互通信、相互协作，各个生产线之间要实现高度协同。

（4）企业要根据供应链的具体情况，结合市场需求，对多个车间、多条生产线进行优化调度，高效、高质量地完成生产任务。

（5）生产车间里的所有设备、制造系统都要与人连接，实现人机交互。

（四）持续提升服务能力和水平

（1）制造企业要不断加大在产品设计、技术开发、信息服务等方面的投入，包括人力投入、资金投入，以产品功能为核心，对业务流程进行重构，培育一种全新的业务形态。

（2）制造企业要开展多元化的业务，比如个性化定制、供应链管理、远程在线监测与运维、网络精准营销等。

（3）制造企业要发展一些专业化服务，比如技术支持、设备保养、设备维修、设备改造等，保证设备高效率、高质量运行。

（4）如果制造企业资金实力比较雄厚，可以尝试建立财务公司，发展融资租赁业务。

二、推动制造业服务化的对策建议

在全球制造业价值链的"微笑曲线"中，我国制造业长期处于中低端，亟须利用互联网实现服务化转型，为"中国制造2025""制造强国"等战略的落地提供强有力的支持。国内制造服务业的发展仍处于探索阶段，相关部门要进一步提高对制造服务业的重视程度，并将其作为制造业与现代服务业未来的发展方向，从政策层面加大对制造业服务化的引导与支持。

（一）加快服务业垄断行业改革

（1）降低市场准入门槛，实现投资主体多元化，创建一个健康的市场环境，开展公平竞争。

（2）简化审批与资质认定流程，鼓励制造企业在原有业务的基础上发展服务业。

（3）支持装备企业获取工程与设备总承包资质，开展总承包、总集成服务。

（4）为从制造业服务化中衍生出来的新型服务提供强有力的支持，比如信息技术系统解决方案、3D虚拟仿真设计、逆向信贷等。

（二）开展试点示范

（1）选取一批典型示范企业，总结其在服务化转型方面的经验，探索制造业服务化转型模式，将该模式推广应用。

（2）引导制造企业树立为产品全生命周期服务的目标，为用户提供全产业链延伸服务，比如技术支持服务、故障检测与维修服务、产品保养与维护服务等。

（3）鼓励制造企业为用户提供融资租赁、消费信贷、仓储物流、电子商务等服务，以提升交易效率。

（4）将物联网技术引入制造企业，实现在线监测、全生命周期追溯、远程诊断等功能，培育典型案例。

（5）创建第三方认定服务体系，鼓励制造企业进行符合性认定。

（三）强化财税、金融政策支持

制造业的转型升级对资金的要求比较高，且需承担诸多风险，企业难以独立承担所有资金压力，针对这些问题，相关部门可以在税收、金融方面出台相关支持性政策，鼓励金融机构改革传统经营模式，帮助企业解决资金困难。

（1）降低税率，减轻生产性服务企业的税负。

（2）将工业转型升级资金划拨出一部分设立制造业服务化专项资金，为制造企业的服务创新提供资金支持，做好制造业服务化公共服务平台建设。

（3）政府采购，支持制造业服务化转型。

（4）金融机构创新金融信贷产品和服务，从金融层面为制造业服务化提供强有力的支持。

（5）形成完善的风险管控体系，允许企业通过风险投资，降低自身压力，提高其风险管理能力。

（四）加强国际交流与合作

（1）紧跟全球互联网技术和应用发展趋势，借鉴西方发达国家的先进举措。

（2）支持国内制造企业在海外建厂（包括研发基地和生产基地），创建一个能够覆盖全球的创新网络。

（3）进一步扩大对外开放，鼓励跨国公司、科研机构在我国建厂。

（4）鼓励制造企业创新商业模式，开展服务贸易，将技术、会展、货代等服务外包出去。

（5）支持国内企业积极参与国际标准的制定与修订，转变一直以来被动接受的姿态。

（五）培养专业人才队伍

（1）高校、职业教育机构开设制造业服务化专业，创新教学模式，培养可以满足社会需求的专业人才。

（2）培养复合型人才，其标准是既了解制造业，又了解服务业，还会互联网运营。

（3）各类教育机构要大力发展实训教育，培养技能型人才。

（4）提供咨询服务，制订人才培养计划，创建合理的人才管理机制。不仅要吸引人才，将人才的技能、潜能充分发挥出来，还要留住人才，为制造业服务化提供人才保障。

（六）提高支撑服务能力

（1）相关服务机构之间要建立紧密合作，对与产品开发、生产、销售等环节有关的各类资源进行有效整合，创建一种标准的、规范的、可实现共享的云制造服务模式。

（2）各类服务机构要摒弃传统的服务模式，创造一种新的服务模式，以提升服务质量。

（3）服务机构要专门面向制造业开发一些互联网服务，提升服务水平与能力。

（七）完善中小企业公共服务体系建设

（1）鼓励服务机构面向中小企业构建专业化的公共服务平台，为其提供基础材料、基础工艺、基础元器件的生产、检测、认证等服务。

（2）建立健全中小企业公共服务平台网络，建立信息联通机制让这些网络交互，共同为中小企业提供综合性服务。

（3）建设中小企业服务联盟，为中小型制造企业提供全方位、专业化的服务。

（4）为中小企业提供网络基础设施服务，比如网站与公众号建设、流程外包、数据托管等。

总而言之，进入"互联网＋"时代之后，制造行业企业要转变思想，树立制造业与服务业融合发展的理念，通过技术创新、管理创新、商业模式创新、组织创新实现服务化转型，并积极与互联网对接，实现融合发展。

第八章

制造业数字化转型升级实践路径之二：人才供给协同制造业数字化转型升级

第一节　我国制造业创新型高技能人才培育的重要性

一、制造业创新型高技能人才的重要性

当前，我国制造业正加快转型升级，而制造业技能人才特别是创新型高技能人才正是制造业顺利转型升级的必要条件之一，培育和建设一支高水平的制造业创新型高技能人才队伍，是当前我国制造业高质量发展的必由之路。

（一）制造业高技能人才的重要价值

制造业高技能人才的培育以及人才队伍的建设是制造强国建设的基础，其为制造业发展提供了坚实的人才支撑，换言之，高技能人才是制造业转型升级的重要支柱以及重要前提，只有推动高技能人才在知能、素质、创新方面不断提升，才能进一步推动制造业技术创新和成果转化，才能促使中国制造向内涵性发展，才能使中国的制造业由大变强，提升质量。

总体来讲，制造业高技能人才的重要价值主要表现为如下几点。

第一，制造业高技能人才是我国高技能人才队伍不可或缺的构成之一。高技能人才培养是整个技术工人队伍培养的龙头，要想推动技术工人队伍的整体

发展，就必须注重高技能人才培养。高技能人才数量的增长，无疑有力地提升了我国技能型劳动者队伍的整体素质。而制造业作为我国国民经济的重要支柱性行业，制造业高技能人才队伍的发展势必带动高技能人才队伍整体壮大，并且对于提升制造业技能型劳动者整体素质也具有十分重要的意义。

第二，制造业高技能人才是增强制造企业竞争力的重要人才基础。国家相关政策指出，高技能人才数量的扩充有利于企业竞争力的增强。也就是说，企业核心竞争力的提升离不开高技能人才的保驾护航。就我国制造企业而言，高技能人才是制造企业发展的基础性要素之一，是制造企业立足于市场的关键内生要素之一，是制造企业生产技术革新的主力军，能够为制造企业在生产发展中解决众多关键性技术难题。从这个意义上讲，高素质的制造业高技能人才队伍建设是新时代我国制造业做大做强的必然选择。

第三，制造业高技能人才是助力制造领域创新成果转化的催化剂。产业领域创新成果的成功转化，不光需要前期的精心研发设计，还需要依靠后期的精准生产应用，而高技能人才则是产业创新过程中不可或缺的核心要素之一。高技能人才是创新成果的直接生产者，是设计最终落地的直接操作者，处于创新成果转换为最终产品的关键环节。依靠高技能人才的精湛技艺、工匠精神及创新成果转换能力，制造业生产技术的进步和产品质量的提升就进一步获得了可靠的基础。如果缺乏高技能人才，即使拥有先进设计和设施设备，仍然无法高质量、高效率产出。

（二）创新型高技能人才对制造业发展的独特价值

在中国制造业转型升级的过程中，不光要注重制造业高技能人才的重要价值，还需意识到创新型高技能人才也具有举足轻重的作用。其作为高、精、尖技术成果转化的首要力量，对于制造业转型升级具有重要作用；其作为创新人才体系的根本、基础，对于走新型工业化道路具有重要作用，对于创新驱动战略的实施也具有关键作用。综合来看，创新型高技能人才作为高技能人才队伍中的重要人才类型，除了具备高技能人才具备的如助力制造领域创新成果转化等重要作用外，还对制造业发展具有其独特价值，具体主要体现在以下几方面。

第一，创新型高技能人才能够助力制造业技术创新。在制造业生产过程中，创新型高技能人才除了助力技术转化外，还是技术改造创新的主力军。

这种创新贯穿于制造技术研发到生产的全过程。作为身处生产第一线的技术型工作者，创新型高技能人才不仅熟悉、了解、掌握具体生产流程，而且还能够及时发现生产过程中需要改进的地方，发挥着其他人才无法替代的作用。在团队合作过程中，创新型高技能人才往往能够与其他成员联合进行技术攻关、开展技术创新，并且最有可能在技术攻关和开展技术创新过程中获得突破。他们往往能够较迅速地适应企业对技术创新的要求，并且在技术创新方面取得较好的成绩，以此推动企业技术创新。总而言之，创新型高技能人才是制造业领域技术革新的中坚力量，他们在推动制造业技术创新方面发挥着重要作用。

第二，创新型高技能人才能够助力制造业结构升级。制造业结构升级离不开创新型高技能人才，尤其是我国制造业在向技术与知识密集型转变的过程中，更需要发挥大量创新型高技能人才的聪明才智。实践证明，产业人才需求与产业结构变革总是相互联系的。纵观我国产业人才需求变革的历程，一共经历了四个阶段，即简单劳动需求阶段、初级技能人才需求阶段、高级技能人才需求阶段和创新技能人才需求阶段。相对应的，我国产业结构变革也经历了四个阶段，分别为劳动密集型阶段、资本密集型阶段、技术密集型阶段和知识密集型阶段。从产业人才需求升级与产业结构升级两者的关系可以看出，培养一批创新型高技能人才是制造业结构升级的内在必然需求和重要的人才基础。

二、加快制造业创新型高技能人才培育的紧迫性

创新型高技能人才在技术的革新换代中起着引领作用，其创新贯穿于技术研发到产品生产的全过程。但当前制造业创新型高技能人才数量短缺，已严重影响着制造业的转型升级。因此，加快培育制造业创新型高技能人才就变得极为紧迫。

（一）创新型高技能人才短缺制约制造业高质量发展

随着劳动力、资源等生产要素成本的增加及环境承载压力大等诸多不利因素使得原先推动制造业发展的基础条件发生了较大改变，比较优势不再显著。同时，随着我国创新驱动发展战略的实施及国际制造业技术升级，互联网、量

子科技等创新技术的应用都要求制造业必须转换发展动能、转变发展方式，大力依靠技术创新来提高效率和增加优势。因此，要想在全球制造业竞争中取得主动权，必须紧跟时代潮流，加强技术创新。特别是自 2015 年以来，我国在一系列政策文件中多次强调必须将创新摆在制造业发展的突出位置，表明我国制造业的转型发展必须依靠技术创新、加强技术创新。然而，技术创新离不开人才。其中创新型高技能人才作为身处于一线的直接生产者，对于助力制造业技术创新、制造创新成果转化、增强制造企业的核心竞争力、推动制造业高质量发展具有不可估量的作用。从这个意义上讲，当前我国创新型高技能人才数量短缺，无疑会严重制约和影响制造技术的创新与应用，进而阻碍制造业高质量发展进程。

（二）加快培育制造业创新型高技能人才的重要意义

第一，有利于我国制造业获得全球化竞争优势。在当今全球争抢制造业制高点的机遇与挑战面前，世界各国都在加大制造业技术革新，提升竞争优势。我国加快培育制造业创新型高技能人才，可以为我国制造业参与国际竞争并使我国制造业由大做强提供坚实的创新型技能人才基础。

第二，有利于缓解我国制造业创新型高技能人才短缺现状，夯实制造业创新型高技能人才基础。制造业创新型高技能人才的培育，有利于加大创新型高技能人才供给，提升制造业技能劳动者队伍整体素质，缓解制造业劳动力市场中的结构性供需矛盾，满足制造业高质量发展对于创新型高技能人才的需求，从而最大限度避免创新型高技能人才短缺对于制造业高质量发展的不利影响。

第三，有利于助力我国制造业技术创新，加快基于技术创新的制造业高质量发展步伐。制造业技术创新需要人才作为支撑，加快制造业创新型高技能人才培养，可以避免技术创新成为一纸空文，助力制造业技术创新落地生根，有力促进新兴技术与制造业相融合，推动中国制造业实现高质量发展。

综上所述，加快培育制造业创新型高技能人才是实现我国制造业高质量发展的强有力的人才保障，已经势在必行。基于此，进一步深入探索我国制造业创新型高技能人才群体特征及其培育成功的奥秘，对于未来进一步促进制造业领域创新型高技能人才队伍建设工作，将具有积极的借鉴意义。

第二节　人才供给与制造业转型升级的协同策略分析

在供给侧改革大背景下，要协同人才供给与制造业转型升级，必须做到以人为本，既要产教研深度融合，培养一批高精准的产业大军；又要创新人才培养模式，挖掘一批高层次的创新型人才，全面提升人力资本水平和科技创新能力；还要基于制造业行业细分人才需求和区域人才供给差异，优化制造业人才发展环境，有力发挥政策的杠杆作用，推动制造业转型升级与优化布局，实现我国实体经济稳健增长。借鉴改革开放以来，特别是我国经济进入新常态之后，制造业企业转型升级的成功经验，以及我国人才培养取得的成绩，本书对于制造业转型升级与人才供给侧改革二者更好地协同发展提出了以下建议。

一、加快实现"政产学研用"深度融合

目前，我国人才培养主要有三个层次：中高等职业院校提供的职业教育，培养一线技术服务人员和管理人员；高等院校提供的学历教育，培养专业的师资队伍和科研人员；政府或社会机构提供的职业培训，为企业培训专业人才。基于当前我国制造业人才的供需结构和人才培养现状，完善原有的人才培养模式，精准对接制造业人才需求。

（一）加强现代职业教育建设，培养应用型人才

加快现代职业教育建设，建立健全职业院校分类管理制度，加大高技能人才培养力度，将职业教育办学层次从"中低端"向"高端"延伸，大规模培养高素质的应用型人才。最重要的是结合制造业转型升级行业细分人才需要，有针对性的进行人才建设，达到有效供给的目标。同时，加强校企合作，直接对接制造业企业岗位要求和职业规划，完善现代学徒制试点有关政策支持，做到校企协同育人，实现资源共享和优势互补。面对"中国制造2025"十大重点领域突破的艰巨任务，鼓励支持校企合作建设紧缺人才培养基地，采取"政产学研用"合作研发战略，解决企业人才短缺，并达到"不求所有，但求所用"目的，实现多、快、好、省创新发展的最佳组织模式。

（二）加强高等教育建设，培养学术型人才

一方面，促进学科专业设置与制造业发展同步，政策上允许学科专业动态调整，扩大高等院校自主设置专业的权利，增强学科专业的灵活性、科学性和专业化。根据制造业转型升级发展进度调整传统学科专业，围绕价值链、创新链，设置与制造业产业布局相匹配的学科专业。另一方面，扩大重点领域专业学位研究生培养规模，提高制造业重大科研攻关领域的博士研究生培养比例，建立制造业重点领域学科群，鼓励跨学科交叉培养高水平人才，支持参与世界一流大学与一流学科建设，在更高更广的层面上促进制造业学科交叉和人才培养。学历教育应该与职业教育同步发展，共同使得应用型人才与学术型人才结构逐步合理，打造全方位、多层次的人才培养体系。

（三）推进制造业职工培训教育

推进制造业企业职工培训教育，在制造业领域建立学习型企业制度，坚持并完善全体职工培训教育。各级政府要加快完善继续教育制度，严格推行学分累积制度，实行继续教育与工作考核、职称评定、岗位晋升、职业注册等人事管理制度相衔接。社会层面上要加大专业培训机构的建设，规模以上企业要设有专门机构和人员按时组织员工参加职工培训教育。政府要鼓励企业加大职工教育经费投入并专款专用，加强高技能人才的培养，支持职工自学成才，切实提高员工技能，获得职业竞争优势。

二、政府营造良好社会氛围，提升技能人才地位

政府是制造业创新型高技能人才培育强有力的保障，因此，在人才培育过程中，需自觉承担相应责任，提升制造业创新型高技能人才的社会地位。

（一）营造尊重和崇尚人才的良好氛围

营造尊重和崇尚制造业创新型高技能人才的良好社会氛围，政府首先应该加大媒体舆论宣传。利用互联网等新媒体平台，树立制造业创新型高技能人才突出典型，大力宣传制造业创新型高技能人才的卓越贡献，以及他们爱岗敬业、报效祖国、责任担当等高尚的职业信念和精益求精、追求卓越、刻苦钻研的伟大工匠气质，号召社会各界向他们学习，使制造业创新型高技能人才的精神形

象深入人心、深入各个领域；其次，加大对技术技能人才政策的宣传，使社会各界深入了解制造业创新型高技能人才在社会建设、经济转型发展中的重要作用，打破社会大众对于技能职业、技能从业者、职业教育的偏见，提升社会大众对于技术技能人才在创新型国家建设中重要性的认识；最后，加大对制造业创新型高技能人才的表彰力度，给予其应有的精神和物质奖励，使公众认识到只要干一行、爱一行、钻一行，任何岗位都可以创造美好的生活，从而提升公众对于技能职业的认可度。综上所述，通过逐渐改变人们轻视技术技能的传统社会观念，使全社会形成尊重实践、技能宝贵的社会价值导向，从思想源头上助力制造业创新型高技能人才培育。

（二）建立健全人才培育保障体制机制

除了营造尊重和崇尚人才的良好氛围外，政府还需要建立健全人才培育体制机制，从制度层面保障制造业创新型高技能人才培育，使其能够有章可循。

第一，完善制造业创新型高技能人才评价机制。客观公正的评价机制有利于提升制造业创新型高技能人才培育质量。因此，政府首先需逐步完善各类制造业创新型高技能人才评价机制，以此激发制造业创新型高技能人才发展动力；其次，逐步完善制造业相关国家职业资格认证制度与体系建设，使制造业创新型高技能人才评价与工作生产实际密切结合，与扎实的知识、高超的技能、伟大的职业信念和工匠气质密切联系，切实使真正的制造业创新型高技能人才受到认可；最后，加强制造业创新型高技能人才技术专利保护，从制度层面保障制造业创新型高技能人才的发明创造，增强制造业创新型高技能人才创新的积极性。

第二，加大对制造业创新型高技能人才培育的财政投入，构建多元化的制造业创新型高技能人才培育资金投入体系，形成以政府投入为主体，企业、社会共同参与的投入体系及政府部门间的统筹协调投入体系。具体包括对制造业创新型高技能人才工作专项经费予以支持，对制造业创新型高技能人才技能提升进行奖励，在教育附加费中划出一定比例用于制造业创新型高技能人才培育，对职业院校教学设施设备条件更新改造进行投入扶持。同时，建立投入需求分析机制，使制造业创新型高技能人才培育资金投入有的放矢，更具针对性和合理性；建立财政投入的保障监督机制，确保制造业创新型高技能人才培育资金落实到位，提高资金使用率。

第三，出台面向制造业创新型高技能人才的优惠政策及相关保障制度。在优惠政策方面，政府应进一步完善针对制造业创新型高技能人才的住房补贴政策、落户政策、子女入学政策、生活补贴政策等，消除制造业创新型高技能人才发展的后顾之忧，促进制造企业创新型高技能人才队伍建设。同时，进一步完善创新型高技能人才相关保障制度。政府应健全完善制造业创新型高技能人才岗位工资分配制度，根据技能等级以及对社会和企业贡献大小进行绩效分配，加大对创新型高技能人才的津贴补助，加大对津贴制度落实的监管力度，使制造企业在创新型高技能人才补偿管理方面有据可循，从而切实保障制造业创新型高技能人才应享有的权利，充分激发他们在制造领域的创新创造活力，并不断实现在制造领域的创新成功。

三、实现制造业企业转型升级

高铁、网购、移动支付、共享单车合称为"新四大发明"，创新驱动成为经济发展新动能。当前，以数字经济、网络经济、协同经济、总部经济等为代表的新经济快速发展，线上线下融合、跨境电商成为企业发展新形势，为顺应"大众创业、万众创新"新要求，创新推动制造业企业转型升级已成为必然。

（一）创新推动制造业企业结构调整

第一，通过技术创新和管理创新相结合推动结构调整。在我国，海尔是创客发展模式的首创者。创客发展模式与传统发展模式相比，实现了三大转变：一是由重视产品制造平台转变为更加重视内部孵化平台；二是员工由执行者转变为创业者和创新者；三是创业和创新资源由面向企业内部转变为面向全球。海尔的实践证明：创客活动成为企业结构调整、转型升级最佳、最强、最广阔的创新模式，是企业获得持续、健康、快速、高效发展的有效保证。

第二，通过并购重组进入上市公司，推动供给侧结构性改革，并购重组后的企业将获得新技术、新业态和新产品，能够更好的实现去落后产能、去"僵尸企业"，产能出清，优化产业链布局。对于跨境并购企业，可以整合所需人才、品牌、市场等优势资源，进而成为行业领导者。

（二）注重创新能力培养，发掘创新型技术领军人才

贯彻学习《国务院办公厅关于深化高等学校创新创业教育改革的实施意见》重要精神，将创新创业教育贯穿人才培养始终。针对高校教育设置学科前沿课程、创新创业指导等方面的选修课，优化课程设置，在工科学科中注重实践教学，培养学生创造性和综合性设计能力。加强培养学生发现问题、解决问题的能力，两种能力循环推进过程就是创新活动持续推进和创新能力不断提升的过程。支持制造业企业开展技术技能大赛，给职工创新搭建平台，深化校企合作，加强理论与实践融合，提升关键核心技术研发能力、创新改造能力，将创新成果转化为生产力，实现双方合作共赢。加快完善国家技术创新中心建设，推进颠覆性技术创新，打造创新资源集群。在此基础上，实现各创新领域人才交流、技术交流，推动创新资源共享，发展跨领域、跨学科的技术创新力量，形成强大的创新网络。

（三）促进人才合理流动配置，降低企业人才流失率

制造业人才资源市场的建设要更加规范化、公开化、及时化，探索构建制造业人才数据库，并且搭建制造业人才供需监测平台，动态更新我国制造业人才市场供求，及时、有效地平衡制造业人才供需。制定灵活多样的制造业人才发展政策，创新人才流动机制，引导专业技术人才向生产一线流动。在供给侧改革中，特别是去产能、去"僵尸企业"，必须引导分流出来的人才保持创新创业精神，在制造业领域继续发挥自身的价值。

为降低人才流失率，激励制造业企业员工，确保专业人才的有效供给，企业应将制造业人才的职业能力与教育背景、工作内容、职业准入标准、职业技能评价标准相结合，加快构建合理的人才评价体系，完善激励机制、薪酬制度和社会保障制度。与此同时，企业应该为技术人才提供更广阔的空间，更多的职业发展和晋升机会，提高吸引人才和留住人才的能力。一是要创造企业文化和企业精神，营造尊重知识和人才的氛围，鼓励员工创新；二是要完善企业各项制度，做到企业人性化发展，让员工感到归属感与强烈的主人翁意识，由员工转变为工匠；三是要坚持物质和精神激励相结合，通过给予员工最大的认可来调动他们的智慧和积极性。

（四）加大工作技能训练

第一，积极开展传帮带活动。传帮带活动有利于促进师徒技能共同提高。

徒弟跟师傅耳濡目染，学习师傅高超的技艺，同时受师傅监督，可以及时纠正不正确的技能操作方式；而师傅由于身上多了一份责任，就会时刻提醒自己，鞭笞自己，不断与时俱进，充实完善提高技能。实践也证明，企业的师傅带徒制度是培养创新型高技能人才的有效模式之一。

第二，加强基层岗位练兵。基层岗位练兵是训练制造企业技术工人技能的有效方式。在实施的过程中，制造企业可以通过举办职业技能比武或者竞赛等活动，引导和激励技术工人学习完善相关技能知识，立足岗位加强实操技能训练；也可以通过举办技术创新竞赛、技术攻关竞赛等活动，加强制造企业技术工人的创新技能训练。

第三，依托国家级或者省级高技能人才培育示范基地进行技能训练。制造企业可以输送技术工人参加示范基地开展的高技能研修班，支持技术工人参加同行业技术交流，促进制造企业技术工人技能训练效果的提升。与此同时，依托各级各类企业技能大师工作室，积极发挥其对于制造业创新型高技能人才培育的重要作用。

第四，依托网络平台，探索创新型高技能人才的培育新形式。例如制造企业可将岗位技能提升设置为闯关游戏，每解决一关的技术难题，即可解锁下一关。通过游戏激发制造企业技术工人的兴趣，使制造企业技术工人利用业余时间、碎片化时间进行技能训练。

（五）引导新生代正确的就业观和择业观

对于新生代的"去制造业化"观念，社会应大力营造尊重一线工人、尊重技术人才的浓厚氛围，一线工人是"工匠精神"的发源地，是企业竞争的关键，在全社会范围内，要树立工匠的模范标杆作用，引导新生代科学的就业观。建立工人职称与职务匹配制度，鼓励工人通过职业教育提升自身综合素质，让工人有更大施展才能的空间。同时，构建重贡献的收入分配制度，提高具有"工匠精神"人才的待遇，支持技术入股和期权激励等方式，吸引新生代加入工人大军。

（六）"一带一路"战略下推进制造业"走出去"

"一带一路"战略是影响经济社会发展的重大区域性经济合作战略。"一带一路"沿线的绝大多数国家经济发展水平落后于我国，亟待通过工业发展实现脱贫目标，并且这些国家劳动力、资源供给充足且廉价。根据小岛清的边际产业扩张论，我国可以利用"一带一路"沿线国家比较优势，实现产业转移。通过政府引导和扶持，利用沿线国家充足且相对廉价的劳动力、资源和广阔的市场需求，遵循因地制宜原则，主要将我国处在全球价值链低端的制造生产环节转移出去，为我国制造业转型升级减轻负担，优化国内制造业发展环境。

四、学校加强理念转变，完善教育教学体系

在人才培育过程中，教育发挥着基础性作用。因此，职业院校作为制造业创新型高技能人才培育的摇篮，应当从校园文化建设、专业知识传授、培养模式改革、课程体系优化、实训条件改善等方面入手，全面培养理论与实践相结合的学生，为其成长为具有创新精神的制造业创新型高技能人才奠定扎实基础。

（一）加强校园文化建设

学校在进行制造业创新型高技能人才培育时，需要注重良好校园文化的营造，积极进行制造业创新型高技能人才职业信念和工匠气质的弘扬，使学生于潜移默化中习得养成良好的职业精神和工匠精神。具体可以从以下几方面着手：第一，注重发挥学生主人翁意识，引导学生主动参与到职业信念和工匠气质的校园文化建设中来，可以鼓励学生以学生社团活动等形式参与实践，支持学生开展体现职业信念和工匠气质的社团活动；第二，注重发挥教师在教学工作中率先垂范的作用，使教师于一言一行、一举一动中践行职业信念和示范工匠气质，让学生懂得职业信念和工匠气质的弘扬不只是嘴上喊喊，而应该切实落到实处。

（二）加大专业知识传授

制造业创新型高技能人才的培育，离不开个体对成长为制造业创新型高技能人才所需知识的掌握。因此，职业院校应加大对学生职业兴趣的培养和专业知识的传授。

首先，关注学生职业兴趣的养成。在相关基础知识传授前，先需要使学生了解自己所学的专业，使学生对未来的发展充满信心，提升对所学专业及将要从事工作的兴趣，使之愿意静下心来努力钻研。例如学校可以通过优秀案例进

行宣传教育，宣传本校优秀学生职业成功事例来激发学生的学习兴趣，使学生从"要我学"转变为"我要学"。同时，要重视平等和谐的关系的营造，在工作学习与生活中尊重并且呵护每一位学生，发掘学生身上的闪光点，综合客观评价学生，使学生获得自信，明确目标，热爱学习。

其次，加强对学生专业知识的传授。兴趣的建立只是为制造业创新型高技能人才的培育提供了可能，专业知识的传授才是制造业创新型高技能人才培育的第一步。因此，职业学校在进行专业知识的传授时，应积极改进教学方式，在注重传统教学方式的同时，更要积极将现代教育技术融入教学，提升教学的生动性和有效性，使学生乐于学习。同时，应加强与职业实践的联系，加强课堂实践和校内校外实践，尽最大可能地帮助学生领会吸收相关专业知识。

（三）改革人才培养模式

制造业创新型高技能人才的培育不仅需要具备系统丰富的专业知识，还需要拥有高超的实操能力和较强的创新能力。因此，职业学校应加强校企合作培养，促进资源的优势互补，助力产学研培养模式深入有效实施，提高学生的知识储备和技能水平。职业学校作为培养制造业创新型高技能人才的摇篮，许多人才培养环节必须基于生产实践才能有效完成。校企合作有利于强化实践，同时也有利于使学生有效协调理论与实践的关系，更好地夯实制造业创新型高技能人才培养成效。在实行校企合作人才培养中，首先需要由学校和企业双方协同制定创新型高技能人才培育计划，形成完善的教学培育体系和实践培育体系；其次应共享人才培育优质资源，为制造业创新型高技能人才培育提供强有力的软硬件资源支撑，最后确保制造业创新型高技能人才培育工作的成效。

（四）优化课程结构体系

学校的课程设置影响着制造业创新型高技能人才培育的质量，因此需要加强课程体系的优化，在课程设置上面向市场、面向企业、面向岗位。首先，在课程设置上关注社会、市场、行业、企业的需求与用人标准，分析职业特征，并结合学生的认知发展阶段来设置课程；同时密切关注用人需求变化，及时更新课程内容，使课程的设置总体上具有指向性、适用性，与社会的发展紧密联系、与时俱进；其次，注重理论与实践相结合。职业学校除了开设必要的公共课、专业课、通识课以外，课程的设置更要突出技能实操训练，使实践课时数占有较大比重，这样有利于使学生夯实相应的专业技能，促进学生专业知识的应用，进而促进制造业创新型高技能人才的成功培育。

（五）完善实习实训条件

实训条件的完善是学校培育制造业创新型高技能人才的关键环节、必要环节，是制造业创新型高技能人才培育的基本保障。因此，职业学校在培育制造业创新型高技能人才过程中应注重相关岗位技能训练设施设备的投入，重视实训条件的完善。在具体的完善过程中，应尽可能最大化地还原真实的制造工作环境，并且应及时更新换代实训设施设备，保障学生可以接触到前沿的生产技术，使学生做到与时俱进，及时重构技术技能知识结构，防止理论与实践的脱节。同时，职业学校应创造条件聘请制造业创新型高技能人才来校兼职授课，指导实训教学。更重要的是职业学校要多方位推进校企合作，完善企业实训体系，推进企业实训实践，切实提高实训质量，为培育创新型高技能人才夯实基础。

五、个体发挥主观能动，加强综合素质养成

制造业创新型高技能人才的培育离不开职业院校制造类专业学生和制造类企业技术工人积极主观能动的努力。因此，职业院校制造类专业学生和制造类企业技术工人应树立正确的职业观与价值观，加强对制造业技能岗位的兴趣培养，增强面对困难的意志，提升思考能力。

（一）树立正确的职业观与价值观

正确的职业观和价值观有利于个体健康长远发展。因此，在制造业创新型高技能人才培育中，无论是职业院校制造类专业学生还是制造类企业技术工人，都应摒弃不良的职业心态与价值观念，做好职业生涯定位与规划，循序渐进，不断成长。自觉培养联系实际分析问题的能力，防止盲目自大；增强面对困难挫折的能力；提高自身职业综合素质；培养高度责任感，精益求精，不断创新。发扬立足一线、脚踏实地、不怕困难、自强自立、稳扎稳打、勤于学习、勇于担当、积极创新等优良的职业精神，使制造业创新型高技能人才的培育成为可能。

（二）增强自身职业兴趣

兴趣是实现发展的关键，职业兴趣一经形成就会具有稳定性。因此，对于

职业院校制造类专业学生和制造类企业技术工人来说，应当自觉地通过自身的努力去有意识地发展和培养对于技能职业的兴趣，特别是发挥间接兴趣的作用。研究表明，相较于由事物外部特征所引起的直接兴趣，由事物未来可能发生的结果及其重要意义所引起的间接兴趣更具有稳定性。所以间接兴趣的产生并非来源于事物本身，因此更具有持久性。当个体在刚接触某种职业时，由于枯燥无味工作烦琐，可能会对职业本身缺乏兴趣。在这种情形下，个体应当尽可能通过了解该职业在社会发展中的价值和对人类生活水平提高的意义，或者该职业未来发展的前景等来引起间接兴趣。同时，个体也可以积极参加生产实践或者各种技能比赛，于生产实践和技能比赛中感受职业的挑战性和技能提升的成就感，从而加深自身对于将要从事或者已经从事的职业的认识与了解，最终发现其乐趣、体验其乐趣，增强自身对于职业的兴趣，进而引导自身在制造工作领域不断取得职业成功。

（三）磨练自身工作意志

首先，明确奋斗目标。明确奋斗目标是个体行动的指南与航标，有利于自身的发展成长。反之，就容易丧失前进的勇气与意志，使自己止步不前。因此，只有在工作中把责任扛在肩上，将使命记在心里，才能为成长为制造业创新型高技能人才添上浓墨重彩的一笔。犯其至难而图其至远，个体必须要明确创新创造的奋斗目标，确立鸿鹄理想，在实现目标的过程中勇于挑战自我，顽强拼搏，做到不抛弃、不放弃，才能在所属的制造业技术技能领域保持锲而不舍、昂扬向上的精神状态，将工作做到极致。其次，脚踏实地，深入一线。明确奋斗目标，只是个体培养自身意志的开始，深入一线，脚踏实地的工作才是将磨练自身意志落到实处的关键。同样，制造业创新型高技能人才的培育也是如此。对于职业院校的学生或企业技术工人来说，要想磨炼自身意志，没有比深入一线更适合的地方了。因此，无论是职业院校学生还是企业技术工人，都需要有脚踏实地的精神，甘愿从一线做起，深入实践，唯有如此才能为自身成长为创新型高技能人才奠定良好的基础。

（四）提升自身思考能力

思考能力对于个体成长为制造业创新型高技能人才至关重要。法国诗人拉马丁在阐述思考的重要性时如是说，"人凭借思考而能变成神"。因此，从一名普通的职业院校制造类专业学生，再到成为一名制造类企业技术工人，其最终能否成长为制造业创新型高技能人才，起关键性作用的因素往往正是始于正确的就业观与价值观、兴趣、意志，而终于思考能力。这就需要个体掌握提升自身思考能力的有效方法，具体可以从以下两方面入手。第一，夯实自身知识。所谓隔行如隔山，缺乏某一领域的职业技能知识就无法对该领域进行有价值的思考。因此，要想成长为制造业领域的创新型高技能人才，首先是要先拥有制造类工作领域的知识，了解制造类工作相关技能。其次还要加强对相关领域和未知领域的学习，只有知识面越宽广，思考才能越有深度和广度。第二，学会归纳总结整理。只学习和实践，而不总结归纳已有经验，就难以形成系统的思维框架。样本研究表明，制造业创新型高技能人才最经常做的一件事就是把自己大脑中的东西整理成文字，这样有利于使大脑中零碎的知识经验更加系统成体系，当出现问题的时候，能够迅速提取已有经验，并加以分析思考，最终提出有效的解决问题的方法。

第九章

制造业数字化转型升级实践路径之三：
技术创新驱动制造业数字化转型升级

第一节 技术创新驱动对制造业转型
升级的作用机理

一、创新驱动制造业产出增长的作用机理

无论是新古典经济增长理论还是内生增长理论，都将技术进步作为影响经济增长的重要变量，与劳动、资本相并列。而创新活动是影响技术进步的最重要因素，与经济增长之间有着内在的严密逻辑和作用机理。创新驱动经济增长的作用机理与创新驱动制造业产出增长的机理相似，可借以分析我国制造业的转型升级。创新驱动可以细分为技术创新、制度创新和管理创新三个方面，其与科学技术的进步、资源的配置效率及制造业产出增长之间的发展关系可以用图 9-1 表示。

（一）创新与技术进步

技术创新是技术进步的重要组成部分之一，某种程度上技术创新是技术进步的核心，在产出增长过程中扮演着极为关键的突出角色。科学技术若要成为制造业产出增长的推动力，必须由原始的知识形态转变为物质形态，从潜在的

生产力转变为现实可见的实际生产力。实现这种转化的关键环节在于技术创新，技术创新将生产与知识相结合，是技术进步与飞跃的核心。相对应地，制度和管理的创新能够提高资源配置的效率，在生产活动中表现为交易成本的降低、提供更为完善的生产服务和为合作创造激励机制，制度上的创新设计还能够将外部性内部化。技术进步与管理创新之间也存在着一定的关系，管理创新和制度创新能够合理地诱导和激励技术创新。

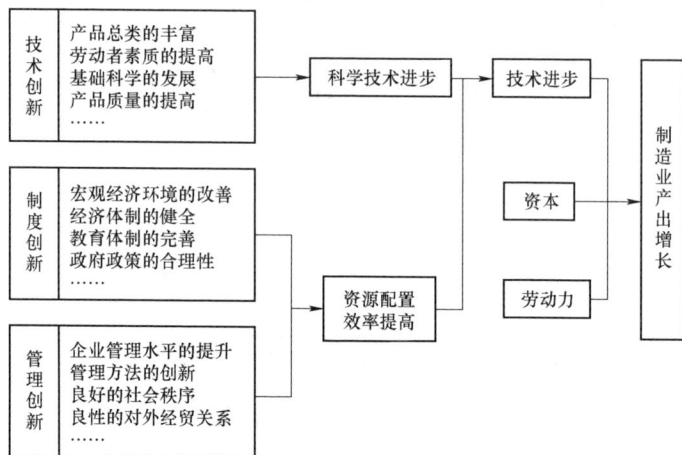

图 9-1　创新活动与制造业产出增长之间的关系

（二）技术进步与制造业产出增长

创新驱动的另一动力——技术进步通过不断改进和提升劳动工具、改变各种生产要素或资源之间的替代关系、扩大劳动对象、提高劳动效率等方式实现产出增长。技术进步对制造业产出增长的作用可以概括为以下两个方面。

首先，技术进步是转变制造业产出增长方式的重要源泉，它在转变制造业发展方式的过程中提升了发展效益。生产设备的改进和生产工艺的改善是技术进步的重要表现形式。生产技术水平的改进可以大大提升劳动生产效率，降低生产消耗，最大程度提高产出水平；生产设备的更新则可以产生一定的规模效益，提高投入产出比。而作为技术水平主要标志的生产工艺水平，对原料成本、产品质量、产品消耗等起着最为关键和直接的决定性作用。另外，技术进步可以间接提升劳动者的劳动效率，通过智力、知识、技能等"软要素"，促进生产水平的提高和制造业产出的增长。

其次，技术进步可以改善制造业内部结构，促进内部子行业结构的重构和升级，从整体上提升制造业产出结构和资源配置效率。从根本上说，某一产业的诞生、发展和衰亡都与某一技术的产生、发展与衰亡密切相关的。当技术进步积累到一定量时，具有推动生产力产生质变的能力，进而推动生产方式的根本性变革，甚至造成整个社会技术体系发生较大的变化。技术进步对制造业产业结构影响是多维的，技术进步通过刺激需求结构、影响就业结构、推动新型产业的形成和发展，进而产生并形成新的产出增长点。

（三）创新与制造业产出增长

创新是一个广义的概念，其内容涵盖技术创新、制度创新、管理创新等方面，这三个方面对产出增长均有不可估量的作用，其对制造业产出增长的作用机理可以归结为以下几个方面。

第一，技术创新与制造业产出增长。

制造业产出增长具有两个基本驱动力，一是生产要素的投入，这主要取决于要素的生产成本；二是生产要素的使用效率，主要取决于科技发展水平和技术的进步。技术创新一般是通过改善要素生产率进而推动生产效率的提升，从而推动制造业的产出增长。其对产出增长的推动机理可以概括为供给和需求两个方面。首先是供给方面，技术创新影响产品的生产效率，提高产品的供给量，从供给方面影响制造业产出增长。其次是需求方面，技术创新提高了产品的质量和产品之间的差异性，更大程度上满足消费者对产品的需求，从需求方面影响制造业产出增长。

第二，制度创新与制造业产出增长。

制度是一个国家或者地区经济发展的内生条件，其实质是社会人之间的一种契约关系，是约束人与人之间的一套行为规范。制度包含"正式制度"和"非正式制度"两种，"正式制度"包含宪法、法律等内容，而"非正式制度"则包括习俗、意识形态等。基于以上对制度定义的认识，可以将制度创新定义为是人们在既定的生产和生活环境下，通过创设全新的、能够有效激励人们行为的制度或者规范来推动社会的持续发展。

任何创新活动都有赖于一定的制度环境和规章设置，以良好的制度设计降低交易成本，发挥制度创新对制造业产出的增长作用。制度主要是通过改变对人们的激励而发生作用的,可以具体化为产权、法规设计等制度安排影响经济增长。具体地说,制度创新对制造业发展的作用可以归结为三点。首先,制度可以降低经济制度运行的交易费用,为制造业发展提供有效的支持,例如产权制度,能够减少市场运行的外部性,降低市场活动的不确定性,抑制道德风险和败德行为,提高市场运行效率。其次,制度可以为合作营造条件,保障行业主体间的合作顺利进行。制度能够向人们提供充分的行为约束信息,规范经济主体的行为,减少信息成本和不确定性。最后,制度能够通过激励机制影响和引导经济主体的行为。有效的组织和制度安排,能够激励和引导个体的经济行为,使经济主体的行为成本与收益相联系,有效地解决实际中的"搭便车"行为,最大程度减少外部性。

第三,管理创新与制造业产出增长。

管理活动是一类特殊的实践活动,是生产活动所不可或缺的,也是任何组织和团体生存与发展所必需的。管理活动对制造业产出增长的作用可以从微观和宏观两个方面进行考察。从微观层面上看,管理将人与物有机地结合起来,有组织地进行生产。管理分为"管人"和"管物"两个方面,"管人"会产生外溢效应、替代效应和需求效应,这些效应之间相互结合将会产生巨大的放大作用,将分散的个体力量转化为强大的组织力量,进而以组织之力助推制造业产增长。"管物"则会产生引致效应、替代效应和增量效应,这些效应相互结合也会对生产活动产生巨大的放大效应。从宏观层面上看,较微观层面的系统内分工合作,宏观层面的管理作用集中体现在系统之间的相互作用上,通过系统间的分工与合作最大程度地降低经济运行的交易费用,提高经济运行效率,从而促进制造业产出的增长。

二、制造业升级与制造业转型的关系辨析

"十三五"时期,我国制造业发展的内、外部环境均发生了深刻的变化。一方面,继续承受着国际金融危机的余波;另一方面,面临着严峻的国内经济转变发展方式的挑战,这给我国制造业的转型带来了一定程度的压力和困难。要顺利地实现我国制造业的转型升级,必须坚持走中国特色的新型工业化路子,以科学发展为主题,以加快转变经济发展方式为主线,以改革开放为动力,着力提升自主创新能力。要实现制造业的成功转型还必须要处理好转型与升级

二者之间固有的客观联系，以转型为契机努力实现升级；以升级为条件实现顺利转型，全面客观地处理好转型中需处理好的关键问题。

（一）转型是升级的条件

制造业转型是产业升级的根本途径，完善产业结构，发展高效率、低污染的新兴产业离不开产业转型。产业转型主要体现在生产方式的变革上，转型就是要实现生产方式由要素驱动的粗放生产模式向创新驱动的优质生产方式转变，改变对传统成本优势和要素禀赋优势的过度依赖，将处在国际产业分工低端的我国制造业推向知识技术水平高、附加值大的"微笑曲线"两侧，实现制造业产业链整体升级。因而，实现发展方式的转型是促进制造业升级的必要条件。低层次的产业结构不仅附加值极低，而且常常陷入恶性竞争的困境，不能够持久地支持一国经济的发展。同时，从宏观经济整体的高度看，我国制造业的升级必须要以经济转型为背景和条件，在产业结构转型的大背景之下着手解决和应对产业升级问题。产业升级往往要遵循一定的发展规律，既要符合生产力与生产关系的基本经济规律，又要体现国家或者地区的区域特色，将产业总体特征和区域特征相结合，走出一条适应自身发展的产业升级之路。产业转型往往是产业升级的内在条件和外在表现，任何脱离经济转型大背景的产业升级都是不可能成功的，产业升级应以经济转型为背景，顺势而为促成升级。

（二）升级是转型的目的

产业转型的目的是推动产业结构的优化和升级，提升制造业整体的竞争力和附加值，提升在国际产业分工中的地位，进而促进经济结构的合理优化和层次提升。通过技术、制度等领域的创新推动产业升级，不仅可以巩固制造业的升级成功，而且可以促进宏观经济的升级发展，将以往依靠土地、劳动力等要素驱动的发展模式转变为依靠创新驱动的全新发展模式，以技术进步替代要素投入，实现经济的持续健康发展。一般而言，制造业的升级途径有以下三种：一是改造升级，即通过改造和重组效率低下的产业，实现优化升级；二是创新升级，即依靠技术、制度、管理等方面的创新，提高生产效率，转变产业发展的驱动力；三是并购升级，即通过资本市场运作，重组产业资本在各个行业的分配，实现资源的合理配置和产业升级。无论是改造、创新还是并购升级，其与国际产业分工过程中的价值链转型息息相关，实现产业升级不单单是转型的目标，还可以巩固制造业的转型成果，在升级的同时实现行业竞争力和整体经济实力的提升。

（三）制造业转型应处理好的几对关系

制造业是国民经济的主体，也是一国经济竞争力的集中表现之处，我国制造业应以"新型工业化道路"为指引，努力培育和发展新兴战略产业，转变传统要素驱动的发展模式，充分依靠创新活动推动制造业转型，转型是目前我国制造业面临的重大课题，其转型成功与否直接关系到我国经济的长期持续发展，因此应审慎关注并合理处理好我国制造业转型中的几对关系。

1. 新兴产业与传统产业的关系

新兴产业与传统产业在时间上存在一定的相对性，在产品领域上存在一定的差异，但二者却不存在绝对明晰的分界。制造业转型中，应努力培育高新技术的新兴产业，鼓励将新兴技术与传统行业相结合，以技术创新提高传统行业的生产效率，促进制造业整体转型。此外，向现代产业体系的转型并不意味着要完全放弃传统制造业、标新立异地重新塑造一个所谓的新产业，而是要摒弃战略新兴产业与传统产业之间互为替代的错误理念，牢牢把握新兴产业与传统产业的内在联系，齐头并进、共同推进传统制造业与新兴产业的繁荣。从制造业发展的路径来看，多数战略新兴产业的发展是离不开传统产业的，其需要依赖和利用传统制造业的生产能力、技术积累、组织管理等基础支持条件，离不开传统行业已有的生产积累。如某些高端装备制造业的发展就离不开已有的传统设备制造业，二者是相互依赖的。发展新兴战略产业也能够推动传统产业的改造升级，这主要体现在新兴技术产业为传统产业提供更为高效的生产技术和设备，推动其向现代产业的转变。由于制造业内部的各个行业所处的产业生命周期各异，各自所承担的经济任务也有所不同，但总体而言，应强化传统产业的技术改造和创新模式，积极引导新兴产业和传统产业的良性互动与融合。

2. 制造业与服务业的关系

制造业的发展为服务业的兴盛提供必要前提，服务业则为制造业的长远发展提供不可或缺的补充。制造业是服务产业的重要补给部门，如果没有制造业，那么服务业产生和发展也无从谈起。生产性服务业是提高制造业生产效率的前提条件，没有较为发达的生产性服务业，就不会有强大的制造业。服务业和制造业的关系可以总体概括为相互作用、相互依赖和共同发展。

生产性服务业的迅速发展将原本存在于企业内部的研发、设计、营销、咨询等服务职能部门独立出来，形成新的市场主体。一定程度上可以将生产性服务业看成是制造业企业内部服务外部化的结果，即制造业企业内部活动的外置。发达国家的发展经验表明，生产性服务业在制造业中的作用已从最初的辅导管理发展到现在的战略导向。一方面，许多生产性服务业部门必须要以制造业的发展为基础；另一方面，富有竞争力的制造业离不开生产性服务业的支持。在生产性服务业兴起之后，服务业与制造业的关系不再是简单的分工关系，而是更为生动的互动关系，二者彼此依赖，相互促进。随着现代信息技术的发展与运用，制造业与服务业之间的边界也日益模糊，"你中有我，我中有你"成了二者关系的生动写照。制造业与服务业之间的良性融合体现在两个方面，一是服务产业化的趋势日益明显，二是制造业服务化的趋势也日渐明朗，产业内分工更为明确，彼此关系更为紧密。

3. 市场决定作用与政府引导作用的关系

一般而言，战略新兴产业的发展核心在于新科技的开发与运用，从产业生命周期来看，战略新兴产业一般处于产业发展的初期，具备巨大的发展潜力和市场空间，产品创新速度极为迅速，同时也存在市场拓展难度大、技术风险高等问题。因而，对新兴战略产业的培育需立足于基本的市场需求，充分发挥市场对资源配置的决定性作用，以市场需求和用户偏好引导新兴企业的发展，引导风险投资和新兴技术的紧密结合，以高风险偏好的资本促进新技术的开发。市场是高新技术企业发展的基本指引和导向，其对新兴技术企业的发展起着基础性的调节作用，但不可否认政府在新兴技术产业发展的初级阶段也扮演着关键的角色，相关部门应当着力建设完善的创新支持机制，通过制度和管理创新为高新企业营造良好的外部环境，如通过放宽准入门槛、简化审批程序等手段，为资本有序高效地进入相关行业提供制度上的保证。

4. 实体经济与虚拟经济的关系

改革开放以来，我国的资本市场取得了长足发展，金融市场也正在逐步的完善和建设。近年来，各类资产证券化的趋势也愈发明显，这是资本市场发展的表现之一，同时，资产泡沫化的趋势也日益显现，不少制造业企业舍本逐末，不再将经营的重心放置于企业的生产经营上，忽视企业的创新和管理，而是将目光转向地产投机、证券投资、资本借贷等非实体经济部门，有些制造业企业甚至将此类投资作为主业经营和主要的利润来源，出现了制造业资本向借贷市场转移的趋势。一些制造业企业为了既定的目标，片面地追求优异的财务指标，而忽视了提升自身的技术创新和组织管理效率，这势必造成企业产品优势的丧失和竞争力的降低。例如在民间资本较为发达的浙江，有调研报告显示，浙江百强民营企业中有超过 2/3 涉足房地产，在一些泡沫较大的行业，"浙商资本"成了最主要的游资，大量的民间资本积聚于虚拟资本领域，造成了借贷资源的严重分配不均，需要资本支持的制造业企业面临资金紧缺、资金成本高昂等困难，而资金面相对宽松的企业和组织却将其投资于楼市、股市造成虚拟经济泛滥而实体经济毫无生气的怪象。此种实体经济和虚拟经济之间的不协调性必须得以扭转，否则虚拟经济不能够发挥其对实体经济的润滑和推动作用，制造业的发展也举步维艰。

5. 龙头企业与中小企业的关系

在某种意义上，产业转型升级过程可以看成是产业组织由原子式的竞争转变为领导式的市场竞争的过程。目前我国制造业企业 95%以上都是中小企业，还处在原子式的竞争环境中，需要引导企业发展壮大实现大企业领导式的竞争。我国制造业目前的发展状况存在创新能力弱、技术能力差，且难以大规模实施有利于产业升级的良好项目。小规模经营的制造业企业生产结构决定了企业在市场开拓成本、销售渠道、法律、财务等方面均不占优势，很难在竞争激烈的环境中生存。因而，迫切需要形成中小企业和大企业之间的良性互动机制，将二者的产业配套紧密联系在一起，促进专业化分工协作网络的形成，让中小企业逐步参与到大企业领导的产业分工当中，实现制造业产业内的良性互动。

随着制造业总体发展水平的提升和结构的不断完善，产业梯度转移成制造业发展的必经阶段。从我国制造业的发展状况来看，原本集中于东部地区的制造业，由于逐渐失去了低劳动力成本、低土地价格等优势，逐渐向中西部地区转移，北京、广东和浙江等地的一些制造业企业已经有了向中西部转移的迹象和态势，有些产业转出地区甚至出现了一定程度的产业空心化现象，这势必威胁到一个地区的经济发展。因而，今后在把握制造业发展和创新时，应着重把握以上五方面的内容，将制造业发展推向更高的水平。

三、创新驱动与制造业转型发展的关系

创新驱动与制造业的转型发展是不可割裂的两个部分，创新驱动是制造业转型发展的重要动力，而制造业的转型又必须以创新驱动为主要手段。要实现我国制造业由传统的要素驱动向创新驱动顺利转变，由传统的比较优势向现代竞争优势转变，真正由制造业大国向制造业强国跳跃，必须要以创新驱动制造业转型发展，提高制造业和经济发展效率。为实现制造业的成功转型和国民经济的健康发展，培育相关产业的国际竞争力，今后必须正确处理好二者之间的关系。

（一）创新驱动是制造业转型发展的重要动力

我国制造业长期以来依赖要素投入刺激发展，这种要素推动型的发展模式将随着比较优势和成本优势的丧失而垮塌。因而，积极转变制造业发展方式，依靠技术、制度、知识等创新因素推动制造业的转型和发展，提升制造业整体的价值链空间显得尤为重要。新时期创新驱动已是我国制造业进一步发展的重要动力之一，引导制造业主体通过技术革新、制度改革等创新举措推动制造业转型刻不容缓。

1. 技术创新是提升制造业核心竞争的关键动力

通过技术创新提升制造业企业的知识和技术能力，促进其核心竞争力的提升。要想大力提高制造业整体产业的综合竞争力，不仅要从整体上把握和提升行业的创新能力，还要抓住关键，着重解决我国制造业技术创新过程中的壁垒和薄弱环节，促进企业技术创新与产业整体竞争力之间形成良好的良性互动。科研经费的投入和新技术的投入是企业改变生产方式、提升生产效率的主要动力源泉。企业是技术创新的主体，在技术创新过程中应树立基本的主体意识，应通过自筹资金、设立创新基金等方式加大科研投入，实现技术创新的突破并反馈给生产部门，从而提升其内在创新力和核心竞争力，增强其在行业中的竞争力。就我国制造业目前的状况来看，制造业企业的技术创新能力还较弱，企业个体和行业整体还未真正实现和建立起行之有效的技术创新体系，拥有自主知识产权的产品和技术可谓凤毛麟角，这在很大程度上归因于企业技术创新意识较弱，缺乏市场主体意识和技术创新主力军意识。而我国制造业创新能力的不足和技术开发的落后

性，导致国际竞争力也较弱，在国际竞争和市场中常处于弱势地位。因此，把握技术创新这一关键动力，提升制造业核心竞争力不容小觑。

2. 创新可以转化为生产力

创新转化能力是创新对制造业企业转型作用的又一重要动力和体现，制造业企业除了关注技术创新资源的投入量，还应关注技术创新资源的生产转化率，即技术创新的"质"。创新的生产转换率或成果转换率较技术创新资源的投入量更为重要，其关系到企业利用技术创新资源的真实效率，直接决定了企业科研投入的成果和有效性。只有持续不断地进行产品创新，推陈出新，才能够把握市场竞争的主动权，抢占优势地位。目前我国制造业在产品开发升级方面还较为薄弱，制造业企业往往只是停留在模仿的层次上，尚缺乏创新理念和行动。一方面，许多制造业企业的创新往往只是停留在研究层面上，不能够将研究成果转化为产品，转化为市场所需求的要素或产品，真正达到研究和生产的紧密结合。另一方面，我国制造业整体上还属于供过于求的买方市场状态，企业若想在激烈的竞争中脱颖而出，则必须要以市场需求和用户体验为导向，通过创新赢得先机。总体而言，我国制造业应改变目前创新转化能力弱的局面，改变成果转化率低的研究困境，真正发挥创新对制造业转型的驱动作用。

3. 创新驱动企业自主创新能力的提升

企业应是现代技术创新的主体，是技术革新的主要推动者。通过技术、制度等变革可以促进企业技术水平和效率的提升。自主创新不仅是企业生存发展的核心，也是一个国家竞争力的关键，只有全面提升企业的自主创新能力，使其拥有自主知识产权，才能够突破先进国家的技术垄断和种种限制，提升发展中国家制造业发展的水平和国际竞争力。目前我国制造业企业还未成为创新主体，创新并不是企业竞争力和绩效的主要来源。随着市场竞争的日益激烈，只有通过技术和制度革新，才能提升企业的自主能力和内在活力，推动制造业的转型。现阶段加快建设和完善企业主导下的制造业创新体系，支持制造业企业开展自主知识产权、产品和技术的开发，打造知名品牌和提升企业的研发能力亟需提到议事日程之上。

（二）制造业转型发展必须以创新驱动为主要手段

创新不仅是驱动制造业转型的重要动力，同时也是促进制造业升级的主要手段，只有依靠创新才能够真正改变我国低效的要素驱动发展模式，推动制造业由传统依赖要素、成本驱动的粗放型向以高新技术为导向的创新驱动型转变。创新驱动作为推动我国制造业转型发展手段主要体现在科技进步和内部管理机制两个方面。

1. 科技进步

"科学技术是第一生产力"的规律在现代经济发展过程和激烈的市场竞争中表现得尤为明显，多数企业也已经意识到更新生产设备、改进生产技术对自身发展的重要性。科技创新是时刻进行永不停歇的，基础研究、开发研究和应用研究是技术革新必不可少的三个环节，每一个环节都关系到产品的创新和行业总体的转型。基础研究的新理论和新观点在开发研究中得以运用，将科学理论知识运用到新的产品和设备之中，在此基础上进行应用研究和开发，将研究成果最终转换为具备现实生产效率的生产设备或技术。

这种内在的科技创新逻辑促使新旧技术不断更替，推动生产系统、产品系统和市场的不断更迭，进而促进制造业整体结构的改善和转型。科技创新对制造业转型的作用可以形象地概括如图9-2所示。

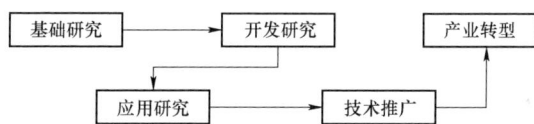

图9-2 技术创新与制造业转型关系图解

2. 内部管理机制

制造业整体的转型必须依赖企业这一创新主体，制造业企业的自主创新活动是由其内在驱动因素和外在动力要素共同作用产生的，企业自主创新是较为复杂的经济行为，把握企业的内部管理机制是弄清企业创新行动的必要内容。企业创新内部管理机制，改进内部制度安排的主要目的是通过改进内部制度，激励员工的生产积极性，促进企业生产技术和生产效率的提升，进而改变落后的生产方式，推动制造业整体的转型。内部管理制度的革新，主要体现在改变对企业员工的激励机制上。通过变革员工的激励方式，形成富有成效的长期激励机制，促使企业提升员工的人力资本价值。根据马斯洛需求层次理论，物质需求是满足员工最为基本和最初级的激励方式，在此基础上应该利用高层次的需求来激励员工。例如利用职业理想的追求、自我价值的实现等高层次的需求激励企业员工最大程度地激发潜能。此外，企业的内部管理制度还体现在企业内部各个职能部门的职责协调上，通过设置合理的协调管理机制，不仅能够提升管理的效率，还能够大大降低管理成本，这将间接推动制造业企业整体素质和竞争力的提升，促进制造业整体的转型。

（三）创新驱动与制造业转型发展是理念与实践的融合

创新驱动与制造业转型发展是密不可分、相辅相成的两个维度，创新驱动是制造业转型发展的动力和手段，也是推进我国制造业由要素驱动向创新驱动转变的必要动力机制。目前，我国制造业处于转型的关键时期，在发展过程中应坚持创新驱动与制造业转型相结合，将创新驱动理念贯穿于经济发展的各个环节，真正依靠创新促进制造业和经济整体的转型。

对于我国而言，将创新驱动理念贯穿到制造业发展的各个环节中尤为必要，这有利于提升我国制造业的竞争力和发展水平，促进我国经济保持平稳较快的发展，形成真正意义上的创新制造业体系。从中观层面来看，创新驱动发展理念的执行有利于我国制造业结构乃至整体产业结构的优化升级，有利于创新集群效应的发挥，增加知识因素对企业生产效率的提升，推进制造业整体的繁荣升级。从微观层面来看，创新驱动制造业发展将有利于提高单个制造业企业的生产效率和经济效益，促进企业转变生产方式，使其转变为掌握核心技术的创新型现代企业。

创新驱动是一种鼓励先进、科学合理的发展思维，是我国特色社会主义理论的重要理论范畴和研究课题之一。转变传统要素驱动的发展模式，以创新驱动推动实体经济转型发展，在本质上是指要更多地依靠知识积累和技术进步，将知识和技术转化为现实的生产力，摆脱依赖劳动力和资源禀赋优势的传统发展模式。从转型的实现途径上看，推动制造业的转型，必须要谋求新的产业结构突破，使得知识和技术真正成为产业的真实需求。因而，以"高、精、尖"为代表的战略新兴产业必须成为新兴的市场导向，以智力因素推进产业升级。人才是现代经济发展的关键因素，人才资源是第一资源。强大的实体经济离不开强大的人才队伍支持，创新驱动和转型发展必须要以人的素质的提高为条件，只有依靠大批高素质、高技能的人才才能够推动现代知识经济的发展和崛起。因而，对知识经济起关键作用的科研机构、生产企业等应为工作人员提供知识积累的条件，培育新思路、新方法，促使社会科学和技术研究、管理水平和经营条件不断地改善，推动生产力的全面升级。

创新驱动与制造业转型之间是密不可分的，坚持以创新驱动转变经济发展方式，扎实推动经济结构的合理转型，不仅是党的十八大明确提出的重大发展战略，也是新时期我国坚持经济改革发展的重大举措，其强调科技创新是提高社会生产力和综合国力的战略支撑。从国际上看，世界范围内新的技术革命方兴未艾，技术革命不断孕育出新的突破，全球技术革新和知识创造的速度正日益加快，新技术在不断地释放出新的生产能量，全球进入了空前的创新密集时代；而从国内看，我国人均资源占有量低、劳动力成本优势逐渐降低等经济"短板"正日益凸显，环境污染、节能减排等也面临着严峻的挑战，因而创新驱动正成为我国目前经济转型发展最为重要的手段和动力，在实践中必须坚持将创新驱动与转型发展理念紧密结合，提高全社会的科学文化水平，倡导创新活动。

第二节　技术创新驱动制造业转型升级的路径

技术创新不仅仅一种技术发明行为，更是将技术创新成果转化为生产力，创造增加值的商业化和产业化过程。技术创新驱动制造业升级是由创新要素、创新成果、市场需求（或创新成果转化）和创新生态与机制等方面因素共同推动的。因此，技术创新的作用不仅仅需要创新要素的大量投入，以及提高创新成果产出，更需要将技术创新成果应用到具体的产业中，提高创新成果的转化率，进而提升产业的科技含量，推动产业向高级化转变，实现制造业升级。故本书拟从行业层次和产业链角度对技术创新对制造业升级作用的具体路径进行研究，具体作用路径如下。

一、技术创新促进传统产业的新兴化带动制造业升级

从产业生命周期理论来看，技术创新能力的高低通常能够决定着一个产业的兴衰与发展。技术创新可以促进一个新产业的兴起、发展与成熟，但持续创新动力的缺乏也会导致一个产业的衰败。技术创新与传统产业并不矛盾，技术创新既要促进新产业和部门的形成，又要通过技术的扩散与传播促使传统产业

的技术水平提升，进而促进产业升级。

传统产业的新兴化本质上讲是指将技术创新成果运用到传统产业的生产中，提升原有传统产业部门的技术能力，延缓制造业产业衰退。技术创新使得传统产业或部门通过采用新的技术、新工艺和新装备来提升其技术水平，提高产业的生产效率和生产能力，并推动原有产业部门和产品的更新换代，甚至创造出新的产品。传统产业技术的革新和装备的改良不仅会提高产业的劳动生产率，而且会降低产业的生产成本，能够生产技术含量和附加值高的产品，促使传统产业转向高度化。然而，新技术范式的引入，也会促进传统产业部门的新兴化。技术创新促使传统产业新兴化主要在于将高新技术产业的先进生产技术注入传统产业中，并加快传统产业对先进技术的吸收和转化，从而使传统产业技术创新突破原有的技术框架，开发新的技术进步路径，创造出新的高附加值产品。

因此，制造业企业将技术创新成果融入到传统产业生产中，既能够改善传统产业的技术水平，提高传统产业的生产效率，使传统产业向高度化方向转变；也能够通过引入新的技术范式促进传统产业的新兴化，进而促进制造业升级。

二、技术创新通过促进新兴产业规模化推动制造业升级

新兴产业是指随着新技术创新成果和新技术的发明与应用而出现的新的部门和行业。它既指现有生产中采用全新的技术范式的已有生产部门或行业，也指随着技术创新成果的应用而产生的新生产部门。新兴产业的产生是技术进步的重要体现，也是社会需求对制造业生产系统提出的新要求。

技术创新能够通过引进新的生产要素组合，引致新兴产业的形成，同时也会通过成果的运用促使新兴产业的规模化发展。新兴产业的规模化发展一方面是指新兴产业本身的产业规模在制造业中的比重较高，这主要在于新兴产业采用新的技术创新成果，能够降低企业的生产成本，提高企业的生产效率，进而提高产业的市场竞争力，促进产业规模的不断扩大。另一方面新产业的出现，往往会带动上、下游关联行业的形成，进而会形成一个新的产业集群，行业间的产业关联的加强，有利于技术扩散、传播，从而会提高技术创新成果的规模化收益。

因此，技术创新能够带动新兴产业的形成与发展，并带动相关关联产业的

发展，形成制造业产业的集群式发展。而新兴产业往往是采用新技术创新成果和技术发明的部门和行业，因此新兴产业的发展将会带动制造业向高技术水平方向发展，提升整个集群内制造业的技术水平，增加制造业产品的附加值。

三、技术创新通过促进主导产业的多元化和更替推动制造业升级

主导产业发展进入成熟阶段，随着技术的成熟，会导致市场的供应量趋向饱和，从而使得产品的市场需求弹性缩小，主导企业要想获得发展，必须通过技术创新，引入新的生产要素组合，促进主导产业的升级。主导产业更替的主要影响在于技术创新，与先进技术创新联系越紧密的产业，其发展的潜力就会越大；反之技术创新缓慢的产业，则会被技术创新速率较快的产业所代替，从而引起主导产业的更替。虽然主导产业的技术创新能力较强，能够吸收最新的技术创新成果并能够将这些成果产业化，提高自身的发展速率；但是，进入成熟期的主导产业，渐进性的技术创新逐渐取代突破性技术创新，主导产业的增长速率逐渐平稳并逐步转向减缓。此时，新的突破性技术的出现将会催生新兴产业，带来新一轮的产业变动和升级。

主导产业具有较强的产业关联性，其发展能够通过关联效应带动相关产业的整体发展。技术创新既能够促进原有主导产业的技术水平的提升，促进主导产业的多元化，也能够通过带动新兴产业的发展进而促进主导产业的更替。无论技术创新促进主导产业的多元化还是更替，都会提高制造业的技术水平，进而会提高对相关产业的需求。主导产业的上下游关联企业必须依靠技术创新，提升自身产品的质量，才能满足主导产业的需求，否则会被采用新技术创新成果的部门所代替，最终将会被淘汰。因此，技术创新促进主导产业多元化和更替，既能够促使主导产业持续向高技术水平转化，增加产业的附加值，又能够带动相关产业技术水平的提升，从而促进制造业升级。

四、技术创新通过改善对外贸易促进制造业升级

信息、技术和新知识既可以通过国际货物贸易得以传播和扩散，进而影响贸易对象的技术水平，提升技术落后国家的科技水平；也可以通过国际技术贸易直接促进贸易对象国的技术进步，进而促进其产业升级。技术创新对对外贸易的改善主要在于一方面技术创新能力的提高，能够促进制造业整体技术水平

的提升，提高企业的将技术引进消化能力，实现技术再创新，推动制造业不断向高技术水平发展；另一方面，新技术创新成果的应用，可以创造出新的高附加值产品，从而改变进出口产品的科技含量，改变国际市场产品竞争和我国进出口贸易结构。技术创新是提升一个国家科技实力和国际竞争力的根本途径，拥有先进技术、雄厚资金积累的发达国家能够把低端产业转向发展中国家，集中资源用于经营和生产具有高附加值的产品和环节，从而能够提高自身的国际竞争力。改革开放以来，随着我国技术水平的不断提高，我国在国际贸易中的地位不断得到提升，出口产品逐步由初级、低附加值向高级、高附加值转变，产品的竞争力相对提高。

在全球价值链中，发达国家凭借其先进的技术优势，将发展中国家锁定在价值链低端；但是，随着发展中国家技术创新水平的不断提升，其在全球价值链的地位将逐步地向价值链的两端延伸。因此，技术创新是处于价值链低端国家向价值链高端延伸的关键动力。我国制造业必须通过加大技术创新要素投入，提高技术创新能力，增加自身产品的科技含量，提高自身产品的质量，实现由低附加值的加工组装向附加值相对较高的贴牌生产和自行设计生产环节转变，进而向更加高端的自有品牌生产转变。同时，技术创新能力的提升，也有利于我国对先进技术的引进，提升我国参与国际先进技术创新的能力，改善我国在全球价值链中的位置，提升我国制造业的竞争力，实现我国制造业由价值链低端向高端的转变。

五、技术创新通过技术扩散和消化吸收再创新推动制造业整体升级

从技术创新的过程看，技术创新始于某单一产业而非所有的产业技术创新的共同提升，但并不局限在这一单一产业内部，而是首先在某一产业内迅速、有效地积聚，然后通过部门之间的产业关联，即通过前向关联和后向关联的扩散，促进技术创新成果在不同的产业之间的传播；同时，技术创新的扩散和市场需求的差异性与多样性，又会引致企业在已有技术创新引进基础上的消化吸收再创新，进而推动整个产业系统的技术升级，为整个产业系统带来创新效应。

从生命周期角度考察技术创新产业间的传导过程，可以发现在技术创新初始阶段，产业间的关联合作相对较少，技术创新活动比较独立。然而，随着某一产业技术创新成果的应用，由于创新带来的技术垄断优势，给率先进行技术

创新的产业带来经济利润。这将会增大市场的竞争压力，促使低水平技术创新产业加大对技术创新活动的重视，并试图进行跨产业技术创新成果的吸收与引进，并根据市场需求的变化，进行技术创新成果的再创新。随着产业间技术联系的日益加强，各产业之间开始注重技术的合作开发与创新资源的流动，促进产业资源在不同创新主体之间的流动，提高资源的配置效率。因此，产业之间这种周而复始、循环往复的技术创新扩散和消化引进再创新，会不断推动制造业向高技术水平转变，进而不断提高制造业创造经济价值的能力，推动制造业整体升级。

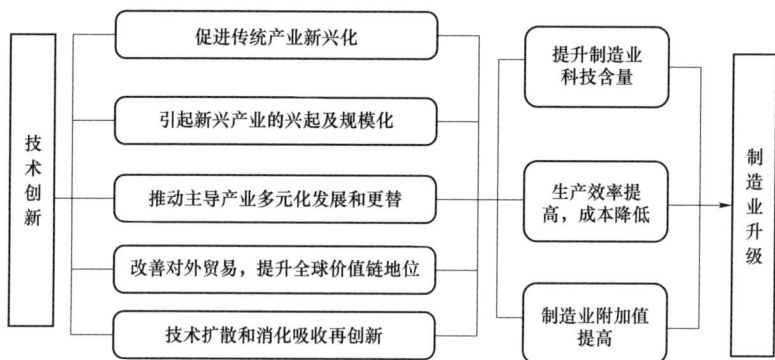

图 9-3　技术创新驱动制造业升级的作用途径

技术创新驱动制造业升级的作用途径可用图 9-3 表示。综合以上分析，技术创新对制造业升级的具体作用途径主要通过技术创新投入与成果的应用，促进制造业的技术水平的提升，优化要素的配置比例，提高生产的转换率，进而促进制造业创造附加值能力的提升，增强制造业的竞争能力，实现制造业的高级化。持续的技术创新能够推动制造业由价值链的低端不断向高端延伸，实现制造业由劳动密集型产业向资本密集型和技术密集型产业的转变，进而提高制造业创造附加值的能力。

第三节　技术创新模式影响制造业转型升级的政策建议

中国制造业应该根据行业技术异质性特征，在技术革命的"机会窗口期"，通过适宜的技术创新模式选择，推动制造业转型升级。

一、推动高技术制造业自主创新的跨越发展

（一）建设高效协同的技术创新网络平台

金融危机以来，发达国家非常重视技术创新网络平台的建设。美国、英国等国家相继提出了国家创新网络，努力抢占技术创新的制高点。国家创新网络是连接基础研究和应用研究的桥梁，同时也是原始创新的重要来源。政府、科研机构、高校和企业等部门共同构成了创新网络平台的主体，推动前沿技术和核心技术的创新突破。所以，中国要加快建设完善的国家制造业创新体系，提升高技术制造业的创新能力和竞争力。

这就需要依托现有国家实验室等创新平台，着力构建政府、企业、高校和科研院所等多方联动的制造业创新网络体系，并推进不同创新主体之间合理分工及协同合作。相比发达国家，目前中国完善的协同创新网络体系依然没有建立起来，部分协同创新中心仅是顺应国家申报的热潮而创立的，并无突破性成果的产出。政府、科研机构、高校和企业等部门的创新资源相对分散，尚未形成集聚效应。所以，中国应该模仿发达国家创新网络平台建设，加强创新网络平台中上、下游企业、科研院所等资源的整合。发挥各自领域的专业优势，做到资源共享和优势互补。另外，需要在行政工作上建立专业的技术转移办公室，辅助国家制造业创新网络体系的功能运转。科研成果的转化需要单独的部门来推进，而并非依靠技术研发者一人进行。所以，中国需要建立这样的技术转移办公室，让专业化人才负责知识产权的转移工作。通过这种开放、协同、高效的技术研发网络平台，可以提高科技创新对产业发展的支撑能力，帮助高技术制造业跨越基础研究到产业化之间的"死亡之谷"。

（二）加速高端科技人才队伍的建设

科技人才是技术创新的执行者，直接影响着技术创新的结果。所以，必须加快推进高端科技人才队伍的建设，加大对人才的支持力度，坚持培养人才与引进人才相结合，支持优秀人才在创新实践中迅速成长。逐步形成开放有序，充满活力的人才制度。

第一，政策导向上以明确培育和吸引科技人才为主。首先要营造一个积极的创新氛围，从战略上着眼吸引科技人才的集聚。这就需要了解海内外人才的

迫切需求，根据人才层次、类型、领域的不同需求，出台形式多样的人才政策和规定。打破人才流动的限制，瞄准前沿科技与市场需求动态，鼓励创新型科技人才柔性服务。吸引有创新经验的企业家和科技人员兼职教学科研，支持国外重点学科带头人在中国工作。而且，还要充分发挥激励机制的作用，借助建设创新型国家的机遇，通过多种途径设立各种扶持科技人才发展的基金，为创新人才提供所需要的科研条件和扶持体系。加大国家自然科学基金的投入，以此吸引国内外优秀科技专家和科技团队，解决中国产业发展中的重大科学问题，提升中国基础研究能力和水平。

第二，在高校建立"二级孵化器"，提高科技人才对科技成果经济价值和应用价值的重视。当前中国高校科技成果转化率非常低，所以需要培育高校科研人员企业家精神。但是这并非让科研人员放弃基础研究，只注重科技应用，方向定位需要明确。美国、德国、日本等国家，大学每年的专利被转让的比例非常高，但是中国的大学就低太多了，数以千计的专利申请数量能够转化的十分稀少，大部分研究不具备应用价值。所以，需要强调高校科学研究和专利申请的有效性，这就需要培育高校科研人员的企业家精神，但前提是要把科技创新的投资壁垒打破。因为不是每个教授都能承担起高精尖技术仪器设备的投入花费。所以，可以在学院建立"二级孵化器"，把国家和企业投资的技术平台转移到大学科研人员的实验室，并提供专业化的技术人员配合协助。可以借鉴高科技产业孵化器的案例，高校免费提供场地或者以很低的租金提供场地，里面有仪器设备，吸引投资使其变成高科技的公司，将高校优势和社会优势结合起来，促进科技成果转化。

第三，完善教育体系，加快高端应用型、技术技能人才的培育。当前中国正处于工业化中后期阶段，技能型人才承担着科技研发后的产出环节。但中国当前培育高层次技术人才的技术院校寥寥无几，已经成为中国制造业精细化生产的阻碍。所以中国急需建立起覆盖现代化的技能型职业学校，完善人才培养的教育体系，提高技术院校的培育层次，确保科技成果的有效转化。重点提高对技术学校资金的投入和高端技术设备方面的投入，给予技能型人才良好的学习环境。保证学校使用的是最前沿的生产设备，让学生接触的也是最前沿的生产设备。通过高端技术技能人才的培育，实现与高端研发人才的相互补充，确保科技研发可以转化为现实生产力。

（三）重视并加大基础研究的投入

高技术制造业是研发活动最为活跃的领域，近年来中国高技术制造业不断突破，但是在技术追赶的过程中，中国更多地关注试验发展研究，忽视了最根本的基础研究，同时也没有国际性的大型应用研究机构。所以导致中国在高端制造业和高科技产业上，核心技术缺失，原始创新能力较差，无论是在精密加工还是尖端系统技术整合，与世界上的老牌工业国家还有很大的差距。

第一，需要提高基础研究投入占比，并扩展基础研究的经费来源。基础研究是技术创新的源头和理论基础，决定着一个国家技术创新的广度和深度。基础研究投入的不足对中国高技术制造业核心竞争力的获得产生了严重的消极影响，导致中国制造业在高技术方面常常出现发达国家"卡脖子"的情况。所以必须提高基础研究经费的投入比重，不能急功近利。把基础研究做扎实，才能解决核心零部件和核心技术自主供给的问题。另外，中国在基础研发经费的投入上，几乎全部来自中央，地方政府和企业很少对其进行投入，经费来源十分单一。因此，应率先引导地方政府重视基础研究，加大地方政府对基础研究的资金配套，围绕有利于社会发展中的重大问题进行布局。在有条件的基础上，也应该积极鼓励企业和高校进行基础研究的投入。美国基础研究的投资方包括政府（联邦政府和地方政府）、企业、高校和其他非营利组织等，共同形成了创新生态系统。所以，中国对基础研究的投入应该逐步形成中央政府、地方政府、高校、企业共同承担的联动格局。

第二，中国还需要建立具有国际影响力的基础研究协会和应用研究协会，加强原始创新能力，并提高知识向商业的转化能力。基础研究机构主要负责基础学科领域的研究，通过知识的积累为原始创新提供动力和理论支撑。应用研究机构主要是在基础研究之后的关键环节，应用研究机构承担企业和政府委托的科研项目，致力于技术与组织环节可实际运用的成熟方案的开发。参考应用研究机构德国弗朗霍夫协会和基础研究机构德国马克斯-普朗克协会，建立起类似的具有规模性、有影响力的研究协会，并积极开展国际研究合作。在国际范围上，加强这些研究协会与世界领先协会的交流与合作，在合作中实现共同发展。同时，还需要建立起能针对技术发展和市场需求及时反应的灵活机制，这是科研创新成功的关键。通过签订"合同"的运作模式就可以实现这种机制，企业提出需求并委托研究机构进行研发，政府给予部分资金的配套补贴。这样做可以使科研紧密联系市场，并且保持了研发机构的部分公益性。

（四）优先布局自主创新的重点领域

原始创新的产出需要善于发现重大问题，需要具有战略视野并善于组织团队。当前，全球制造业技术更新速度不断加快，市场需求日新月异。这就需要在产业发展过程中，能够判断出市场的发展趋势和技术的改革方向，优先布局自主创新的重点领域。

第一，提前布局未来 5 年乃至更长久的自主创新重点领域。中国大部分技术研发领域，都是以急需为主导，然后进行快速的重点攻关。没有形成从基础研究到应用研究，再到产业应用这样全产业链的稳健结构。重大技术的研发历时较长，这就需要围绕国家安全和社会发展需求，提前布局新技术的可靠性试验。建立更多的制造业创新中心，以战略产业为突破点，例如新一代信息技术、高档数控机床、机器人、海洋工程装备、航空航天、先进轨道交通、新材料、农业装备、高性能医疗器械及生物医药等领域。每个领域均布局大型的国家制造业创新中心，并以企业和高校为主体，产学研相结合。形成以国家为核心，企业高校为分支的制造业创新中心体系建设，按照"成熟一个、启动一个"的原则进行推进。

第二，各部门必须切实做好顶层设计，瞄准世界科技前沿，充分发挥群体智慧。主要以国家战略为导向，促进各个学科的交叉融合，在可能产生革命性的重点领域率先突破。并且积极与沿线国家开展研发及产业化应用合作，聚焦经济社会发展中面临的关键共性技术等问题进行合作交流。在政策上，还需要鼓励科学家自由探索，充分发挥科研人员的积极性，加大对科研人员自由探索的支持力度，鼓励科研人员在失败率高但突破性强的领域进行自主创新。

二、提高中低技术制造业的创新动力和工艺水平

（一）发挥政府对自主创新的引导作用

当前中国大部分的中低技术制造业处于高度竞争的状态，技术含量及附加值较低，主要以成本竞争为主。在经济下行的驱使下，产能过剩十分严重，进而导致利润被极度压缩。由于自主创新投入大、风险大，所以即使是在鼓励自

主创新的大背景下，大部分中低技术制造业依然不敢甚至不愿创新，主要还是以购买国外先进产品作为样本进行开发，自主创新能力和动力非常低。因此，激发中低技术制造业自主创新的动力，必须要发动国家这双"有形的手"的作用。

第一，政府要出台奖励政策，鼓励引导中低技术制造业进行创新。对具有科研能力的行业实施收购，从而获得创新能力。在技术方面，并不一定只依靠自身来获得雄厚的科技实力，通过外界技术的整合和收购等方式，也是快速获得技术提高的重要途径。除了并购之外，中低技术制造业也应该培育起自己的技术研发中心。这需要政府的财政支持，协助中低技术制造企业建立大型的研发中心。从经济的角度看，研发中心的建立必将吸引大量的科技人才。这可以在一定程度上大幅度提高中低技术制造业的研发能力，助推中低技术制造业转型升级。所以，政府应该在税收、土地等各方面给予相应的优惠政策，协助中低技术制造业培育技术研发中心。

第二，政府应设立专项资金，为中低技术制造业自主创新注入源动力。众多的中低技术制造业资源条件有限，自身科研能力普遍不足。所以应该在市级财政设置专项扶持资金，对具有前瞻性意义的国家级和省级服务平台，在项目成熟前期，给予必要的资金扶持。验收通过之后，在前三年培育期，每年给予运营资金支持。对于重点突破领域的服务平台建设，除上述支持政策外，可采取"一事一议"方式予以追加扶持。

（二）运用高技术推动工艺的改良和创新

中国中低技术制造业仍然存在专业化水平低，应该重视中低技术制造业的工艺创新及技术上的持续改良，善于将社会上现有的技术和知识进行智能化改进，并与高技术进行结。

第一，利用大数据挖掘市场需求，在此基础上迎合市场需求，有针对性的改良工艺。大数据技术端存储着海量数据，掌握着先进的分析技术，了解市场的需求点。市场应用端的专业人士通过对数据的挖掘，可以探索数据背后的价值问题，致力于为客户提供有针对性的服务。中低技术制造行业可以从两方面去利用大数据系统：其一是与大数据平台合作，大数据行业内人士必须深入到中低技术制造行业的业务流程中去学习、经历和现场体验，为行业的发展提供精准的信息；其二是在内部自己建立大数据平台，招聘兼具一定大数据知识的人才，根据业务数据需求，基于数据仓库平台，进行针对性的技术改良。

第二，利用高技术对行业进行智能化改进，提升中低技术制造业的附加值。近年来人工智能技术正在深入改造制造行业，并参与到制造业转型升级的浪潮中来。智能制造或者自动化制造可以改造中低技术制造业工艺设计的生产流程，以及质量监控等环节，制造业的制造能力、生产效率和整体竞争力借此得以提升。所以在政府层面，应该对中低技术制造业技术改造的进程进行系统的规划，通过合作或者投资等手段，支持中低技术制造业借用高技术提升工艺水平。

第三，提高专业技术人员的综合素质能力。随着科学技术的快速发展，特别是电子技术、通信技术与信息技术在众多领域的广泛使用，对专业技术人员的理论知识和实践工作能力有了更高的要求。部分员工对新技术的不适应在一定程度上阻碍了工艺的改良。所以，必须要加强员工培训，培养一批具有较高综合素质和创新能力的专业技术人员。具体实施路径上，需要建立长效的考核机制，与收入直接挂钩，促使员工形成工作和学习双向进行的理念，最大限度地发挥技术人员的学习积极性。通过培育和提升专业技术人员的综合素质水平，使产品的工艺实现高端化改造。

（三）加强生产全过程中工匠精神的培育

"工匠精神"是工匠对产品精雕细琢的理念。创新创造、严谨专注、精益求精是工匠精神的核心内涵。中国制造业的规模已经十分庞大，但大多数中低技术制造业更多采用粗放的生产模式，对于品质和精细化生产的能力不够，而且精细化装备也比较薄弱。所以，中国中低技术制造业要想在国际上具有竞争力，应该把对工艺精益求精的追求，看作是产品的一种自身价值和文化内涵，将工匠精神植入生产经营的每一个环节。以工匠精神打磨"中国制造"，助推中国制造业转型升级。

第一，需要变革商业理念，追求质量的精雕细琢和精益求精。中国中低技术制造业缺的不是制造能力，大部分都可以实现规模化生产，缺少的是追求完美的商业价值的理念。"工匠精神"是一种文化，是坚持、坚定、坚守的决心，严谨、严格、严肃的态度，专业、专注、专研的精神。通过技艺的持续性改进和高标准要求，体现了产品的创意和人文关怀。但是中国的中低技术制造业长期以来奉行"短、平、快"的商业文化，走的是依靠价格优势占领市场份额的发展路径。仅仅依靠规模化粗放式的生产模式，在消费升级理念下已经很难再去满足市场的需求，更不利于中国制造业在国际上的竞争力。所以要重视商业价值的改变，把品质第一作为最大的价值追求和商业理念。

第二，将"工匠精神"的特质注入生产的源头中。企业家在企业中具有独特的地位，是企业竞争力的指导者。如果企业家深受"工匠精神"的影响，那么自上而下的传导将深刻影响着企业的核心价值。苹果产品的卓越品质离不开乔布斯对产品的精益求精，苹果产品在生产源头就注入了"工匠精神"的特质。所以，关注企业家的领导作用，在经营管理的全过程注入精益求精的精神，最终才能生产出具有"工匠精神"的产品。

第三，需尊重匠人价值。马克斯·韦伯认为努力工作的人们就像虔诚的信徒一样，心中具有信仰的劳动者可以全心投入到经济建设中，即价值立场对人的行为影响很大。所以说，由"中国制造"向"中国质造"转变的核心在于人。中国应该营造尊重匠心价值的氛围，让追求匠心精神的员工得到更多的物质回报。在整个社会中，使"工匠精神"成为一种精神追求和价值取向。

（四）制定严格的生产标准化制度

中国制造业具有很大的生产规模，要想推动中低技术制造业工艺水平不断提升，需要从源头着手。制定严格的生产标准化制度，这是中低技术制造业实现质量提升的基础和必备条件。

第一，对标国际标准和国外先进标准，在中低技术制造领域制定拥有自主知识产权的高水平制造标准。把标准引领与技术创新深入结合，通过不断强化对标、达标，加快打造以技术和标准为核心的质量优势。根据技术革命的发展趋势，对生产线实施智能化技术改造，推动传统制造模式向智能制造模式的发展，减少工厂所需人力。在智能生产的标准下，积极推行同线、同标、同质标准，开展产品质量对标、达标活动，使国内中低技术产品具有国际化的生产标准，摆脱粗放制造的生产模式。大力培育质量标杆企业，加强优质产品供给，在传统的中低制造领域打响"中国制造"品牌，提升中国制造整体的品牌效应。

第二，在制定标准基础上需要落实配套的监督和执行。如果缺乏有力的执行，那么标准能够落实的可能性也不会很大。所以需要强化标准的监督、执行和监察力度，对不符合标准制造的企业加大惩罚力度。一旦发现不合格的产品，责令企业停止生产、销售，没收相关产品并进行罚款。为了实现对产品的精准化检测，需要加强检验检测认证体系的建设。建设一批高水平的质检中心，提高相关标准制定工作人员的综合素质，推进质量检查的数字化建设，引进一批高精尖质检仪器装备和检测技术，促进中国质检认证机构做强做大，以配合标准化监督的实施，这是真正落实制造业标准化生产的基础和条件。

第三，标准化的实施需要全社会包括政府、企业、消费者共同的参与，也需要很多公共服务去支撑。中国中低技术制造业之所以行业生产标准不高，与消费者的消费理念也有很大的关系。虽然随着人民生活水平的不断提高，居民的消费不断升级。但是对于中低技术产品来说，大部分消费者依然首先看重价格，不一定会要求产品质量绝对达标。很多中低技术制造业为了压低价格，不断降低生产标准以降低生产成本。近年来人工成本又在不断地提高，大部分中低技术制造业只能通过降低原材料等级和工艺等级来实现低成本优势。所以，中国要加强标准化应用过程中的教育普及和推广，不仅要营造对标国际标准的生产环境，还要激发消费者对高质量标准的意识，鼓励中低技术制造业的标准化生产。

三、完善技术创新的制度和环境

（一）强化知识产权的保护和运用

当前中国制造业正处于由大到强的转变期，能否顺利实现由数量扩张向质量的提升，相应的制度和环境将对其产生重要的作用。在这一时代背景下，知识产权保护越来越成为中国制造业转型升级的内在需求。中国制造业创新意识薄弱的重要原因之一便是知识产权保护力度不够。自主开发出的新产品很容易被其他人模仿，不仅导致创新成果无法享受，甚至造成巨大的经济损失。所以，中国当前必须从国家、社会等多方面共同建立起知识产权保护意识，并加强对知识产权的运用。

第一，国家需要完善行业知识产权保护和运用体系。中国应该建立起来完善的知识产权保护机制，将维护市场秩序视作为政府的主要责任。加强制造业重点领域知识产权的行政执法，提升知识产权管理能力。运用新技术手段支撑知识产权保护工作，例如电子数据取证、存证和鉴定等。同时中国也应该建立起来完善的知识产权运用机制，依托贸易中心建设知识产权运营服务体系，促进知识产权的交易运营，打造知识产权贸易的聚集中心，营造知识产权运营生态圈。并推动建设知识产权海外保护与维权机制，为进行海外市场扩张提供支持和保障。

第二，产业自身需要建立以知识产权为导向的发展机制。不断加强自身品牌建设，主动开展全球知识产权布局，运用知识产权拓展国际市场。在产业发展和扩张中，将知识产权作为重要的资产进行管理，也就是说要将这种无形的资产变成有形的资产。在开展创新活动中，应严格遵守知识产权保护法，充分尊重他人的知识产权，并大力维护自身的知识产权。随着海外业务的不断扩张，中国制造业应该利用知识产权抢占全球发展的制高点，而非是以压缩利润为主的低成本优势去扩张市场。

第三，强化知识产权保护的文化环境。中国要实现创新发展，离不开一个尊重知识、保护产权的环境。所以，必须在全社会厚植自觉尊重和保护知识产权的文化，在素质教育中普及专利保护的相关知识，加强公众对侵犯知识产权行为的监督，从生产者和消费者双向角度提高对知识产权的认知。

（二）构建协同创新的激励机制

模仿创新和自主创新是技术创新的两种重要途径，并且存在各自的优势和弊端。自主创新投入大而且风险高，模仿创新投入小，但是却不能获得持续的竞争力。对于发展中国家来说，无一不是利用二者的协同效应，进而促进产业的转型升级。中国也必须着力构建协同创新的激励机制。

第一，鼓励制造业改变单一的技术创新模式，实现多种模式的协同共用。在国家层面上除了要大力支持自主创新之外，还要继续推行技术引进、技术改造和再创新的战略。具体实施路径上，继续深化与发达国家科技上的合作，积极引入国外创新人才和团队，同时积极派出国内研发人员到国外进行学习交流。在充分吸收国外先进技术基础上，根据市场竞争形势适时推进自主创新。中国目前还没有完成工业化，依然存在技术上的后发优势，在一定程度上也就还存在模仿创新的空间。所以，兼顾模仿创新和自主创新的协同效应，有效发挥各自的优势，可以减少自主创新的时间成本和沉淀成本。

第二，形成技术共享的运行机制和平台管理机制。充分发挥国家实验室和创新中心的引领作用，实现创新平台内的相互联系和资源共享。创建协同创新服务联盟，为自主创新和模仿创新的协同提供科技保障。确保创新平台可以满足自主创新和模仿创新所需的科研条件和科研人才。这里重点是需要激发技术创新平台内所有创新主体的积极性和协同性，创新主体包括企业家、科研人员和国家等。根据利益驱动调动创新主体的积极性，凝聚创新主体的力量。另外，还需要建立鼓励创新、宽容失败的容错机制，允许创新者大胆试错，才能为协同创新营造良好的创新环境。

第三，明确以市场需求为导向制定技术创新线路，提高协同创新的效率。沿着市场需求进行相关的技术壁垒分析，然后整合技术创新资源，找出要实现的技术目标，会使技术创新的目标和方向更加明确。自主创新和模仿创新的合力会不断增强，技术创新的效率也会因此大大提高，进而解决"科技与产业发展两张皮"的问题。模仿创新和自主创新是两种性质完全不同的创新方式，模仿创新是一种渐进式创新，模仿的往往都是市场上较为成熟的技术，自主创新是一种突破式创新，二者的协同既可以满足市场的需求，又能形成对市场现有技术的突破。但是任何一种创新方式都不能掌控所有的资源，在市场需求下产业可以确定并分析出自主创新和模仿创新相对资源的配置比例，进而确定技术创新路线。这可以加速科技成果的转化，并提高产业的市场竞争力。

（三）建立公平竞争的市场环境

在知识经济时代，创新的作用得到空前强化，并升华成为一种社会主题。但是一个创新团队能否将创新活动坚持到底，与周围的环境氛围息息相关。开放、公平和公正的市场环境能够激发创新主体的积极性，在这种氛围下人们愿意进行技术探索，拥有技术创新的自由，为各种科技成果的出现提供创新土壤。

第一，建立公平公正的法律制度。市场竞争在经济发展中起到重要的作用，市场透明度越高，市场中寻租、垄断等社会成本越低。所以中国需要建立公平竞争的法律制度，坚决打击滥用行政职权限制竞争的行为，严肃查处设置市场壁垒等违规行为，建立与国际接轨的监管标准。完善的法律体系和公平公正的法律制度，保证了市场经济的健康运行，同时保证了市场中创新主体享受同等标准、同等待遇的权利。让市场做创新的裁判员，形成优胜劣汰的市场机制，打击一切侵害公平竞争和侵害知识产权的行为，让市场中的创新主体敢去创新，也就能激发市场中创新主体的创新动力。

第二，营造公平公正的社会环境。无论是政府、企业还是个人，目前都普遍缺少对市场中违规行为监督举报的意识。应该着力提升市场整体的监督意识，充分发挥社会公众以及媒体等对市场的监督作用。新媒体的出现改变了信息单向传播的方式，可以通过网络搜索引擎快速传递消息，将社会中不正当的竞争行为进行披露，以此形成对监管部门的有效补充。公平公正的社会环境是形成创新氛围的基础和前提，所以中国应该继续大力推进市场综合监管的改革，建立政府监管部门和媒体披露部门的协调配合机制。还要加强群众监督的力量，完善群众举报制度，维护公平公正的市场环境。

第三，提高商会、行业协会等组织的作用。商会和行业协会是行业自身的组织结构，能够敏锐察觉行业存在的问题，并准确找到适合行业发展的技术创新模式。所以政府应该引导商会及行业协会发挥作用，赋予他们一定的决策权力，减少因政府行政干涉而造成的对市场竞争的阻碍。因此，政府需要将部分行政决策权转移给商会及行业协会，如对产业转型升级和技术创新项目的申报和评价等工作。在制定相关计划时，可以由行业协会、商会起草草案，经政府确认后颁布执行。这可以有效减少政府官员利用职业之便，阻碍市场公平竞争的现象。让市场去规范市场，加强行业的自律性，政府只需要做好监督和规范工作。所以转变政府职能，将部分职能下发至社会组织将是未来改革的重点方向。政府层面，在放权的同时也应该加大对商会及行业协会的监督管理，促进商会及行业协会更好地服务于市场，建立起公平、开放、透明的市场竞争机制，从而激发市场创新的动力。

（四）推动区域创新集群的发展战略

近年来，集群经济发展的优势愈加明显，已经成为西方发达国家重塑制造业发展的重要手段之一。

第一，积极引导区域创新集群的形成和集群内产业的互动。根据区域布局和要素禀赋资源特点，加强创新型产业集聚，制定实施创新联盟计划。兼顾空间效率和平衡，以城市群为单元提出细化的战略部署，提高政策的精准性。这可以在较小的空间尺度上加强区域之间的经济联系，促进区域间市场的深度融合，实现更高水平、更深层次的区域合作。另外，政府也应该对创新联盟给予多方位的资助，为创新联盟的形成、发展及活动创造良好的外部环境，打造开放包容、合作共享的区域生态。加强创新联盟的交流、合作和发展，建立集群内上、下游产业发展的长效机制。

第二，增加创新集群主体的多样性。集群发展不等同于产业发展，产业发展重点是通过技术进步等方式壮大产业。但是集群发展是通过集群内各个创新主体的合作，共同创建一个网络化的组织，加速信息交流和技术渗透。所以，这就需要构建一个多主体的网络化组织体系。产业集群内存在大型产业和小型产业，存在高技术产业和中低技术产业，创新主体类型的多样性会加速技术在整个产业链上的流动。

第三，建立一套完善的、适用性较广的创新集群评估体系。评估体系的构建使政策和财政资助更加透明公开，有利于激励创新集群自身能力的提高。并且政府可以根据评估结果进行适当的政策调整，以更有针对性地制定创新集群的发展战略，使创新集群形成合力共同对共性技术进行攻关。其中评估一般委托具有丰富经验的第三方去进行。

第四，采取竞赛的方式提高创新集群的创新积极性。运用市场竞争机制，让创新集群进行充分的竞争，经过竞赛遴选出获得特别资助的产业集群。竞赛的内容包括集群内科技成果的转化情况，以及投入产出情况。投入资源包括人力投入、财物投入等，产出包括对预定目标所产生的直接结果。通过投入和产出的比，来比较不同区域创新集群的创新效率。同时，也要将创新集群对创新要素的集聚能力加入竞赛考核中，以此来考察创新集群的自身影响力，以及对区域和社会的影响力。

第十章

制造业数字化转型升级实践路径之四：
以两化融合管理体系
推进制造业数字化转型

第一节　两化融合管理体系概述

一、标准配套关系

产业转型，标准先行。标准作为构建经济社会秩序的指导和依据，通过充分整合资源，固化实践中的创新成果、形成统一规范，已经成为规范经济社会发展的重要基础。同时，随着对外开放合作的深入，标准有助于促进公平竞争、打破贸易壁垒已成为普遍共识，特别是我国正在推动"一带一路"倡议，更要通过标准化促进互联互通，发挥"通行证"的作用。

两化融合管理体系正是由一系列标准共同构成的一组标准族，适用于各个领域、各个行业、各种规模、各种所有制企业，标准在系统总结我国企业数字化转型实践丰富经验的基础上，以贯标牵引企业将一套系统化、可操作的数字化转型方法论导入到日常运营中，全面规范企业数字化转型进程，从而建立起数字化转型实践的最佳秩序，助力企业稳定获取预期效益。

两化融合管理体系系列标准涉及基础架构、通用要求、服务指南、行业应用等方面，标准之间紧密关联、协调配套，共同构成了一组互为引用、互为支撑的标准族。基础架构标准包括用于规定两化融合管理体系内涵外延、理念原则等的基础术语，规定两化融合分析视图、要素构成、发展历程等的参考架构。通用要求标准包括规定两化融合管理体系建立、实施、保持和改进的通用方法路径等。服务指南标准包括用于规定落实两化融合管理体系各项要求的通用指南、服务指南等。行业应用标准结合行业发展需求和特色，面向企业、研究院所、社会组织等不同对象形成行业推动两化融合发展的实施指南。

目前，共发布实施九项两化融合管理体系国家标准，其中包括两项确立两化融合管理体系相关理论和顶层构架的基础标准（《信息化和工业化融合管理体系基础和术语》（GB/T 23000—2017）和《信息化和工业化融合生态系统参考架构》（GB/T 23004—2020）），一项提出两化融合管理体系建设通用要求的核心标准（《信息化和工业化融合管理体系要求》（GB/T 23001—2017））和六项支撑两化融合管理体系建设的配套标准（《信息化和工业化融合管理体系实施指南》（GB/T 23002—2017）、《信息化和工业化融合管理体系新型能力分级要求》（GB/T 23006—2021）、《信息化和工业化融合管理体系评定指南》（GB/T 23003—2018）、《信息化和工业化融合管理体系评定分级指南》（GB/T 23007—2021）、《信息化和工业化融合管理体系咨询服务指南》（GB/T 23005—2020）和《工业企业信息化和工业化融合评估规范》（GB/T 23020—2013））。

二、核心标准介绍

（一）《信息化和工业化融合管理体系基础和术语》

《信息化和工业化融合管理体系基础和术语》（GB/T 23000—2017）是两化融合管理体系系列标准的理论基础之一。该标准界定了两化融合管理体系的基础，包括理论说明、导向与原则、框架与方法、常用术语及定义，可为开展两化融合管理体系建设的组织，为相关咨询、培训和审核服务的人员和机构，以及制定相关标准的人员提供参考借鉴。标准主要包括以下具体内容。

一是明确了两化融合管理体系的六个导向，分别是以效能效益为导向、以数据为驱动、以新型能力为主线、以综合集成为突破口、以流程化为切入点，以及以服务化为方向，可帮助企业快速适应数字经济时代发展趋势，实现可持续发展。

二是提出了两化融合管理体系的九项管理原则，分别是以获取可持续竞争优势为关注焦点，战略一致性，领导的核心作用，全员参与、全员考核，过程管理，全局优化，循序渐进、持之以恒，创新引领，开放协作，确保企业把握融合本质、规范融合管理、获取融合实效。

三是构建了两化融合管理体系的基本框架，由战略循环、要素循环、管理循环构成。战略循环指明了企业数字化转型"往哪儿转"的发展方向，引导企业将融合发展理念融入企业战略，明确可持续竞争优势需求，通过打造新型能力，获取预期的可持续竞争优势，实现战略落地。要素循环明确了企业数字化转型"转什么"的融合路径，从操作层面规范了企业全要素协同创新过程，引导企业围绕新型能力及其目标，推动数据、技术、业务流程、组织结构四要素的互动创新和持续优化。管理循环给出了企业数字化转型"怎么转"的推进机制，引导企业发挥领导的核心作用，建立策划、实施与改进的管理机制，规范数字化转型过程，推动新型能力的螺旋式提升。

（二）《信息化和工业化融合生态体系参考构架》

《信息化和工业化融合生态系统参考架构》（GB/T 23004—2020）是两化融合管理体系系列标准的顶层构架基础。该标准提出了两化融合生态系统参考架构，给出了两化融合的三个分析视图，明确了两化融合的四个要素和发展的三个历程，引导两化融合推进方式从关注局部向统筹全局转变，从单纯强调技术向全要素协同管理和创新转变，从仅关注方向和结果向关注方法和过程延伸，可为各级政府、行业组织和企业组织开展两化融合顶层设计、系统推进两化深度融合提供参考，也可为服务机构研制并提供系统解决方案提供借鉴。标准主要包括以下具体内容。

一是明确了两化融合三个视图构成及各自关注重点。三个视图包括组织生态（主体）、价值网络（客体）和信息物理空间（空间），明确两化融合的作用主体、作用对象和作用空间，组织应通过推动三个视图的协调互动和融合创新，系统推进组织管理变革、价值体系变革和技术变革。

二是明确了两化融合四个要素及其相互作用关系。四个要素包括数据、技术、业务流程和组织结构，明确两化融合的构成要素及其相互作用关系，组织应以数据为驱动，推动技术、业务流程和组织结构的互动创新和持续优化，实现作用主体的管理变革、作用对象的价值创造和作用空间的技术创新。

三是明确了两化融合发展的三个历程及核心特征。三个历程包括数字化、网络化和智能化，从时间视角明确两化融合是一个循序渐进、螺旋式发展的历程，组织推进两化融合的目标理念、重点任务和机制模式与时俱进。

（三）《信息化和工业化融合管理体系要求》

《信息化和工业化融合管理体系要求》（GB/T 23001—2017）作为系列标准的核心，为组织两化融合管理机制构建提供了依据。在《信息化和工业化融合管理体系基础和术语》和《信息化和工业化融合生态系统参考构架》的基础上，《信息化和工业化融合管理体系要求》从可持续竞争优势、领导作用、策划、支持、实施与运行、评测、改进等方面明确了组织规范其两化融合过程的通用方法和具体要求，适用于通过两化融合管理体系的有效应用和持续改进，打造信息化环境下的新型能力，以及通过内部或外部评定两化融合管理体系，以证实其在信息化环境下具有获取可持续竞争优势的各类组织。标准主要包括以下具体内容。

一是引导组织强化变革管理、规范两化融合过程。规定了以数据驱动为核心的数据、技术、业务流程与组织结构四要素互动创新和持续改进机制，并且使其持续受控，从而不断打造信息化环境下的新型能力，获取与预期战略相匹配的可持续竞争优势。

二是组织系统地建立、实施、保持和改进两化融合过程管理机制的通用方法。以信息化环境下新型能力体系建设为关键着眼点，以两化融合管理体系贯标达标为抓手，覆盖了组织的全部活动，并且使其持续受控，从而不断打造信息化环境下的新型能力，获取与预期战略匹配的可持续竞争优势。

三是全面引导组织实现从单项应用向综合集成跨越。系统规范组织两化融合管理，稳定获取预期的两化融合成效，统领两化融合和产业转型升级工作，通过两化融合加速企业、产业和区域实力整体提升，快速形成市场核心竞争优势，有效突破工业由大变强的瓶颈。

（四）《信息化和工业化融合管理体系实施指南》

《信息化和工业化融合管理体系实施指南》（GB/T 23002—2017）是支撑两

化融合管理体系的配套标准之一，主要聚焦企业的实施应用。该标准对《信息化和工业化融合管理体系要求》的相关条款进行补充解释说明，给出了企业落实两化融合管理体系各项要求的通用指南、指导性方法和实施建议，可为开展两化融合管理体系建设的组织，提供相关咨询、培训及评定服务的人员和机构，以及制定相关标准的人员提供参考。标准主要包括以下具体内容。

一是可持续竞争优势。该部分是对《信息化和工业化融合管理体系要求》"4 可持续竞争优势"的补充说明。进一步解释了基于两化融合管理体系基本框架，组织识别内外部环境、明确组织战略、识别和确定可持续竞争优势需求的相关要求；阐释了组织确定两化融合管理体系范围，识别、变更两化融合管理体系及其过程，形成文件化信息的通用方法。

二是领导作用。该部分是对《信息化和工业化融合管理体系要求》"5 领导作用"的补充说明。进一步强调了组织最高管理者对两化融合管理体系有效运行的决定性作用；阐释了组织建立、实施、保持和改进两化融合管理体系的最高管理者责任、管理者代表职责、各级领导的职责与协同沟通机制；解释了两化融合方针的重要意义与制定两化融合方针的一般要求。

三是策划。该部分是对《信息化和工业化融合管理体系要求》"6 策划"的补充说明。明确提出了组织应对新型能力及其关键指标的识别与确定、新型能力关键指标目标值的确定和调整、两化融合实施方案的策划做出制度性安排；阐释了组织基于组织战略和可持续竞争优势需求，识别和确定新型能力及其关键指标、关键指标目标值的相关要求；解释了组织围绕新型能力打造，考虑内外部环境、业务需求、支持条件和资源，基于数据、技术、业务流程、组织结构现状，结合组织的发展阶段和发展方向，利用适当的工具和方法进行分析，识别并确定实现新型能力目标的各项需求，制定两化融合实施方案的通用方法。

四是支持。该部分是对《信息化和工业化融合管理体系要求》"7 支持"的补充说明。进一步明确了两化融合的资金投入、人才保障、设备设施、信息资源、信息安全等支持条件和资源的相关要求，强调了支持条件和资源的共建共享。

五是实施与运行。该部分是对《信息化和工业化融合管理体系要求》"8 实施与运行"的补充说明。进一步阐释了组织依据两化融合实施方案，充分运用过程方法和系统方法，以业务流程为导向，进行业务流程与组织结构优化、技术实现、数据开发利用、匹配与规范、运行控制等过程的相关要求；强调了业务流程与组织结构优化应优先于技术实现，加强四要素的适应性匹配和良性互动等实施过程的关键点；进一步明确了对新型能力相关活动运行持续控制的一般要求。

六是评测。该部分是对《信息化和工业化融合管理体系要求》"9 评测"的补充说明。进一步阐释了两化融合及其管理体系的评估与诊断、监视与测量、内部审核、考核、管理评审等活动的实施方法；强调组织应对上述活动形成制度化安排，对两化融合管理体系的持续符合性、适宜性、充分性、有效性进行全面评价和分析，寻找改进机会。

七是改进。该部分是对《信息化和工业化融合管理体系要求》"10 改进"的补充说明。阐释了组织针对评估与诊断、监视与测量、审核、考核、管理评审等机制发现的实际或潜在的不符合，采取纠正措施或预防措施的具体要求；说明了从管理体系的规定和执行两方面实施持续改进的方法。

（五）《信息化和工业化融合管理体系新型能力分级要求》

《信息化和工业化融合管理体系新型能力分级要求》（GB/T 23006—2021）是支撑两化融合管理体系的配套标准之一，主要聚焦新型能力的分级要求。该标准对《信息化和工业化融合管理体系要求》（GB/T 23001—2017）中提出的新型能力建设要求进行细化和补充，给出新型能力的分级要求，为组织分级开展新型能力建设，实现新型能力不断跃升提供方法和路径。标准主要包括以下具体内容。

一是提出新型能力分级的总体要求。引导组织（企业）从过程维、要素维、管理维三个维度系统开展新型能力建设、运行和优化，建立包含策划、支持、实施与运行、评测与改进的"PDCA"过程管控机制，涵盖数据、技术、流程、组织四要素的系统性解决方案，以及涵盖数字化治理、组织机制、管理方式、组织文化等的治理体系，并且以过程管控机制为牵引，推动过程管控机制、系统性解决方案、治理体系三者之间的协调联动与互动创新，持续打造新型能力，赋能业务创新转型，稳定获取价值效益。在此基础上，进一步将新型能力的等级由低到高分为 CL1（规范级）、CL2（场景级）、CL3（流程级）、CL4（平台级）和 CL5（生态级）五个等级，并且给出不同等级新型能力建设的总体要求。

二是从过程维、要素维、管理维三个维度细化各等级新型能力的建设要求。在新型能力分级总体要求的基础上，从过程维、要素维、管理维三个维度，进一步给出 CL2～CL5 级能力建设、运行和优化所需的过程管控机制、系统性解决方案、治理体系等的要求。其中过程维建设要求明确过程管控机制的总体要求，以及策划、支持、实施与运行、评测、改进等过程的具体要求；要素维建设要求明确系统性解决方案的总体要求，以及数据、技术、流程、组织等要素的具体要求；管理维建设要求明确治理体系的总体要求，以及数字化治理、组织机制、管理方式、组织文化等方面的具体要求。

（六）《信息化和工业化融合管理体系评定指南》

《信息化和工业化融合管理体系评定指南》（GB/T 23003—2018）是支撑两化融合管理体系的配套标准之一，主要聚焦第三方评定服务。该标准提供了两化融合管理体系评定原则，规定了两化融合管理体系的评定组织和评定过程，明确了按过程方法实施评估审核的要求，符合相关方评价企业两化融合管理体系的有效性。标准主要包括以下具体内容。

一是提出了两化融合管理体系评定活动遵循的评定原则。主要涵盖价值创造、客观公正、公开透明、合规自律，体现出评定活动创新评定服务内容和形式，不断为组织创造新的价值，以事实为依据，科学合理获取客观证据，按需对社会公开非保密信息，形成广泛参与的社会化监督机制，合规开展评定工作，不在评定活动中谋取不正当利益。

二是明确了两化融合管理体系评定组织体系。两化融合管理体系评定组织体系包括两化融合管理体系评定工作委员会、两化融合管理体系评定专家委员会，支撑评定活动全流程在线管理的两化融合管理体系评定管理平台，以及由评定工作委员会委托的评定机构及评定人员。

三是明确了两化融合管理体系评定程序。标准规定了两化融合管理体系初次评定、监督审核、再评定、评定证书及评定过程监督与管理等方面的程序和要求。

四是提出了评定机构宜按过程方法实施两化融合管理体系评估审核。标准提出了文件化管理体系的运行过程、最高管理者在体系中的履职过程、管理者代表在体系中的履职过程、新型能力的识别及策划过程、新型能力的建设及运行过程、两化融合及其管理体系绩效的评测与改进过程、全员参与培育过程、设备设施及信息资源保障过程、资金保障过程九个过程及涉及的 GB/T 23001—2017 相关条款，引导评定机构按过程方法实施两化融合管理体系评估审核。

五是提出了国家标准 GB/T 23001—2017 条款的评估审核要点及方法。标准提出了国家标准《信息化和工业化融合管理体系要求》（GB/T 23001—2017）中"4 可持续竞争优势""5 领导作用""6 策划""7 支持""8 实施与运行""9 评测""10 改进"等条款内外部评估审核的要点及方法，以供开展两化融合管理体系建设的组织，以及开展相关咨询、培训及评定服务的人员和机构参考。

（七）《信息化和工业化融合管理体系评定分级指南》

《信息化和工业化融合管理体系评定分级指南》（GB/T 23007—2021）是支撑两化融合管理体系的配套标准之一，给出了新型能力的识别、新型能力的分解与组合、能力单元的建设及新型能力的分级建设等方法，旨在帮助组织以新型能力建设为主线，系统推进数字化转型活动，稳定获取数字化转型成效。标准主要包括以下具体内容。

一是给出分级评定的总体要求。按照 GB/T 23001—2017 和 GB/T 23006—2021 要求，分级评定应评判组织与不同等级能力对应等级的两化融合管理体系的符合性和有效性。按照先进性和成熟度划分的新型能力等级，两化融合管理体系分级评定结果分为五个等级：A 级（规范级）、AA 级（场景级）、AAA 级（流程级）、AAAA 级（平台级）、AAAAA（生态级）。每个等级分为三个水平层次：相应等级－、相应等级、相应等级＋。

二是给出评定机构与评定人员分级条件。评定机构的分级条件包括但不限于评定人员的构成及其专业服务能力等级，评定企业数量、评定质量、专业能力、管理水平、价值成效、信用、社会责任、成果分享等。各等级评定人员基本条件包括但不限于工作经验要求、培训和技能测试要求、评估审核经验要求、继续教育要求、信用等级要求等。

三是给出按过程方法实施分级评估审核的方法。标准给出了在文件化管理体系的运行过程、最高管理者在体系中的履职过程、管理者代表在体系中的履职过程、新型能力的识别及策划过程、新型能力的建设及运行过程、两化融合及其管理体系绩效的评测与改进过程、全员参与培育过程、设备设施及信息资源保障过程和资金保障过程中按过程方法、分等级开展评估审核的方法。

四是给出分级评定结果的使用和采信指南。分级评定有效反映了组织新型能力的先进性和成熟度，可用于评判组织的可持续发展能力，为相关活动提供采信依据，包括政府精准施策、行业精准引导、市场精准服务等。

（八）《信息化和工业化融合管理体系咨询服务指南》

《信息化和工业化融合管理体系咨询服务指南》（GB/T 23005—2020）是支撑两化融合管理体系的配套标准之一，提供了信息化和工业化融合管理体系咨询服务的通用指南和实施建议，给出咨询服务的方针、目标，咨询服务机构的能力和要求，咨询服务过程指南，以及咨询服务社会化监督机制。适用于与两化融合管理体系咨询服务活动有关的组织，用于规范咨询服务的实施与管理、提升咨询服务质量与水平，可为咨询服务机构、咨询服务人员、实施两化融合管理体系的组织及其他有关机构提供参考。标准主要包括以下具体内容。

一是提出了两化融合管理体系咨询服务应贯彻的方针。方针包括价值方针、实施方针和自律方针。助力组织构建以数据为驱动的新型能力体系，形成新型能力体系建设运行和持续改进的机制，不断优化组织的要素循环、管理循环、战略循环，稳定获取创新成效，增强可持续竞争优势。

二是提出了两化融合管理体系咨询服务应实现的目标。咨询服务双方应根据组织的发展阶段、现状与需求，结合咨询服务机构的水平能力，以综合集成为突破口、流程化为切入点、服务化为方向，选择实现相应的咨询服务目标。

三是明确了对两化融合管理体系咨询服务机构的要求。咨询服务机构应配备有专业背景或项目经验的咨询服务团队，建立起持续优化的人才培养机制，并且不断创新咨询服务人员绩效考核与激励机制。持续创新两化融合咨询服务项目管理方法和机制，对所承担的项目全过程进行计划、组织、协调和控制。建立知识开发和方法创新机制，总结两化融合咨询服务实践经验，提炼融合发展规律，形成支撑转型升级和创新发展的方法论。

四是提出了两化融合管理体系咨询服务过程指南。标准提出了项目启动，现状调研及评估诊断，两化融合组织架构与两化融合方针的确立，文件化体系的策划、建立、实施与改进，新型能力的策划、建设和持续改进五个两化融合管理体系咨询服务过程，引导咨询服务机构按过程方法提供咨询服务。

五是明确了两化融合管理体系咨询服务社会化监督机制。标准明确了由相关社会团体引导、支持咨询服务机构自愿公开咨询服务信息，接受社会监督。适宜时，由相关社会团体组织开展对咨询服务机构的第三方评价。

（九）《信息化和工业化融合管理体系评估规范》

围绕两化融合水平评价，《工业企业信息化和工业化融合评估规范》（GB/T 23020—2013）是支撑两化融合管理体系的配套标准之一，为组织评判其两化融合发展现状、重点、方向和成效提供系统的分析方法，规定了两化融合评估的基本原则与框架和评估内容，给出了评估内容的具体要求，并且提供了评估内容细化指南及评估指标体系构建和评估分析方法，适用于为工业企业、行业组织、各级工业和信息化主管部门等开展工业企业两化融合评估工作提供指导和参考依据。

一是提出企业两化融合评估框架的六个方面。企业两化融合评估框架涵盖水平与能力评估、效能与效益评估两个部分的六个主要评估方面，其中水平与能力评估包括基础建设、单项应用、综合集成、协同与创新四个主要评估方面；效能与效益评估包括竞争力、经济和社会效益两个主要评估方面。

二是明确企业两化融合评估遵循的三条主线。企业两化融合评估围绕单项应用、综合集成、协同与创新三个一级指标的三条主线展开，评估内容主要聚焦产品、企业管理、价值链三个维度。单项应用主要评估内容包括产品设计、工艺设计、生产管理、生产制造、采购管理、销售管理、财务管理、质量和计量、能源与环保、安全管理、项目管理、设备管理、人力资源管理、办公管理等。综合集成主要评估内容包括产品设计与制造集成、管理与控制集成、产供销集成、财务与业务集成、决策支持等。协同与创新主要评估内容包括产品协同创新和绿色发展、企业集团管控、产业链协同等。

三是划分了企业两化融合发展的四个阶段。企业两化融合发展可分为四个阶段：起步建设阶段、单项覆盖阶段、集成提升阶段和创新突破阶段，可共同表征企业两化融合不断跃升的阶段特征和内涵。

第二节　两化融合管理体系是推动制造业数字化转型的系统解决方案

制造业数字化转型是一项协同制造业技术变革、管理优化、生产改进、模式创新的复杂系统工程，要同时把握并融会贯通好数字化转型的发展规律和特征，需要一套系统性理论、方法和工具的指导和支撑。同时，随着企业数字化转型工作的走深向实，社会各界愈加深刻地认识到，数字经济背景下组织的发展不仅是技术渗透和融合的问题，更是一个优化和创新企业战略、组织、流程、业务模式，以适应新一代信息技术变革和数字经济发展趋势的管理问题。系统推进制造业数字化转型，需要从局部优化向全局协同转变，从强调技术向规范管理转变，而传统工业时代的管理方法已经难以满足数字经济时代企业通过新一代信息技术应用显著提升整体竞争能力的要求，迫切需要一套符合数字经济时代发展规律的系统性管理方法论。

两化融合管理体系贯标是工信部为破解当前国内企业数字化转型发展瓶颈、促进工业转型升级的重要举措，培育企业新型能力，打造企业核心竞争力，为工业企业升级转型提供强有力的保障举措。

针对推进制造业数字化转型的迫切需求与关键挑战，基于几十年来我国企业信息化发展历程中积累的技术应用成果和管理创新经验，以 ISO 9000 等管理体系的做法和经验为参考，科学把握数字化转型的发展趋势和本质规律，探索明确数字化转型的发展思路与方法路径，凝聚最大范围的社会转型共识，在国际上首次研制形成了一套用于系统推动制造业数字化转型的"中国方案"——两化融合管理体系，并且于 2013 年 9 月，在工业和信息化部《信息化和工业化深度融合专项行动计划（2013—2018 年）》（工信部信〔2013〕317号）中首次提出了"企业两化融合管理体系建设和推广行动"。

"十四五"时期是开启全面建设社会主义现代化国家新征程的第一个五年，推动信息化和工业化深度融合是立足新发展阶段，加快推动制造业数字化、网络化、智能化发展的必由之路。《"十四五"信息化和工业化深度融合发展规划》明确了新形势下两化深度融合的总体要求和主要任务，为走好中国特色新型工业化道路提供指引，勾勒出构建融合发展新生态的清晰路径。"十四五"时期是两化深度融合发展关键阶段。当前，国内外形势严峻复杂，我国在产业发展和企业发展两个层面均面临巨大压力，作为破解一系列发展问题与挑战的有力抓手，"十四五"时期推动工业化和信息化在更广范围、更深程度、更高水平上实现融合发展至关重要。

两化融合通过能力分级建设、市场分级采信的方式，提供一系列的方法工具，为企业打造以数据要素配置与利用为核心的竞争新优势，加快赋能制造业数字化转型。多措并举协同推动融合发展规划落地实施两化深度融合是一项复杂的系统性工程，《"十四五"信息化和工业化深度融合发展规划》为统筹推进两化融合工作提供了方向和保障。下一步，工业和信息化部电子第五研究所将认真贯彻落实规划要求，充分发挥"全科型团队"的支撑保障作用，积极与不同行业企业共同协作，不断提升两化融合领域的服务能力，为推动信息化和工业化深度融合发展提供有力支撑。

（一）深入实施两化融合标准引领行动

积极参与两化融合管理体系分级评估试点及相关标准研制工作，总结梳理两化融合管理体系分级的典型做法和有益经验，研究提炼共性规律，分析梳理两化融合管理体系分级的优秀案例，深化企业对两化融合领域标准的重视和应用。

（二）提升数字化转型解决方案供给力度

聚焦两化融合管理体系分级核心关键问题，与质量管理、信息安全、职业健康管理、数据管理能力成熟度等多体系评估相衔接，联合产学研优势资源，以研究咨询、评测认证为重点，以数据化转型基础理论研究为牵引，注重实践经验总结，丰富完善理论，面向行业主管部门、企业等不同行业主体，提供数字化转型整体解决方案。

（三）会同多方资源统筹推动规划落地实施

强化与媒体、联盟、协会等各方的衔接，加大对"十四五"两化深度融合发展规划的宣贯力度，及时向社会广泛传达规划的实施重点和主要任务。发挥联盟、协会桥梁纽带作用，定期组织融合发展政策宣贯相关活动，促进各级行业主管部门、不同行业领域、工业制造企业、高等院校、科研事业单位等各类机构间交流合作。

第三节　以两化融合管理体系推进制造业数字化转型的典型做法与主要成效

当前，两化融合管理体系已形成了政府积极引导、企业自主参与、多方广泛参与、各界一致认同的工作生态，成为各类主体协同推进制造业数字化转型的共同行动。本章梳理总结了地方政府、央企集团和相关服务机构推动两化融合管理体系贯标的工作思路、方法举措与进展成效，为各主体找准贯标工作重点难点，有序深化推进贯标提供参考借鉴。

一、各级政府

地方政府是区域经济发展的主导力量，是政策落地实施的"最后一公里"，国家层面政策文件的宣贯落实，需要各地方的高度重视和积极参与。地方政府积极承接国家战略部署，结合地方产业特色和发展需求，明确本地区贯标工作机制与工作举措，通过发布各类支持政策、优化组织结构、推动示范引领、加强宣贯培训等措施，推动两化融合管理体系成为政府创新工作方式、贴近服务企业的共同行动。

（一）工作举措

1. 构建统筹联动的贯标工作推进体系

近年来，部分省级经信部门积极优化和完善贯标工作推进体系，组织辖区内各级经信部门，联合行业协会、联盟及服务机构等单位，构建省区市（县）多级覆盖、社会力量广泛参与的贯标工作格局，逐渐推动形成协同联动、统筹推进的工作推进体系。

一是横向联动，形成多部门协同的工作格局。部分省市政府由工业和信息化部牵头，积极筹备组建省内或跨省跨市的同级部门联动体系，通过成立省市内两化融合管理体系工作推进小组，进一步凝聚两化融合管理体系贯标共识，共建融合发展工作新格局。二是纵向深耕，构建多级部门统筹的组织架构。部分地方政府部门通过省级工信主管部门牵头，联合下属各地方工信部门，强化组织协调，加强纵向联动，形成各司其职、各负其责、齐抓共管、运转高效的两化融合管理体系贯标工作纵向新架构，保障各项政策层层落实。三是多方合力，培育社会组织广泛参与的贯标服务生态。地方政府以贯标为抓手，积极引导并鼓励高校院所、行业协会、产业联盟、服务机构等相关组织推动形成两化融合管理体系市场化运行机制，构建围绕企业数字化转型的服务新生态。

2. 组织开展两化融合管理体系贯标试点示范

近年来，部分省市地方政府通过多项举措，广泛组织开展省市级贯标试点示范工作，逐步强化对贯标试点企业的政策支撑力度，积极推动和引导辖区内各级贯标试点企业启动贯标，按照贯标实施的主要步骤和阶段有序开展工作，逐步实现了重点区域和优势产业的贯标试点推广覆盖，同时以示范提炼推广企业贯标最佳实践与经验，贯标试点示范效应进一步凸显。

一是推动试点企业评选成为地方政府常态化工作。部分地方政府以两化融合管理体系贯标试点示范为抓手，结合本地区的情况，制定贯标工作方案，常态化评选省市级两化融合管理体系贯标试点示范企业，推进两化融合管理体系在重点区域和行业上逐步实现全覆盖。二是出台试点示范企业专项支持政策。针对试点企业制定差别化财政、税收、投融资政策，为贯标试点示范企业解决部分贯标实施资金，如安徽、江苏、福建等省对国家级、省级两化融合管理体系贯标试点示范企业发放补助金 10 万元～100 万元不等。三是充分发挥试点示范价值。部分省市在全省评选两化融合示范企业和示范园区，打造企业信息化建设样板，以评促建，吸引相关企业、社会组织等参观，加强宣传交流，推广行业信息化解决方案，引导辖区内试点示范企业加快转型升级和创新发展。

3. 加强贯标咨询服务市场培育与监督管理

近年来，我国两化融合管理体系贯标咨询服务市场规模不断扩大，主体更加多元，市场行为更加复杂，为保障贯标咨询服务市场健康发育、平稳运行，部分地方主管部门进一步培育市场主体，创新机制引导良性市场行为，规范监督管理制度。

一是培育和丰富市场主体。一方面，部分地方政府充分利用科研院所、高校及社会组织等各类资源，支持培育市场化运作的两化融合推进中心、创新中心、研究院等咨询服务主体。另一方面，部分地方政府积极引导传统行业骨干企业剥离信息技术服务机构，面向社会提供专业咨询服务与解决方案，创新两化融合市场化服务机制。二是强化市场监督管理。部分地方政府引导服务机构务等领域，切实推动贯标服务机构相关工作规范有序开展。通过多层次的鼓励引导政策，地方政府有效引导企业两化融合管理体系落地实施，加速了企业数字化转型的进程。

2. 资金支持政策

两化融合管理体系贯标资金支持政策对企业的贯标扶持效果更加直接，切实有效地缓解企业转型资金难题，支撑企业贯标工作持续稳定开展。安徽、上海、山东、广东、河南、云南和湖南等 23 个省（自治区、直辖市）近年来发布了 83 项两化融合管理体系相关的资金支持政策，有效支撑地方企业多维度开展贯标工作：一是设置贯标试点及企业贯标专项扶持资金，通过对参与两化融合管理体系贯标的企业进行资金支持，进一步引导企业参与到贯标当中，提升企业贯标的积极性和主动性；二是对达标企业进行奖励性补助，通过对达标企业进行奖励，地方政府可有效引导贯标企业开展本质贯标，提升贯标能力和水平；三是设置重大项目特殊支持资金，针对智能制造、共性技术突破和公共服务平台建设等重点领域进行特殊资助，引导企业加强对重点领域的关注度。通过各类资金支撑政策，各省（自治区、直辖市）两化融合管理体系贯标相关企业和服务机构的工作得到进一步肯定与支持，工作积极性与主动性显著提升。

3. 达标采信政策

达标采信政策是提升地方政府开展相关重点工作有效性的重要手段。近年来，北京、河北、辽宁、吉林和江苏等 15 个省（自治区、直辖市）地方政府进一步强调在产业政策与项目支持中采信评定结果，两化融合管理体系贯标达标结果作为工业转型升级、智能制造、制造业与互联网融合等政策与资金支持的重要依据。通过发布各类达标采信政策，精准识别施策对象，地方政府施策质量不断提升，同时有效引导了企业全面开展贯标达标工作，贯标工作得到进一步普及。

（三）贯标进展

自 2013 年我国开展两化融合管理体系贯标工作以来，在国家战略引领和地方政策支持的共同推动下，各地方贯标工作逐步进入正轨并快速发展，基本实现全国重点领域和优势产业两化融合管理体系贯标全覆盖。两化融合管理体系贯标达标企业规模稳步增长，本质贯标进一步落实，工作进展成效日益显著。

1. 两化融合管理体系贯标工作增量保质效果明显

2016—2022 年，我国两化融合管理体系贯标工作取得了重大进展，贯标和达标企业规模不断突破，本质贯标有序推进，成效显著。

一是我国两化融合管理体系贯标企业和达标企业数量呈稳定上升趋势。贯标企业与达标企业基本保持同步增长，全国范围内两化融合管理体系贯标和达标工作得到进一步落实和推进，提速保质效果明显。

二是江苏、广东和福建等省（自治区、直辖市）贯标企业数量领跑全国。我国两化融合管理体系贯标企业数量超过 3 000 家的省（自治区、直辖市）分别为江苏、广东、福建、安徽和河南，总计占全国贯标企业数量的比例高达55.2%，对我国两化融合管理体系贯标工作推进成效明显。其中江苏省作为全国贯标工作的"领头羊"，有力支撑了全国两化融合管理体系贯标工作的深入开展。

2. 两化融合管理体系区域间贯标进展总体呈现"东高西低"现象

由于我国不同区域社会资源禀赋差异较大，企业层次、产业结构和数字化基础存在差距，因此两化融合管理体系贯标进展呈现出一定的区域不平衡性。华东地区作为我国经济社会发展的"第一阶梯"，截至 2021 年 7 月底，其两化融合管理体系贯标企业数量与达标企业数量均远远超过其他地区，贯标和达标企业数量分别达到 19 955 家和 9 321 家；西南、西北等地区两化融合管理体系贯标工作处于后发阵营，但近年来贯标成效逐渐显现，具备持续发展潜力。

3. 本质贯标更加深入人心，部分省（自治区、直辖市）贯标达标后发优势强劲

经过多年的努力，推动企业贯标达标已经成为各地方政府促进产业升级、实现经济高质量发展的广泛共识，本质贯标更加深入人心，部分省（自治区、直辖市）贯标达标后发优势强劲，两化融合管理体系本质贯标的外部动力不断增强。

一是本质贯标成为各地方政府推进贯标工作的重要指导方法。一方面，实现达标成为贯标工作的重要成果体现，我国两化融合管理体系达标企业比例占贯标企业比例由 2017 年的 21.6%增长至 2021 年的 43.0%，达标企业净增长14 661 家，达标工作效果显著。另一方面，2017—2021 年，我国各区域达标

企业占贯标企业的比例总体上均呈现上升趋势。华东地区截至 2021 年 7 月底，贯标达标比例达到 46.7%，引领全国两化融合管理体系贯标达标工作。

二是部分区域和省（自治区、直辖市）贯标达标后发优势强劲。一方面，西北地区近年来贯标达标比例增长迅速，贯标达标工作稳中有进。另一方面，各省（自治区、直辖市）达标比例排名出现较大变化，安徽、河北、广西、青海等省（自治区、直辖市）近年来达标企业比例不断上升，排名实现反超。

二、央企集团

中央企业是国民经济的重要支柱，对推动经济社会平稳较快发展具有至关重要的作用。中央企业在以两化融合管理体系为抓手推动制造业数字化转型过程中，充分发挥集团型企业优势和产业链示范带头作用，加快整合贯标服务资源、构筑协同发展的贯标工作生态，创新工作组织体系和模式，加强宣贯和采信引导，推动中央企业进入全面贯标新阶段。

（一）工作举措

1. 构建两化融合管理体系贯标工作推进体系

部分央企集团从组织架构、人员队伍服务能力等方面强化支撑公司两化融合发展与建设，创新组建高层领导挂帅、全员协同的贯标工作组织体系与机制。

（1）组建贯标工作领导小组

部分央企集团高度重视两化融合管理体系贯标工作，把信息化建设作为"一把手"工程，积极组织建立由高层领导带队的贯标工作领导小组，明确组织成员与工作职责，统一部署、统筹规划贯标工作。通过定期召开会议，及时研究决策重大问题，统一思想和目标，优化沟通协调机制、质量与进度控制机制等，强调资源保证和部门支持，保障集团贯标政策和要求一以贯之，推动两化融合管理体系贯标工作有效开展。

（2）设立贯标专项工作组

为支撑贯标工作领导小组落实具体工作，部分央企集团组建由相关部门负责人、下属单位主要领导组成的贯标专项工作组。一方面建立贯标工作办公室，制定职责制度、跟踪评价办法，形成上下联动机制，统一建设思路，出台专项政策推动各企业两化融合建设，提升集团在两化融合管理体系建设过程中的执行力。另一方面设立和推广 CIO 制度，强化信息化人才保障，为企业打造一流的信息化队伍、一流的信息化人才，实现信息化人才队伍的资源化，有力保障两化融合管理体系贯标持续开展。

（3）培育集团高质量贯标服务体系

部分央企集团结合产业特色，通过广泛汇聚贯标咨询服务力量，构建贯标服务平台，培育高质量贯标服务体系。一是央企集团联合第三方咨询服务机构，组建集团层面的贯标咨询服务队伍，共同制定公司两化融合建设方案及实施计划，协调公司内部资源，开展具体的咨询服务工作。二是培育集团下属研究机构等单位开展专业咨询服务，经过培训、评审与考核，形成两化融合管理体系贯标咨询服务力量，推动集团两化融合业务咨询能力、企业信息化项目设计和实施能力显著提升。三是运用技术手段创新贯标服务模式，通过提升集团应用集成能力，构建覆盖多项业务的智慧企业管理平台，形成一站式服务新模式，为集团公司的业务发展提供高质量、高效率的服务。

2. 打造两化融合管理体系贯标协同工作平台

部分中央企业充分利用集团型企业优势，整合各类资源，联合服务机构打造两化融合管理体系贯标工作平台化运营新模式。

推动中央企业两化融合管理体系贯标工作平台化运营，有助于整合多方资源，精细化管理，提升企业内部贯标工作效率，畅通企业数字化转型通道。

一是在央企集团层面，在国资委组织和引导下，各央企集团加强沟通与合作，通过开展培训、举办论坛、建立交流机制等多种形式搭建集团间的交流和共享平台，推进集团间贯标云平台建设，促进信息化水平共同提升。二是在中央企业层面，中国中车等中央企业依托中国两化融合服务平台，积极设立两化融合评估服务分平台，协同推动各层次企业全面开展两化融合自评估、自诊断、自对标，全面摸清中央企业整体及各业务板块的两化融合发展水平、薄弱环节、发展目标和关键路径，支持企业精准决策、高效施策，实现企业分级分类差异化发展。

3. 积极组织两化融合管理体系贯标宣贯培训

部分央企集团加快推进具有自身特色的两化融合管理体系宣贯推广工作，全方位多举措开展宣传、推广和培训，进一步发挥央企集团的示范引领作用。

部分央企集团作为行业龙头企业，加强对两化融合管理体系贯标工作的宣贯推广有助于提升集团影响力，带动行业企业推进贯标工作。一是举办宣贯推广活动，包括成果展、征文活动、经验交流会、大讲堂等，吸引包括各级领导、内审员、贯标咨询服务人员、行业协会人员、科研院所专家等各类相关人员参与，大范围、深层次提升企业集团贯标影响力；充分利用集团各层级、社会各组织的线上线下协同宣传效果，推动两化融合管理体系贯彻、落地、宣传和推广。二是举办相关主题大赛，部分央企集团组织开展两化融合管理体系比武竞赛，深化集团上下对两化融合管理体系的认识，提升贯标专业技能水平，积极营造"学标准、讲标准、用标准"的良好氛围。

4. 开展两化融合管理体系贯标达标采信工作

部分央企集团将两化融合管理体系达标采信工作作为推动下属企业全面贯标、产业链和供应链相关企业协同贯标的重要抓手。

（1）贯标达标成为集团下属企业评优的重要依据

部分央企集团统筹贯标工作和评优工作，将贯标达标纳入集团评优、绩效考评、投资项目遴选等工作中，激发企业贯标热情，推动企业贯标由被动参加变为主动要求，成为推动集团下属企业开展全面贯标的有效手段。国家电网在积极组织下属单位开展两化融合管理体系贯标工作的同时，推动开展"国家电网公司信息化企业评价"等相关工作，发布实施《国家电网公司信息化企业评价标准》，并且在信息化企业评价时将两化融合管理体系贯标评定结果作为必备条件。

（2）贯标评定结果成为供应商评选和授信的重要依据

围绕产业链协同发展需求，部分央企集团将两化融合管理体系评定结果作为供应商评价和遴选、销售授信等的重要依据，通过引导或要求央企集团产业链上下游企业积极开展贯标，实现产业链协同能力提升，从而加快构建可持续发展的产业链生态系统，不断扩大评定评估结果的社会采信范围。如中国中车等央企提出推动其所有供应商开展两化融合管理体系贯标，带动供应链合作企业通过贯标提升可持续发展的能力和协作水平。

（二）政策支持

近年来，各央企集团积极贯彻落实国家制造强国和网络强国战略，结合自身优势，针对重点产业和领域发布两化融合管理体系支持政策，推动集团自身和下属企业有序开展贯标工作。通过对央企集团贯标支持政策进行收集整理，发现相关政策主要集中于鼓励引导政策和资金支持政策。

1. 鼓励引导政策

鼓励引导政策是央企集团引导集团内部企业开展两化融合管理体系贯标工作的"风向标"。由于央企集团具有经营战略复杂、主体多元、领域广泛等特点，针对两化融合管理体系贯标的引导类政策更加多元，涉及领域和范围更广，经过梳理发现相关政策主要分为两类：一是总体引领，央企集团两化融合管理体系贯标的鼓励引导政策多是依托于集团战略政策或信息化规划，将两化融合管理体系贯标与集团战略相结合，从战略层面支撑集团贯标工作；二是细分指导，央企集团将两化融合管理体系贯标相关政策细分到智能制造、生产自动化、数字化仿真等具体领域，指导相关企业的两化融合管理体系贯标工作，逐步实现重点领域和优势产业的全覆盖。

2. 资金支持政策

央企集团发布资金支持类政策是扣合国家政策指向、鼓励集团下属企业开展贯标的重要举措。近年来，央企集团形成了多层次的资金支持政策：一是积极宣传落实国家资金政策，鼓励各下属企业单位主动争取中央和地方财政专项资金扶持和税收减免；二是集团内部发布两化融合、工业互联网方向的专项资金政策，引导下属企业单位加大两化融合相关新型基础设施建设、智能装备和工业软件研发的投入；三是针对重大课题或特殊项目进行资金补贴，如对采用国产两化融合技术和应用的项目给予补贴或专项支持；四是联合外部金融机构设立资金支持政策，组织下属企业单位联合相关金融机构开展政策解读、产品推介等活动，鼓励金融机构重点支持企业纳入两化融合试点示范的工程项目。

（三）贯标进展

近年来，各央企集团积极承接国家数字化转型战略要求，以两化融合管理体系为抓手，积极推动下属企业开展贯标工作。

1. 央企集团两化融合管理体系贯标示范带头作用进一步凸显

近年来，中央企业作为国民经济的重要支柱和行业龙头企业，积极响应国家数字化转型号召，持续推进两化融合管理体系贯标工作，推动贯标重点领域和优势产业全覆盖，为全国企业和机构开展两化融合管理体系贯标工作树立了标杆。

一是央企集团积极推动国家级贯标试点工作，试点示范作用显现。中国石油化工集团有限公司、中国航空工业集团有限公司和国家电网有限公司的国家级贯标试点企业数量最多，分别为 58 家、52 家和 35 家，共占比 26.0%。央企集团国家级贯标试点企业充分引领和带动了各下属企业和其他企业深入推进两化融合管理体系，推动业务流程再造和组织方式变革，建立管理组织新模式，加速企业数字化转型。

二是央企集团企业达标占贯标比例高于全国平均水平，贯标达标工作引领作用明显。截至 2021 年 7 月底，71 家央企集团下属 683 家企业实现两化融合管理体系贯标达标，贯标达标比例为 56.2%，高于全国企业 43.0%的平均水平。中央企业贯标达标工作的开展为同行业企业树立了典范，有效带动了其他企业积极开展贯标达标工作，推动了企业信息化建设，提升两化融合水平。

2. 制造类央企集团两化融合管理体系贯标工作持续保持领先

制造类央企集团两化融合管理体系贯标企业存量占比领先全国，长期保持稳定。以中国航空工业集团有限公司、中国中车集团有限公司等大型央企集团为代表的制造类央企集团，是我国两化融合管理体系贯标工作的先行者，对引领国家制造类企业数字化转型作用明显。2017—2021 年，制造类央企集团贯标企业数量从 299 家逐年增长至 579 家，占央企集团贯标企业总量的比例长期稳定在 47.7%～48.5%，超过其他类型央企集团贯标企业数量和比例。制造类央企集团作为行业龙头企业，其贯标企业数量保持稳定增长，在一定程度上有利于维持我国制造业比重基本稳定，为产业链和供应链安全性提供保障。

3. 服务类央企集团两化融合管理体系达标工作进展突出

服务类央企集团两化融合管理体系达标企业占贯标企业比例增长迅速，本质贯标效果显著。2017—2021 年开展两化融合管理体系贯标工作的服务类央企集团共有 21 家，以中国电子科技集团有限公司、中国电子信息产业集团有限公司等为代表，涵盖投资、航空服务、旅游服务、电子信息等国家重点关注的行业。随着近年来国家对新兴服务业的支持力度不断加强，支持通过现代化的新技术、新业态和新的服务方式改造提升传统服务业，服务类央企集团依托新兴服务业发展，两化融合管理体系达标工作成效显著。2017—2021 年，服按照"自愿、诚信、公开"的原则开展贯标咨询服务，依托线上线下平台对贯标咨询服务进行全流程监督管理，促进贯标服务市场良性、有序发展。

4. 广泛组织两化融合管理体系贯标宣贯培训

随着两化融合管理体系贯标的市场需求持续增长，部分省市愈加重视贯标企业的示范和引领作用，广泛组织开展分层次、分类别、多渠道的两化融合管理体系宣贯交流，分享经验成果，提升了社会各界对两化融合管理体系贯标的认知度，对各区域、各行业的企业贯标起到了有效的示范带头作用。

一是创新宣贯方法和模式。部分省市通过线上和线下相结合的途径，面向各级主管部门、行业组织、贯标企业、服务机构、科研院所等不同主体，创新组织开展两化融合管理体系贯标培训会、交流会、研讨会、深度行等活动，加强典型经验的提炼和宣传；同时搭建企业两化融合经验交流和服务平台，发布示范企业的成功经验和成果，扩大两化融合管理体系贯标宣传力度。二是组织专业化培训。部分地方政府加强对标引导和培训，通过邀请两化融合管理体系领域专家对政策标准、技术创新、综合防护、生态构建等方面进行系统讲解培训，丰富相关主体的两化融合管理体系专业化知识和技能，提升企业贯标质量与水平。

（二）政策支持

近年来，各地方政府为推动辖区内企业开展两化融合管理体系贯标工作，针对不同方向、不同领域、不同行业发布多项支撑政策，构建起鼓励引导、资金支持及达标采信等多层次的两化融合管理体系贯标政策体系，深入推动两化融合管理体系贯标工作迈向新台阶。

1. 鼓励引导政策

鼓励引导政策是地方政府推动两化融合管理体系贯标的通用性政策，具有影响范围广，持续时间长的特征。自 2013 年我国两化融合管理体系贯标工作开展以来，为加快推动产业数字化进程，全国 31 个省（自治区、直辖市）和新疆生产建设兵团累计发布 135 项鼓励引导政策：一是针对贯标企业进行鼓励引导，从两化融合评估诊断、上云行动计划、标准研制与落地等多个领域进行引导支持，有效提升了企业对两化融合管理体系贯标工作的关注度和参与度；二是针对贯标服务机构进行引导，涵盖贯标咨询服务、组织培育、标准研制服务类央企集团下属贯标达标中央企业由 17 家增长至 88 家，增长 4.2 倍，达标企业占贯标企业比例由 23.3%增长至 53.3%，增长 1.3 倍，增速仅略低于建筑类央企集团，服务类央企集团两化融合管理体系本质贯标工作得到进一步落实，为后续开展两化融合管理体系相关工作奠定了基础。

4. 建筑类央企集团两化融合管理体系贯标工作后发优势明显

建筑类央企集团两化融合管理体系贯标工作后来者居上，发展势头迅猛。

以中国建材集团有限公司为代表的建筑类央企集团两化融合管理体系贯标工作加速推进，贯标企业平均数量增幅最大，有力支撑了央企集团开展两化融合管理体系相关工作。建筑类央企集团贯标企业平均数量由 2017 年的 3.2 家增长至 2021 年的 17.0 家，在各类央企集团中排名第 2。其中，中国建材集团有限公司贯标企业数量近 4 年增长 71 家，在全部央企集团中增量最高，为央企集团开展贯标工作树立了先进标杆。

5. 能源类央企集团两化融合管理体系贯标工作仍处于蓄力阶段

能源类央企集团两化融合管理体系贯标企业数量保持低速增长，占央企集团贯标企业总数量的比例有一定回调。以中国石油化工集团有限公司、国家电网有限公司等集团为代表的能源类央企集团，基于实现碳达峰、碳中和的战略目标和能源资源开采、运输和加工的新时代环保发展要求，逐步深化生产方式和调整业务方向，两化融合管理体系相关工作逐步进入蓄力期。能源类中央企业贯标数量由 2017 年的 226 家增长至 2021 年的 369 家，增幅达到 63.3%，贯标工作整体增长显著，但增长速度低于其他类型中央企业。能源类中央企业占四类央企集团贯标企业的比例由 2017 年的 36.6%回调至 2021 年的 30.4%，亟须找准突破点，以贯标为手段克服能源类企业发展瓶颈，冲出蓄力期。

三、服务机构

两化融合管理体系贯标是一项开创性工作，大部分企业开展贯标需要第三方咨询服务机构专业、科学的引导。贯标咨询服务是外部专业团队帮助企业准确、全面地理解标准，建立起既符合管理体系通用性要求，又具有自身鲜明特色的两化融合管理机制的过程，支撑企业本质贯标。近年来，广大贯标咨询服务机构以两化融合管理体系为理论指导，加快数字化转型方法、工具及解决方案创新，充分激发服务价值，助力贯标咨询服务市场蓬勃发展。

（一）贯标咨询服务的主要价值

近年来，贯标咨询服务愈加受到企业的重视，在助力企业明晰贯标工作路径、提升贯标专业能力、实现本质贯标等方面的价值日益彰显，引领企业贯标工作进入标准化、专业化和系统化的新阶段。

一是贯标咨询服务为企业厘清贯标工作思路，畅通内部机制，保障贯标工作有序落地实施。一方面，贯标咨询服务机构通过专业分析，准确定位企业贯标工作与战略需求的扣合点，充分获取领导支持和战略支撑，形成自上而下、清晰高效的工作机制，助力贯标在复杂工作体系和各层次人员间进行有效分工和协作，保障贯标工作持续推进；另一方面，贯标咨询服务机构围绕提升价值效益和建设新型能力，明确企业贯标各个环节的工作内容和要点，协助企业构建和完善贯标工作流程，在原有体系的基础上进行多体系融合，为企业高效率、低成本推进贯标工作提供保障。

二是贯标咨询服务培育企业贯标工作能力，提升企业贯标工作水平。"授人以鱼不如授人以渔"，贯标咨询服务基于企业在贯标工作中的问题和疑难，构建针对性培训体系，提升企业贯标实施的水平。在贯标咨询过程中，通过培训不断宣贯推广两化融合管理体系贯标工作意识和思路，提升企业内部各层次员工和团队对贯标工作的匹配度和适应度，保障企业在贯标工作步入正轨之后，逐步获得独立推动数字化转型的能力。

三是贯标咨询服务助力企业实现本质贯标。贯标咨询服务以企业实际为依据，帮助企业构建一套长效机制，深入分析企业的数字化基础，明确两化融合管理体系运行、新型能力建设过程中存在的问题，识别数字化转型及两化融合管理体系的改进路径，为企业高质量开展两化融合管理体系贯标工作提供切实有效的指导，助力企业实现本质贯标。

（二）贯标咨询服务市场发展情况

随着两化融合管理体系贯标工作向纵深推进，贯标咨询服务市场需求持续增长，牵引咨询服务主体和业务更加多元化，涌现出一批业务规模大、服务质量优的头部服务机构，为企业加快深层次战略转型、技术变革、管理优化、生产改进、模式创新提供了有力支撑。

1. 贯标咨询服务需求持续增长

两化融合管理体系贯标企业数量持续增长，贯标咨询服务需求愈加旺盛。截至 2021 年 7 月，工业和信息化部共遴选确定了 3 111 家企业作为国家级两化融合管理体系贯标试点企业和 199 家企业作为国家级贯标示范企业，带动全国两化融合管理体系贯标工作加速开展。贯标企业数量由 2016 年的 1 327 家增长至 2021 年的 37 611 家，增长近 27.3 倍，贯标企业数量持续增加，甚至出现加速上扬的增长势头。基于国家工业信息安全发展研究中心两化融合管理体系贯标工作跟踪服务系统的数据测算，开展两化融合管理体系贯标的企业中，选择服务机构为其提供两化融合管理体系贯标咨询服务的企业由 2016 年的 78.6% 增长到了 2021 年的 87.4%，两化融合管理体系贯标企业数量的持续增长将带动贯标咨询服务市场需求的持续增长和不断繁荣。

2. 贯标咨询服务市场呈现多元化发展新局面

随着贯标咨询服务需求不断增长，各类咨询服务机构持续涌现，贯标咨询服务领域和业务范围不断拓展，逐步与国际市场接轨，国际化视野不断提升，贯标咨询服务市场向多元化发展。

一是贯标咨询服务市场主体呈现多元化发展。两化融合管理体系贯标咨询服务需要机构在行业、战略、管理、流程、信息化、工业自动化、管理体系等方面积累综合知识和经验，吸引各类第三方服务机构积极踊跃参与。据国家工业信息安全发展研究中心两化融合管理体系贯标咨询服务机构信息公开平台的不完全统计数据显示，截至 2021 年 7 月，全国共有 3 103 家两化融合管理体系咨询服务机构，并且形成了以咨询公司为主体，大学、科研院所、融合创新中心、技术研究中心、产业促进会、联盟协会等各类贯标咨询服务机构积极参与的多元化贯标咨询新格局。

二是贯标咨询服务市场业务呈现多元化发展。各类贯标咨询服务机构将贯标咨询与其他主营业务相结合，贯标咨询正牵引服务机构与企业合作向纵深发展。不同于质量、环境、能源等管理体系，两化融合管理体系的管理对象和管理内容覆盖了企业所有职能与层次的业务活动，贯标咨询服务过程中，可结合企业两化融合管理体系运行要求，将贯标咨询与机构的战略咨询、信息化咨询、管理咨询等其他业务有效结合，为企业新型能力识别和打造过程中的战略规划、管理变革、流程优化、设备改造、IT 技术、员工培训等提供服务，还可联合其他各类服务商为企业提供一揽子的整体解决方案，从而为自身开拓更加广阔的业务空间。

三是贯标咨询服务市场与国际市场接轨。具有国际知名度的跨国咨询服务机构在两化融合管理体系贯标咨询工作中的参与度逐步加深，贯标咨询服务市场国际化水平提升。从机构性质来看，从事两化融合管理体系贯标咨询服务的3 103家咨询机构中，中外合资机构与外商投资机构有110家，占比3.5%，越来越多专业水平高、国际知名度高的跨国咨询服务机构逐渐认可了两化融合管理体系贯标对企业和机构本身的价值，参与两化融合管理体系贯标的积极性越来越高，以德勤、埃森哲、普华永道、IBM等为代表的一批跨国高水平咨询服务商，逐渐加入两化融合管理体系贯标咨询服务机构的行列中，将贯标咨询服务与国际先进咨询服务相结合，为中国企业提供更加本土化、适宜性更高的咨询服务。

3. 贯标咨询服务市场集中度提高

各贯标咨询服务机构服务量差异显著。根据两化融合管理体系贯标跟踪系统数据统计，两化融合管理体系贯标咨询服务机构明确开展的贯标咨询服务项目共计18 866项，其中服务项目数量排名前100名的机构服务企业总量高达10 137家，占到了全部贯标咨询服务市场份额的53.7%，其中无锡艾斯欧认证咨询有限公司、南京慧德信息管理咨询有限公司、厦门盛初网络科技有限公司等贯标咨询服务企业数量超过300家，处于领先位置，两化融合管理体系贯标咨询服务市场份额向头部咨询机构汇集。

参考文献

［1］埃里克·谢弗尔，大卫·索维. 产品再造 数字时代的制造业转型与价值创造［M］. 彭颖婕，李睿，译. 上海：上海交通大学出版社，2019.

［2］鲍劲松，武殿梁，杨旭波. 基于 VR AR 的智能制造技术［M］. 武汉：华中科学技术大学出版社，2020.

［3］本书编委会. 图解精益制造 49 工业 4.0 之数字化车间［M］. 北京：东方出版社，2018.

［4］蔡跃洲，马晔风，陈楠. 国家智库报告 制造业机器人替代与数字化转型［M］. 北京：中国社会科学出版社，2022.

［5］陈丽娴，杨望成，郝泽林. 迈入服务利润区 制造业服务化模式与案例［M］. 中国财富出版社，2019.

［6］陈宇晨，王大中，吴建民. 数字制造与数字装备［M］. 上海：上海科学技术出版社，2011.

［7］董明. 制造业数字化指数及转型之路［M］. 北京：科学出版社，2019.

［8］豆大帷. 新制造 "智能＋" 赋能制造业转型升级［M］. 北京：中国经济出版社，2019.

［9］范君艳，樊江玲. 智能制造技术概论［M］. 武汉：华中科技大学出版社，2019.

［10］顾建党，俞文勤，李祖滨. 数商 工业数字化转型之道［M］. 北京：机械工业出版社，2020.

［11］国研中心创新发展部. 数字化转型［M］. 北京：中国发展出版社，2019.

［12］河南省工业和信息化厅组. 智能制造 31 例［M］. 北京：机械工业出版社，2020.

［13］黄斌，任国威，戚伟川. 数字服务创新［M］. 北京：企业管理出版社，2021.

［14］姜淑凤. 高等院校"十三五"规划教材 数字化设计与制造方法［M］. 哈尔滨：哈尔滨工业大学出版社，2018.

［15］李琼砚，路敦民，程朋乐. 智能制造概论［M］. 北京：机械工业出版社，2021.

［16］李少波. 制造大数据技术与应用［M］. 武汉：华中科技大学出版社，2018.

［17］连志刚. 制造业信息化管控设计与优化［M］. 上海：上海科学普及出版社，2016.

［18］梁乃明. 数字孪生实战［M］. 北京：机械工业出版社，2019.

［19］陆剑峰. 智能工厂数字化规划方法与应用［M］. 北京：机械工业出版社，2020.

［20］彭俊松. 工业4.0驱动下的制造业数字化转型［M］. 北京：机械工业出版社，2016.

［21］沈平，王丹. 制造业数字化转型与供应链协同创新［M］. 北京：人民邮电出版社，2022.

［22］苏春. 数字化设计与制造［M］. 北京：机械工业出版社，2009.

［23］孙延明. "智能＋"制造 企业赋能之路［M］. 北京：机械工业出版社，2020.

［24］汪惠芬. 数字化设计与制造技术［M］. 哈尔滨：哈尔滨工程大学出版社，2015.

［25］西门子工业软件公司，西门子中央研究院. 工业控制与智能制造丛书 工业4.0实战 装备制造业数字化之道［M］. 北京：机械工业出版社，2015.

［26］徐雷，殷鸣，殷国富. 数字化设计与制造技术及应用［M］. 成都：四川大学出版社，2019.

［27］许冠南. 新范式下中国制造业数字化转型 理论与实践［M］. 北京：北京邮电大学出版社，2019.

［28］杨明波，刘华，郭显昌. 数字化工厂＋工业维修服务体系［M］. 北京：机械工业出版社，2017.

［29］中国科学院科技战略咨询研究院课题组. 产业数字化转型［M］. 北京：机械工业出版社，2020.

［30］中田敦. 变革 制造业巨头 GE 的数字化转型之路［M］. 李会成, 康英楠,
译. 北京：机械工业出版社, 2018.

［31］吴楠. 以数字化赋能智能制造 高效实现产能提升战略目标［N］. 中国
市场监管报, 2023-01-05（006）.

［32］王楠楠. 数字化转型引领智能制造高质量发展［N］. 联合日报,
2022-01-05（004）.

［33］王俊岭. 中国制造业加速"鼎新革故"［N］. 人民日报海外版, 2021-12-29
（003）.

［34］林碧涓. 智能制造生态体系不断发展 制造业转型正当时［N］. 通信信
息报, 2022-11-30（004）.

［35］徐恒. 加快制造业数字化网络化智能化发展［N］. 中国电子报,
2022-09-16（002）.

［36］朱森第. 制造业数字化转型中的工艺创新［C］//陕西省机械工程学会
2019 年论文汇编, 2022：119-120.

［37］彭先涛, 王鹏. 智能制造之数字化转型核心——MES/MOM 落地［J］. 智
能制造, 2022（06）：70-73.

［38］蒋白桦. 发展数字经济、推进数字化转型、坚持智能制造［J］. 智能制
造, 2022（06）：45-46.

［39］张虹, 毕晋燕, 李利民. 智能制造创新方法推进制造企业数字化转型的
研究［J］. 现代工业经济和信息化, 2022, 12（11）：24-26.

［40］李勇. 智能制造与数字化制造在工业制造的有效应用［J］. 智能建筑与
智慧城市, 2022（10）：120-122.

［41］曹亚琪, 胡长明, 冯展鹰. 以协同创新为导向的智能制造生态链构建
［J］. 智能制造, 2022（05）：83-86.

［42］赵建平, 王力, 杨敏, 等. 智能制造 CAD 数字化课程框架建设［J］. 装
备制造技术, 2022（10）：93-95.

［43］周济. 智能制造与制造业数字化转型［J］. 企业家, 2022（07）：11-13.

［44］李跃军. 基于数字化车间的智能制造新模式探讨［J］. 汽车工艺师, 2022
（06）：34-39.

［45］张毅. 数字化及智能制造 数字经济基础设施建设的思考与探讨［J］. 起

重运输机械，2022（03）：22-25.

[46] 王雷. 数字化在智能制造应用中的作用[J]. 中国新通信，2022，24（03）：104-106.

[47] 郧彦辉，董凯. 工艺数字化智能化：智能制造发展关键［J］. 中国工业和信息化，2022（01）：36-38.

[48] 柯建波. 浅谈我国智能制造的发展建议［J］. 电子工业专用设备，2021，50（06）：1-6.

[49] 宋彦彦，石镇山，纪学成，等. 以智能制造推动制造业数字化转型研究［J］. 中国仪器仪表，2022（04）：31-36.

[50] 李新宇，李昭甫，高亮. 离散制造行业数字化转型与智能化升级路径研究［J］. 中国工程科学，2022，24（02）：64-74.

[51] 薛颖. 工业智能制造和数字经济深度融合研究［J］. 河北企业，2022（04）：35-37.

[52] 刘彩虹. 我国制造业"智造化"转型风险研究综述［J］. 供应链管理，2022，3（04）：83-96.

[53] 石金玲. 企业数字化转型的动因、路径及效果分析［D］. 广州：广州大学，2022.

[54] 李思嘉. 数字化转型视角下制造业企业并购及其效果探究［D］. 广州：广州大学，2022.

[55] 李雨莹. 数字化对企业创新能力提升的影响研究［D］. 济南：齐鲁工业大学，2022.